NÓS, SOBREVIVENTES DO ÓDIO

© 2023 **Cristina Serra**
Direção editorial: **Bruno Thys** e **Luiz André Alzer**
Capa: **Bruno Drummond | Bloco Narrativo**
Diagramação: **Cintia Mattos**
Revisão: **Camilla Mota**
Foto da autora: **Luís Paulo Ferraz**

Dados Internacionais de Catalogação na Publicação (CIP)
(eDOC BRASIL, Belo Horizonte/MG)

S487n Serra, Cristina.
Nós, sobreviventes do ódio: crônicas de um país devastado / Cristina Serra. – Rio de Janeiro, RJ: Máquina de Livros, 2023.
248 p.: 16 x 23 cm

ISBN: 978-65-00-61769-6

1. Literatura brasileira – Crônicas. I. Título.

CDD B869.3

Elaborado por Maurício Amormino Júnior - CRB6/2422

Grafia atualizada segundo o Acordo Ortográfico da Língua Portuguesa de 1990, em vigor no Brasil desde 2009

1ª edição, 2023

Todos os direitos reservados à **Editora Máquina de Livros LTDA**
Rua Francisco Serrador 90 / 902, Centro, Rio de Janeiro/RJ – CEP 20031-060
www.maquinadelivros.com.br
contato@maquinadelivros.com.br

Nenhuma parte desta obra pode ser reproduzida, em qualquer meio físico ou eletrônico, sem a autorização da editora

CRISTINA SERRA

NÓS, SOBREVIVENTES DO ÓDIO

CRÔNICAS DE UM PAÍS DEVASTADO

máquina de livros

Para o professor Serra, meu pai *(in memoriam)*,
que me ensinou a amar a liberdade

Para Ilma, Jaime e Luís Paulo, por tudo

SUMÁRIO

Apresentação 15
Memória 17

2020

Feliz Ano Novo? 20
O Porta dos Fundos e o silêncio presidencial 21
A rebeldia como inspiração 22
Ignorância e cumplicidade 23
A difícil conquista de corações e mentes 24
I can't breathe! 25
A hora do acerto de contas 26
A caminho do abatedouro 27
Uma retumbante banana ao STF e ao Brasil 28
Sombras explosivas da nossa História 29
A escravidão mora ao lado 30
Nuvem de gafanhotos já chegou ao Brasil 31
Os militares e o genocídio indígena 32
Arapongas no Ministério da Justiça 33
Aras e o aparelhamento do MPF 34
Bolsonaro disse: "Vou intervir!". E agora? 35
A oposição e a "esfinge" 36
O tumor Bolsonaro 37
O racismo e a eleição nos EUA 38
No STF, o "legado" de Toffoli 39
Suas excelências e a reforma 40
A morte como commodity 41

Governo biocida 42
Lula não pode ser "cancelado" 43
Carta ao Tom.. 44
Itamaraty acovardado 45
As mentiras de Bolsonaro 46
O MEC e o exterminador do futuro 47
A despedida do decano.. 48
Massacre no Chico Mendes 49
A (in)segurança das barragens... 50
A fraude do boi bombeiro 51
Generais e seus labirintos 52
Robinho e a cultura do estupro.. 53
Bolsonaro é a epidemia 54
O Chile de Isabel Allende... 55
O mundo sem Trump 56
Força, Mariana Ferrer 57
A democracia nas Américas 58
Canalhas, canalhas, canalhas!.. 59
O dedo podre de Bolsonaro e 2022 60
O racismo nosso de cada dia 61
Moro e a defesa de um corrupto 62
Precisamos falar sobre vices.. 63
A difícil travessia de 2021 64
Moro, hienas e abutres.. 65
Duas meninas do Brasil.. 66
O Brasil que virou Sucupira 67
"Uma dor assim pungente…"... 68
Sobreviver até 2022 69
Ecos da Praia dos Ossos... 70
Que vergonha, excelências!... 71
"Feliz ano velho" 72

2021

"Quem ama não mata" 74
Constituição sob ataque 75
O instinto assassino de Bolsonaro 76
A ultradireita se prepara para 2022 77
Bolsonaro merece um Nuremberg 78
A ciência derruba mitos 79
Pandemia e barbárie 80
Bolsonaro e a PQP 81
As pistas deixadas pelo miliciano 82
O centrão e a pauta da pilhagem 83
A praga do jornalismo lavajatista 84
Juiz travestido de investigador 85
Generais, golpismo e pandemia 86
Os cães ferozes de Bolsonaro 87
Onde estaremos daqui a um ano? 88
O clube dos cafajestes 89
Mariana, as vítimas e seus algozes 90
A profecia do imigrante haitiano 91
A Assembleia de São Paulo e o machismo 92
A volta de Lula 93
Boiada, correntão e motosserra 94
Ge-no-ci-da! 95
A carta tardia do PIB 96
Nos quartéis ou nos ministérios? 97
Xuxa e os direitos humanos 98
Militares e o crime de lesa-pátria 99
Fanatismo jurídico-cristão 100
Esquadrão da morte bolsonarista 101
Escravidão pandêmica 102

Lula livre. E agora? 103
Bolsonaro, vira-latismo e ecocídio 104
Sérgio Moro no lixo da História 105
O "cara da casa de vidro" 106
Biden, Guedes e a casa-grande 107
Governo que odeia indígenas 108
Cortina de sangue no Rio 109
Bolsonaro e o trator da corrupção 110
Brasil, pária ambiental 111
O dia D e a hora H de Pazuello 112
FHC, Lula e 2022 113
À memória de Inês Etienne Romeu 114
A CPI e o comando do genocídio 115
Imprensa, protestos e pandemia 116
Bolsonaro e a anarquia militar 117
Bolsonaro e o gabinete da morte 118
Bolsonaro é a crise sanitária 119
Cena deplorável no avião da Azul 120
Guedes e o ódio aos pobres 121
Ofensiva anti-indígena em Brasília 122
O "vacinagate" de Bolsonaro 123
Barros e a morte como negócio 124
A CPI em campo minado 125
A vacina contra o golpe 126
Baixem o tom, fardados! 127
Detritos presidenciais 128
O voto evangélico e o STF 129
Pazuello e o "rachadão" da vacina 130
Golpe? Que golpe? 131
Cerco a Conrado Hübner Mendes 132

Bolsonaro e as cinzas do Brasil 133
Manual do golpista 134
Os "facilitadores" no governo Bolsonaro 135
A marcha da insensatez 136
Planeta dos extremos 137
O Capanema é dos brasileiros 138
Que Forças Armadas queremos? 139
Progressistas, acordem! 140
Violência contra os indígenas 141
A demência golpista de Bolsonaro 142
Réquiem para o 7 de Setembro 143
Temer e a proteção a Bolsonaro 144
Luiz Fux, o guitarrista supremo 145
Riem do que, senhores? 146
O meu, o seu, o nosso dinheiro 147
Sobre médicos e monstros na Prevent Senior 148
Uma CPI para a História 149
Um banqueiro e dois golpes 150
COP, Bolsonaro e ruína ambiental 151
O fim do Bolsa Família 152
Aos amigos do rei, as emendas 153
Moro, a fraude 154
Crime contra o Enem 155
Máquina de moer gente 156
Máquina de moer gente 2 157
Bolsonaro em necrose eleitoral 158
André Mendonça apequena o STF 159
Curió, Heleno e Bolsonaro 160
Lula, Alckmin… E o que mais? 161
Três meninos do Brasil 162

Cinquenta tons de golpismo 163
Máquina mortífera no Planalto 164
Lições de resistência em 2021 165
Orçamento da fome 166

2022
Com esperança, feliz ano novo! 168
A Lei de Cotas e a democracia 169
Aula de humanidade com os Zoés 170
Militares, golpismo e oportunismo 171
A campanha do ódio em ação 172
O governo dos dois abutres 173
Nara, militares e o bolsonarismo 174
Rio, 40 graus de barbárie 175
Querem apagar a História do Brasil 176
O "Capitólio" de Bolsonaro 177
O agro e a agenda da morte 178
Uma arapuca no TSE 179
Telegram e o ataque à democracia 180
O apocalipse Bolsonaro 181
Mineração artesanal? Conta outra 182
A Ucrânia e o PL anti-indígena 183
Transfobia no MEC 184
"Tire o seu rosário do meu ovário" 185
A medalha no lugar errado 186
O Telegram se enquadrou? 187
Os amigos do pastor Gilmar 188
Obrigada, Pabllo Vittar! 189
Nojo dos golpistas, ontem e hoje 190
Bolsonaro, inimigo da democracia 191

Marielle, o miliciano e o presidente 192
Pacheco, e a CPI do MEC? 193
Jornalistas e o ovo da serpente 194
Odorico e o Viagra dos militares 195
Como perder um país 196
Os carrascos da democracia 197
Lula, Alckmin e o sopro da História 198
"Revogaço" e adeus às armas 199
Elon Musk e a eleição no Brasil 200
Milícias invadem a floresta 201
O Brasil numa câmara de gás 202
Pauta-bomba para a Mata Atlântica 203
Genivaldo e a escola de tortura 204
O capital e seus capatazes 205
Bolsonaro em modo milícia 206
Quem matou Bruno e Dom? 207
À memória de Bruno e Dom 208
A farra aérea de Nunes Marques 209
"Com o Supremo, com tudo?" 210
Aborto, cidadania e democracia 211
A República dos cafajestes 212
A PEC da compra de votos 213
Viva Paulo Gustavo e Aldir Blanc! 214
De novo, o tumor Bolsonaro 215
A "milicianização" das eleições 216
O Brasil dos esquadrões da morte 217
O Rio de sangue de Cláudio Castro 218
A convenção do centrão e do golpe 219
Coragem para derrotar Bolsonaro 220
O Brasil de Milton Nascimento 221

Bolsonaro e o coração das trevas 222
A Amazônia que queremos 223
Debate, ringue ou picadeiro? 224
O atentado na Argentina e o Brasil 225
Tratoraço militar golpista 226
Predadores do futuro na Câmara 227
Presença de Marina 228
Nós, sobreviventes do ódio 229
Bolsonaro e os gabinetes do crime 230
Nesta eleição, votar com coragem 231
Tire o oxigênio de Bolsonaro 232
O Brasil sob a névoa da guerra 233
Lula, Bolsonaro e o populismo 234
Lula, o mercado e a "Folha" 235
Uma campanha regida pelo crime 236
Bolsonaro e os ladrões de Brasil 237
Máquinas do ódio contra o eleitor 238
Bolsonaro e a campanha do terror 239
Navegar, com Lula, é preciso 240
Lula e um país em carne viva 241

2023
O triunfo de Lula 244
União férrea pela democracia 245
O lugar de Bolsonaro é na cadeia 246
Chico, Sônia, Anielle e Silvio 247

APRESENTAÇÃO

Os maus governos fazem muito bem ao jornalismo. Assim se explica a maior liberdade, ou melhor, as menores restrições que o jornalismo teve para o seu dever de revelação e crítica, e para usar as palavras mais apropriadas aos fatos e seus protagonistas — crime e criminoso, banditismo, ligação com milícias, golpismo militar, e outras associáveis a ocupantes típicos do governo Jair Bolsonaro.

"Nós, sobreviventes do ódio" sai quando muitos se perguntam como foi possível vivermos, nós brasileiros, quatro anos com o governo demoníaco que agora, e enfim, se dissolve em ódio. Cristina Serra pontua esse percurso, compondo com uma seleção lógica e cronológica de artigos seus na "Folha de S.Paulo" um painel que ilumina a percepção da lenta tragédia nacional trazida por uma eleição pré-fabricada com a prisão fraudulenta do favorito.

A concisão de Cristina já faria, por si só, a leitura agradável. Mas os textos combinam teor e leveza, precisão vocabular e elegância. Isso mesmo: Cristina Serra é brilhante. Prova-o o êxito rápido que seus artigos tiveram e mantêm, em um jornalismo repleto de comentaristas políticos. Esse talento muitos conhecemos na jovenzinha repórter de TV, linda, de suavidade incomum no ramo tão nervoso. Mas há mais.

A coragem de ver e dizer, que o leitor/espectador não imagina o quanto é rara, em Cristina Serra é um atributo que reveste os demais de uma grandeza fascinante, pela imensidão de sentidos, pela força dada aos argumentos e convicções, ainda noção de humanidade.

Deixe esta página, vá ao encontro de Cristina Serra. É uma sorte poder fazê-lo.

Janio de Freitas

MEMÓRIA

Comecei a escrever na "Folha de S.Paulo" no período mais tenebroso da vida brasileira desde a reconquista da democracia nos anos 1980. Bolsonaro já estava havia um ano no poder e botara em marcha um inédito plano de ataque, em escala e ferocidade, contra o país, o povo brasileiro e as instituições do Estado Democrático de Direito.

Durante a fase mais aguda da pandemia de Covid-19, o que se viu foi uma máquina mortífera operada de dentro do Palácio do Planalto comandando o que tem que ser chamado pelo seu nome: um genocídio. Em vários momentos, tive a sensação de que o país desmoronava ao meu redor e, muitas vezes, escrever foi um exercício dilacerante e doloroso. Mas era preciso escrever.

O encontro com os leitores, sempre às terças-feiras e aos sábados, me ajudou a refletir sobre o Brasil, a amadurecer ideias e a continuar navegando em meio à tempestade furiosa. Na caixa de comentários, encontrei críticas e ponderações que muito me enriqueceram, e alguns leitores me encorajaram a publicar as colunas em livro. A eles, meu primeiro agradecimento.

Trago aqui uma seleção dos textos que, na minha percepção, contam uma história dos anos que vivemos em perigo, de 2020 a 2022. Os artigos cobrem, principalmente, o auge da pandemia, a campanha criminosa de Bolsonaro contra a democracia, seus ataques aos direitos humanos e ao meio ambiente.

Também escrevi sobre o papel do jornalismo nesses anos tormentosos, sobre acontecimentos internacionais e seus impactos no Brasil e sobre como as peças do tabuleiro político interno se moveram, resultando na eleição de Lula, em outubro de 2022, para o seu terceiro mandato.

A vitória de Lula seria o ponto final deste livro. Mas decidi avançar até as primeiras semanas de seu governo diante da tentativa de golpe de Estado perpetrada em 8 de janeiro de 2023, rapidamente contida pelo presidente, com o apoio dos três Poderes. O domingo infame nos mostrou de maneira aterrorizante que será muito longo e árduo o caminho em direção à plena normalidade democrática e à pacificação do país.

O esforço de reconstrução só chegará a bom termo se os crimes de Bolsonaro, seus coautores e cúmplices forem devidamente investigados, julgados e punidos. Como escrevi na coluna que dá título a este livro, "você, Jair, não tem direito ao esquecimento. E nós, sobreviventes do vírus do ódio, temos o dever da verdade e da memória".

O livro que você tem nas mãos é um tributo à memória, que só foi possível graças a muitas pessoas que cruzaram o meu caminho. Quem me convidou para este desafio foi Leandro Colon, à época diretor da sucursal de Brasília. Meu mais constante e diligente revisor foi Luiz Antonio Del Tedesco. Aos dois queridos amigos, meu agradecimento carinhoso pela confiança e parceria. À "Folha", gratidão pelo espaço prestigioso da página 2 e pela cessão dos direitos autorais.

Aos editores da Máquina de Livros, Bruno Thys e Luiz André Alzer, meu muito obrigada pelo entusiasmo com que abraçaram o projeto. Este é um livro feito por jornalistas que acreditam no jornalismo como ferramenta para a construção e o aperfeiçoamento permanente da democracia.

"Nós, sobreviventes do ódio" é, acima de tudo, uma homenagem aos 700 mil brasileiros vítimas da Covid-19 e de Bolsonaro. Às suas famílias, amores e amigos, ofereço minha solidariedade. Por fim, dedico o livro ao povo brasileiro, que, com muita coragem, reafirmou o compromisso do Brasil com a democracia.

Cristina Serra
Rio de Janeiro, verão de 2023

2020

FELIZ ANO NOVO?
01.01.2020

A convite da "Folha", coube-me publicar este artigo no primeiro dia do ano. Gostaria de desejar feliz Ano Novo aos leitores com convicção. Mas tenho dificuldade de fazê-lo ao refletir sobre o ano que passou e o que nos aguarda.

Falo especialmente da área ambiental. Em seu primeiro ano, o governo Bolsonaro asfixiou os órgãos de proteção do meio ambiente e a Funai; nomeou gente despreparada para essas funções; e aniquilou o papel de liderança mundial do Brasil neste tema, construção histórica iniciada na Rio-92 e que passou por todos os governos desde então.

A política mais cruel do atual governo, porém, é o discurso contra o ambiente e seus defensores e que tem se mostrado mais eficaz que qualquer mudança na legislação ou nos mecanismos de gestão. Bolsonaro faz campanha permanente e insidiosa contra florestas e povos indígenas. Seu discurso acirra conflitos, desata ódios adormecidos, estimula o crime e a violência. Seus seguidores se encarregam de sujar as mãos.

O "Dia do Fogo" na Amazônia (com recorde de desmatamento em 11 anos) e a matança de lideranças Guajajara, no Maranhão, são exemplos eloquentes dos efeitos do discurso presidencial. Lembremos do que disse Adama Dieng, conselheiro da ONU para prevenção do genocídio, sobre os discursos de ódio que estimularam chacinas em diferentes épocas e lugares: "As palavras matam tanto quanto as balas".

O ano que acabou foi o mais letal para as lideranças indígenas no Brasil nos últimos 11 anos e tudo indica agravamento desse cenário, com a promessa de Bolsonaro de permitir mineração e pecuária nesses territórios. É o governo do "correntão" em sua acelerada marcha da insensatez.

O mais grave é que nada disso tira o sono dos entusiastas da reforma da Previdência e da suposta recuperação econômica do país, tampouco dos que garantem que "as instituições estão funcionando normalmente". A estes, pouco importa o quanto ainda iremos recuar aos confins da escala civilizatória. Feliz Ano Novo???

O PORTA DOS FUNDOS E O SILÊNCIO PRESIDENCIAL
05.01.2020

Eis que no apagar das luzes de 2019 surgiu mais um personagem bizarro na já extensa galeria de figuras grotescas que povoam a vida contemporânea brasileira. Trata-se de Eduardo Fauzi Richard Cerquise, um dos responsáveis pelo atentado terrorista à sede da produtora do canal de humor Porta do Fundos.

A folha corrida do sujeito é um passeio pelo Código Penal. Ele foi condenado por dar um soco no secretário de Ordem Pública da Prefeitura do Rio em 2013. Recorria em liberdade. Tem cerca de 20 registros criminais, entre eles: ameaça, formação de quadrilha e agressão à ex-mulher.

Fauzi foi logo identificado, mas, enquanto a polícia discutia se o atentado com coquetéis molotov caracterizava ou não crime de terrorismo, ele postou vídeo nas redes sociais, passou lépido e faqueiro pelos controles do aeroporto internacional do Rio e escafedeu-se para a Rússia[1], onde supostamente tem uma namorada. Sabe-se também que desde 2001 era filiado ao PSL, partido pelo qual o presidente Bolsonaro se elegeu.

O atentado exumou das catacumbas da História grupos de extrema-direita derivados do integralismo, movimento de inspiração fascista que floresceu nos anos 1930 no Brasil. Após a morte de seu criador, Plínio Salgado, nos anos 1970, o integralismo fragmentou-se em pequenos grupos, com os quais Fauzi tem relações. Alguns desses grupos são formados por policiais, ex-policiais e milicianos, segundo o historiador Leandro Gonçalves, da Universidade Federal de Juiz de Fora, em entrevista à BBC Brasil.

O atentado ao Porta dos Fundos já tem mais de dez dias, e até agora o presidente não deu uma palavra sobre o assunto. Em 1987, quando era capitão, Bolsonaro respondeu a processo judicial, acusado de elaborar um plano terrorista para explodir bombas em quartéis no Rio de Janeiro. Num julgamento controverso (explicado no livro "O cadete e o capitão", de Luiz Maklouf Carvalho), ele acabou absolvido. O silêncio presidencial dispensa explicações.

---

[1] Em março de 2022, Eduardo Fauzi Cerquise foi extraditado para o Brasil e preso, no Rio de Janeiro.

A REBELDIA COMO INSPIRAÇÃO
25.02.2020

Era janeiro de 1984, ainda vivíamos sob ditadura e o presidente era João Figueiredo, que preferia o cheiro de cavalos ao do povo. O general estava aborrecido com os fotógrafos que cobriam o Palácio do Planalto porque os jornais noticiaram uma cena constrangedora entre ele e o então deputado Paulo Maluf, ocorrida no gabinete presidencial.

Naquela época, repórteres de texto não eram autorizados a entrar no gabinete. Os fotógrafos, então, relataram o que presenciaram aos seus colegas. E foi assim que o presidente e seus aspones perceberam que os fotógrafos tinham ouvidos e boca, além de olhos bem atentos.

Em represália, os fotógrafos foram proibidos de entrar no gabinete. E o Planalto passou a distribuir às redações as fotos feitas apenas pelo fotógrafo oficial. O material chapa-branca era deixado nos escaninhos que os jornais tinham na sala de imprensa. Os fotógrafos passaram a rasgar as fotos.

Mas eles queriam um protesto de maior impacto e que desse um recado claro ao ditador: não aceitariam restrições ao seu trabalho. Combinaram, então, que depositariam câmeras e equipamentos no chão quando o general descesse a rampa do Palácio.

A única foto conhecida desse protesto — corajoso e inteligente — mostra os profissionais de braços cruzados enquanto o presidente passa por eles com sua carranca habitual. O documentário "A culpa é da foto", disponível no YouTube, reconstitui o episódio em todos os detalhes. Sobressai no filme a postura altiva dos profissionais que se arriscaram em nome do exercício digno da profissão — e que foram readmitidos no gabinete presidencial. Não custa lembrar: Figueiredo era o presidente do "prendo e arrebento".

Hoje, temos um presidente que se compraz em distribuir bananas e todo tipo de ataque sórdido contra jornalistas que ousam desagradá-lo. Que a rebeldia de 36 anos atrás nos sirva de inspiração.

IGNORÂNCIA E CUMPLICIDADE
03.03.2020

Quantos brasileiros sabem quem são os macuxis, uapixanas, taurepangues, ingaricós, patamonas, oiampis, guajajaras, caiapós, mundurucus, guaranis, caiovás, yanomamis, waimiri-atroaris? Com exceção de estudiosos, ONGs e das próprias etnias, diria que pouquíssimos. A invisibilidade dos povos indígenas brasileiros acentua sua vulnerabilidade.

Vejamos dois exemplos recentes. O deputado estadual de Roraima Jeferson Alves (PTB) quebrou a corrente que impede o trânsito noturno de caminhões pela BR-174 (que liga Manaus a Boa Vista) no trecho que passa pela terra indígena dos waimiri-atroaris. Essa etnia quase foi extinta nos anos 1970, quando da abertura da estrada e da construção da hidrelétrica de Balbina.

A muito custo, teve seu território homologado no governo Sarney e conseguiu se recuperar. Uma ação na Justiça discute o controle noturno da estrada. Mas, no clima de vale-tudo que impera no Brasil, o deputado achou por bem fazer "justiça" com as próprias mãos.

Também em Roraima, registra-se a primeira invasão garimpeira de larga escala na reserva Raposa Serra do Sol desde sua homologação, no governo Lula. As oligarquias locais nunca se conformaram com isso. Na época, o então governador, Ottomar Pinto, decretou luto oficial de sete dias em protesto. Dois senadores entraram com ação no STF questionando a demarcação, que foi confirmada em 2009, e todos os não índios tiveram que se retirar da reserva.

Eis que agora o senador Chico Rodrigues (DEM-RR) sentiu-se à vontade para gravar um vídeo num garimpo ilegal de ouro, dizendo tratar-se de um "trabalho fabuloso", que deve ser regulamentado pelo Congresso. Refere-se, claro, ao projeto do presidente Bolsonaro que libera mineração e outras atividades em área indígena. Se o próprio governo, embotado pelo véu da ignorância, trata os povos indígenas como obstáculo ao desenvolvimento, quem os protegerá? Sociedade passiva é sociedade cúmplice.

A DIFÍCIL CONQUISTA DE CORAÇÕES E MENTES
10.03.2020

Primeiro, soube-se que, na surdina do WhatsApp, o presidente convocava para os atos do dia 15 de março contra o Congresso e o Supremo Tribunal Federal. No sábado, a caminho de mais um beija-mão com Trump, aproveitou a escala em Boa Vista (RR) e reforçou a convocação às claras, na presença de militares. "Participem", encorajou Bolsonaro.

Por si só, o chamado é grave o suficiente para demandar resposta contundente e o repúdio insofismável dos Poderes desafiados. Não foi o que se viu por parte dos presidentes da Câmara, do Senado e do STF. Silêncio estratégico ou amedrontado?

Enquanto os Poderes se mantêm em estado de letargia, o submundo digital da extrema-direita se assanha com invocações de golpe militar e prisão dos corruptos que não deixam o presidente governar. Está claro que se referem aos políticos. Açulados pelo presidente, empresários também sentem-se à vontade para dizer que bancarão as despesas desses protestos. Teremos que esperar até o dia 15 para ter uma ideia mais precisa do efeito do apelo presidencial.

Bolsonaro é um provocador nato. Investe no que sabe fazer de melhor: tensionar as instituições e apostar no caos, que beneficia líderes autoritários. E faz isso num país com 11,9 milhões de desempregados, em que a uberização desagrega trabalhadores e lares, filas se estendem nos guichês do Bolsa Família e do INSS e legiões de indigentes se enfileiram sob as marquises para passar a noite. Até quando o presidente irá promover a algaravia com que tenta abafar sua incompetência?

Diversos movimentos de oposição convocaram atos para se contrapor à articulação da base bolsonarista. O primeiro deles deu-se no Dia Internacional da Mulher. Embora relevantes, as manifestações decepcionaram quem esperava algo próximo da magnitude de um #elenão. Outros protestos estão marcados para os próximos dias. Mas quem conquistará os corações e mentes da multidão de indiferentes? Eis a questão.

I CAN'T BREATHE!
01.06.2020

A cena de quase dez minutos provoca choque e horror por toda a desumanidade nela contida. O policial branco comprime com o joelho o pescoço do homem negro, algemado, desarmado e imobilizado sobre a calçada. O homem negro, George Floyd, implora: "Por favor, não consigo respirar". O policial, Derek Chauvin, mão no bolso, segue impassível, com a naturalidade de quem mata uma mosca. O vídeo do assassinato se espalha e os EUA entram em convulsão.

Aqui também temos a combinação letal de racismo e brutalidade policial. João Pedro, Ágatha Félix, Evaldo dos Santos. Quantos mais? Por que esses assassinatos não levam a sociedade brasileira às ruas? Arrisco dizer que lá o movimento pelos direitos civis, nos anos 1960, e a aplicação de ações afirmativas, como as políticas de cotas em universidades, alçaram a população afrodescendente a um patamar mais elevado de cidadania. Lá, a população negra sabe cobrar os direitos que lhes são negados.

Aqui, muitos afirmam defender a igualdade entre brancos e negros, desde que estes continuem nas nossas cozinhas, recolhendo o nosso lixo, cuidando dos nossos filhos. Essa mesma gente ainda tem muita dificuldade de aceitá-los em lugares como as universidades. Basta lembrar que algumas instituições de ensino já adotavam reserva de vagas para estudantes negros quando o DEM resolveu questionar no Supremo Tribunal Federal a constitucionalidade das cotas.

Em um dos debates na corte, o representante do partido, o então senador Demóstenes Torres, chegou a dizer que a miscigenação no Brasil ocorrera de forma "mais consensual" entre escravas e seus patrões.

Felizmente, os ministros não deram ouvidos a tal sandice, e o STF considerou as cotas constitucionais, por unanimidade, em 2012. Que a súplica de George Floyd reverbere em nossas consciências com a força de uma explosão: "I can't breathe!".

A HORA DO ACERTO DE CONTAS
08.06.2020

A cena tem a força de um acerto de contas com a História, ainda que tardio. Neste domingo, em Bristol, na Inglaterra, a estátua de Edward Colston, um traficante de escravos que viveu no século 17, foi derrubada de seu pedestal por manifestantes e lançada para seu destino inglório, o fundo de um rio. O ato resumiu o sentimento antirracista que tem movido protestos em todo o planeta nas duas últimas semanas, em plena pandemia, desde o assassinato de George Floyd, nos EUA.

Aqui, o racismo à brasileira nos dá motivos de sobra para protestar. Bastaria o caso do menino Miguel Otávio, de 5 anos, no Recife, largado à própria sorte num elevador pela sinhá impaciente porque queria pintar as unhas.

O lema "Vidas negras importam" acabou encorpando a ânsia por protestos também aqui e fez muita gente sair de casa no fim de semana passado. Esse movimento pôs em relevo um debate que vem dividindo as oposições ao governo Bolsonaro. Ir ou não às ruas no momento em que a pandemia mata um brasileiro por minuto?

As quarentenas não foram suficientes para frear o vírus, ainda não alcançamos o pico da contaminação e o presidente dificulta o combate à doença ao esconder o número de pessoas infectadas. Tenta, na verdade, mascarar sua inépcia e incompetência ao lidar com a crise sanitária. Iguala-se a um moleque com medo de mostrar aos pais o boletim cheio de notas baixas.

Diante das projeções dos cientistas, setores da oposição tomaram uma decisão de altíssimo risco ao manter a convocação para os atos, mesmo com os cuidados necessários. Um sinal importante, porém, foi dado. Para os valentões bolsonaristas que vinham se achando os donos da rua, os protestos do fim de semana deram seu recado: as ruas não têm dono. Contudo, o pico da pandemia que ora se aproxima recomenda paciência e espera. Até porque acertos de contas tardam, mas não falham.

A CAMINHO DO ABATEDOURO
15.06.2020

No auge da pandemia no Brasil, o que fazem governadores e prefeitos? Jogam a toalha, vencidos por pressões econômicas e pela campanha de sabotagem permanente empreendida pelo presidente Jair Bolsonaro. Relaxam a quarentena — que sempre ficou longe do ideal — e oferecem carne fresca ao vírus insaciável.

Como chegamos até aqui? O roteiro foi escrito pelo sabotador-geral da República. Alguns exemplos: "gripezinha", "resfriadinho", "todos nós iremos morrer um dia", "e daí?", "quer que eu faça o quê?", "não faço milagre", "vai morrer muito mais se a economia continuar sendo destroçada por essas medidas", "um bosta do prefeito faz a bosta de um decreto, algema e deixa todo mundo dentro de casa. Se tivesse (sic) armado [o povo], ia para a rua". Por fim, a incitação ao crime: "Tem um hospital de campanha perto de você, tem um hospital público, arranja uma maneira de entrar e filmar".

A população pobre teve enorme dificuldade de cumprir as regras de isolamento social, não porque goste de bater perna nas ruas à toa, mas porque milhões de brasileiros, por assim dizer, vendem o almoço para pagar o jantar ou vice-versa. Confinar as pessoas em casa teria sido possível se o governo tivesse a capacidade de distribuir o auxílio emergencial a quem realmente precisa, com boa vontade e presteza. Mas, não. Milhões de necessitados ainda não conseguiram sequer se cadastrar, enquanto milhares receberam indevidamente, inclusive militares. A incompetência do governo federal é evidente também na falta de testes para a população, o que dificulta projeções sobre a doença.

Reportagem de Eliane Trindade publicada na "Folha", em 29/03, mostrou que o vírus pegou carona na primeira classe dos aviões para chegar ao Brasil. Hoje os mapas de incidência da contaminação mostram que a peste se alimenta do sangue das periferias. Estamos diante de um mal disfarçado projeto de eugenia. E o povo, apinhado em ônibus, trens e metrôs, vai sendo tocado como gado, rumo ao abatedouro.

UMA RETUMBANTE BANANA AO STF E AO BRASIL
22.06.2020

Em um ano e quatro meses na cadeira de ministro da Educação, o que fez Abraham Weintraub? Boneco de ventríloquo de um astrólogo de araque, dedicou-se a atacar os pilares da universidade genuinamente democrática: a inclusão, a diversidade e a autonomia de gestão. Cortou verbas, programas, bolsas de pesquisa. Tentou nomear interventores, iniciativa felizmente anulada.

Antes de escafeder-se na calada da noite, revogou portaria que reservava cotas para negros, índios e portadores de deficiência em cursos de pós-graduação. E deixou no Congresso o mal formulado projeto de lei Future-se, que muda a forma de financiamento do ensino superior. Por vício de origem, tal "legado" merece apenas um destino: a lata do lixo.

Weintraub semeou desvarios ideológicos e distorções históricas, como a infame referência à Noite dos Cristais, na Alemanha nazista. De sua boca suja porejaram ofensas, conforme registrado no vídeo da indecorosa reunião do dia 22 de abril: "Eu, por mim, botava esses vagabundos todos na cadeia, começando no STF". Como é próprio dos covardes, fugiu para não ter que responder a dois inquéritos na corte.

Weintraub e educação não combinam na mesma frase. Que isso tenha acontecido, nesse desvão da História em que estamos atolados, é uma desonra à memória de gente como Darcy Ribeiro, Anísio Teixeira e Paulo Freire, pensadores da educação como forma de emancipação civilizatória.

Em janeiro de 1989, o Brasil parou para assistir ao último capítulo da novela "Vale tudo". Na cena final, um executivo mau-caráter fugia do Brasil num jatinho, dando uma banana para o país. A cena me ocorreu quando soube da fuga de Abraham Weintraub para Miami, usando indevidamente a condição de ainda ministro para burlar a proibição de entrada de brasileiros nos EUA.

Ao que tudo indica, Weintraub cometeu mais um crime, segundo ele mesmo, com a ajuda de "dezenas" de pessoas. Seus cúmplices. Em seu último ato, Abraham Weintraub deu uma retumbante banana ao STF e ao Brasil.

SOMBRAS EXPLOSIVAS DA NOSSA HISTÓRIA
25.06.2020

Queiroz, Wassef, PC Farias e Fortunato. O que essas figuras têm em comum? A História é pródiga em personagens dos arredores sombrios do poder que, não raro, levam a desfechos trágicos.

Em agosto de 1954, no episódio que ficou conhecido como o Atentado da Rua Tonelero, Carlos Lacerda, o mais ferrenho opositor do então presidente Getúlio Vargas, ficou ferido e o major da Aeronáutica Rubens Vaz morreu. O crime desencadeou a crise que culminou no suicídio de Vargas. O chefe da guarda pessoal do presidente, Gregório Fortunato, acusado de ser o mandante do crime, foi condenado e morreu assassinado na prisão.

Um salto no tempo nos traz a 1992. Escândalos em série levam à criação de uma Comissão Parlamentar de Inquérito para investigar um tentacular esquema de corrupção chefiado por Paulo César Farias, tesoureiro da campanha do então presidente Fernando Collor. A CPI leva ao impeachment do presidente, o primeiro na História do Brasil.

O que segue é enredo de cinema: PC Farias foge e é preso na Tailândia. No Brasil, é condenado, preso, mas logo posto em liberdade condicional. Em junho de 1996, duas balas certeiras matam o empresário e a namorada em sua casa de praia. O crime é um mistério até hoje.

Mais um salto e outro caso de polícia nas cercanias de um presidente, com duas peças-chave. O notório Fabrício Queiroz, suspeito de ligações com milicianos, amigo de Jair Bolsonaro e faz-tudo do filho deste, Flávio Bolsonaro, quando era deputado estadual. Segundo as investigações, Queiroz operava o esquema de rachadinha que beneficiava o deputado.

O segundo personagem é Frederick Wassef, advogado dos Bolsonaros, pai e filho, até menos de uma semana atrás. O desaparecido Queiroz foi encontrado pela polícia na casa de Wassef.

O advogado e o operador têm personalidades muito distintas. Wassef é tipo histriônico, dado aos holofotes, e até outro dia arrotava sua intimidade com o presidente. Já Queiroz se valia da penumbra para articular esquemas criminosos com múltiplas ramificações. Ambos são bombas-relógio de alto teor explosivo. A História desenha círculos no tempo.

A ESCRAVIDÃO MORA AO LADO
29.06.2020

O caso aconteceu num dos bairros mais ricos da cidade mais rica do Brasil. Uma mulher, de 61 anos, foi abandonada num depósito de trastes nos fundos da casa dos patrões, em São Paulo, sem salário, sem comida e sem banheiro, em plena pandemia. Segundo a investigação, a idosa trabalhava para a família havia 22 anos. A patroa, Mariah Corazza Üstündag, foi indiciada por submeter a empregada a condição análoga à escravidão. Pagou fiança de R$ 2.100 e foi liberada.

Formas contemporâneas de submissão de trabalhadores perduram num país de tão entranhado legado escravocrata. Em 2003, o Ministério do Trabalho deu início a uma política de combate a essa aberração ao criar a Lista Suja do Trabalho Escravo, que, periodicamente, divulgava os nomes dos empregadores autuados por manter trabalhadores em situação similar à escravidão. A Organização Internacional do Trabalho considerou essa política pública um exemplo a ser seguido na luta contra a exploração degradante de trabalhadores.

A Lista Suja, porém, nunca foi aceita sem questionamentos judiciais por entidades patronais, que consideram o cadastro uma afronta ao direito de defesa das empresas. A ação mais recente à espera de julgamento pelo plenário do STF questiona a constitucionalidade da Lista Suja[2]. Enquanto não se chega a uma pacificação jurídica sobre o tema, o Executivo — já desde o governo de Michel Temer — vem fazendo a sua parte para, praticamente, anular o enfrentamento ao trabalho escravo.

O resgate de trabalhadores costumava acontecer nos cafundós da Amazônia, em canteiros de obras ou em oficinas de costura que exploram imigrantes. Desta vez, porém, a doméstica resgatada trabalhava numa casa no Alto de Pinheiros, endereço de políticos, empresários, enfim, "gente de bem". Não se deve ao acaso que, há décadas, exista no bairro um restaurante chamado Senzala, palavra associada ao massacre de escravizados no Brasil. A escravidão mora ao lado.

---

2 Em setembro de 2020, o STF julgou constitucional a criação da Lista Suja do Trabalho Escravo.

NUVEM DE GAFANHOTOS JÁ CHEGOU AO BRASIL
06.07.2020

Conta-se cerca de um mês que o país deixou de lidar com o despejo de detritos verbais no entra e sai do Palácio da Alvorada. Certamente contribuíram para a quietude da língua presidencial malsã a ofensiva judicial contra apoiadores lunáticos e familiares de Bolsonaro, a prisão do encalacrado Fabrício Queiroz e os laços evidentes com o boquirroto Wassef.

Há quem se aproveite do figurino comedido para vender uma nada convincente predisposição ao diálogo institucional. Tenta-se dar um ar de normalidade às tensões refreadas para retomar a agenda econômica. Mais nociva que a língua presidencial, porém, é sua caneta a nos lembrar quem é Bolsonaro e sua personalidade funesta.

O país está ferido pelo luto. Exausto pela pandemia. Mil famílias choram seus mortos por dia. A marca dos dois milhões de infectados está logo ali. E o que faz Bolsonaro? Veta o uso obrigatório da máscara de proteção em escolas, igrejas, comércio, indústrias, prisões e repartições públicas.

No último sábado, o presidente achou por bem comparecer com quatro ministros militares às comemorações pela independência dos EUA na casa do embaixador, Todd Chapman, um tipo que se fantasia de caubói quando vai dar entrevista na televisão. Posou para fotos, fazendo sinal de "positivo". Ele acabara de sobrevoar a região atingida pelo ciclone, no Sul, que deixou 12 mortos.

É o mesmo presidente que tem ampliado o acesso da população a armas e munições. A loquacidade contida de hoje contrasta com as línguas soltas da reunião de 22 de abril[3], aquele, sim, um retrato sem retoques de cafajestice e incompetência explícitas.

Sem crédito, empresas quebram país afora, milhões de brasileiros perdem seus empregos e/ou não conseguem o auxílio emergencial. A Saúde e a Educação seguem acéfalas. A nuvem de gafanhotos[4] já chegou. E comanda a devastação confortavelmente instalada no Palácio do Planalto.

---

3 Na reunião ministerial de 22 de abril de 2020, o presidente Bolsonaro deixava claro que pretendia interferir na Polícia Federal, o que acabou levando à demissão, dias depois, do então ministro da Justiça, Sérgio Moro.
4 Em junho de 2020, uma nuvem de gafanhotos gigantesca, vinda da Argentina, estava muito próxima da fronteira, mas se dissipou antes de chegar ao Brasil.

OS MILITARES E O GENOCÍDIO INDÍGENA
21.07.2020

O levantamento mais recente feito pela Articulação dos Povos Indígenas do Brasil (Apib) informa que 542 indígenas morreram de Covid-19 e 16.656 foram contaminados. A doença atingiu 143 etnias diferentes espalhadas pelo Brasil.

Com base nos números do Ministério da Saúde sobre pessoas internadas, o demógrafo José Eustáquio Diniz Alves calculou que os indígenas contaminados têm 98% a mais de chances de morrer do que pessoas de cor branca. Também comparados aos brancos, negros têm 46% e pardos, 72% mais chances de morrer devido à Covid-19.

Epidemias nas Américas começaram com o desembarque dos primeiros europeus em praias tropicais. Surtos de varíola, sarampo, gripe, cólera, coqueluche e outros males dizimaram por completo povos indígenas e deixaram outros à beira da extinção. É o que o antropólogo norte-americano Henry Dobyns chamou de "cataclismo biológico".

A vulnerabilidade dos índios deveria ter ensejado ação decisiva do Estado para evitar que o vírus chegasse às aldeias. O que se vê, ao contrário, é o incentivo para a invasão de grileiros e garimpeiros, que levaram a doença para dentro das terras indígenas.

O governo foi capaz de covardia maior. Vetou o fornecimento de água potável para os índios; despachou um carregamento de cloroquina para algumas aldeias e disse que bebessem água dos rios. Um deboche quando se sabe que dezenas de rios estão contaminados com o mercúrio dos garimpos ou com agrotóxicos.

Os militares, que controlam o Ministério da Saúde, não gostaram quando o ministro do Supremo Tribunal Federal Gilmar Mendes os associou a um genocídio. O dicionário oferece muitos sinônimos: extermínio, chacina, massacre, matança, carnificina, eliminação, extinção, exterminação, aniquilação, aniquilamento, destruição, mortandade, morticínio. Que eles escolham qualquer um e durmam em paz com suas consciências. Se conseguirem.

ARAPONGAS NO MINISTÉRIO DA JUSTIÇA
27.07.2020

O ministro da Justiça e Segurança Pública, André Mendonça, deve explicações à sociedade sobre a atuação de um órgão a ele subordinado, a Secretaria de Operações Integradas (Seopi). O repórter Rubens Valente revelou no UOL que a Seopi produziu um dossiê com informações sobre 579 pessoas, a maioria servidores de órgãos de segurança pública, que integrariam um certo "movimento antifascismo".

Tudo indica que estamos diante de uma estrutura de espionagem e intimidação, aos moldes ditatoriais. Também foram alvo da bisbilhotice intelectuais do porte de Paulo Sérgio Pinheiro, integrante da extinta Comissão Nacional da Verdade e da Comissão Arns, de defesa dos direitos humanos, que tem se manifestado de maneira firme contra atos de Jair Bolsonaro, como a incitação ao genocídio de povos indígenas.

O ministro também deveria esclarecer por que revogou normas que facilitariam o rastreamento de armas destinadas aos agentes da Força Nacional de Segurança. A revogação se soma a outras medidas tomadas por Bolsonaro que aumentam o descontrole da circulação de armamento no país. A quem isso interessa?

André Mendonça é o mesmo que chamou Bolsonaro de "profeta" e que não hesita em intimidar jornalistas críticos ao governo recorrendo à Lei de Segurança Nacional, restolho do regime militar e anomalia jurídica mantida na ordem democrática como tumor não extirpado.

Quando ainda respondia pela Advocacia-Geral da União, criticou governadores e prefeitos por tomarem medidas "autoritárias" no combate à pandemia. Já ministro, quando um grupo de celerados atacou o Supremo Tribunal Federal com fogos de artifício, afirmou que era preciso compreender a "crítica" e a "manifestação" do povo com "humildade".

Bolsonaro já disse que pretende indicar para o STF um ministro "terrivelmente evangélico" e que Mendonça (pastor presbiteriano) se encaixa nessa definição. Um alinhamento terrivelmente servil também pode garantir pontos extras na disputa.

ARAS E O APARELHAMENTO DO MPF
03.08.2020

O procurador-geral da República, Augusto Aras, abriu guerra contra a força-tarefa da Lava Jato e a hipertrofia dos procuradores federais comandados por Deltan Dallagnol na "República de Curitiba". Aras e Dallagnol, no entanto, são faces da mesma moeda: a do aparelhamento político das instituições de Estado.

O sempre necessário e importante combate ao crime encontrou na vocação messiânica e na agenda política dos procuradores e do juiz Sérgio Moro terreno fértil para distorções, abusos e excessos da operação que pretendia acabar com a corrupção no país.

Não acabou. E deixou vasto legado de desrespeito a marcos legais. Moro divulgou ilegalmente um grampo telefônico envolvendo a então presidente Dilma, o que mereceu apenas uma repreenda do STF ao juiz.

Este pediu "escusas" e ficou por isso mesmo. A Vaza Jato, do site The Intercept, mostrou como o juiz orientou os procuradores, tornando-se parte da acusação e violando seu compromisso ético e legal de imparcialidade.

Deu no que deu. A Lava Jato teve impacto decisivo na chegada de Bolsonaro ao poder, trazendo Moro a tiracolo, não por acaso. Como o mundo dá voltas, o candidato que se beneficiou do "lavajatismo" foi o mesmo presidente que deu a rasteira em Moro e agora comanda a ofensiva contra a "República de Curitiba".

Ao atacá-la, Aras faz um favor ao centrão e ao chefe, que andam de braços dados desde que Bolsonaro entendeu que precisava de um escudo no parlamento, depois da prisão do amigão Fabrício Queiroz. Aras, porém, pode não ter calculado bem um efeito colateral de sua truculência. A perseguição à Lava Jato poderá levar Moro a disputar com o ex-chefe a narrativa do combate à corrupção, acirrando a concorrência no campo da direita nas eleições de 2022.

Há, contudo, uma pedra no caminho de Moro. A Segunda Turma do STF precisa terminar o julgamento, iniciado em 2018, sobre a suspeição do magistrado na condução da Lava Jato. Ao que parece, suas excelências não estão com a menor pressa.

BOLSONARO DISSE: "VOU INTERVIR!". E AGORA?
10.08.2020

Reportagem de Monica Gugliano, na revista "Piauí", reconstitui em detalhes uma reunião no dia 22 de maio, no Palácio do Planalto, entre o capitão-presidente, seus generais de pijama e alguns ministros civis. A reunião era, na verdade, uma conspiração contra a democracia. "Vou intervir!", esbravejou Bolsonaro.

O presidente queria destituir os 11 ministros do STF e substituí-los por dóceis lambe-botas para pôr a casa "em ordem". Tudo isso porque o ministro Celso de Mello tomara medida de praxe em investigação relacionada ao presidente[5]. Os conspiradores chegaram a discutir como dar uma fachada de legalidade ao autogolpe.

O desatino não encontrou ressonância entre militares da ativa, que têm o comando das tropas. Evitou-se o insano propósito com uma "nota à nação brasileira", assinada pelo general do GSI, Augusto Heleno, que, no entanto, ameaçou o Supremo com "consequências imprevisíveis" se houvesse "afronta" à autoridade presidencial.

Que reunião de tal teor tenha ocorrido, sem que se veja reação ou providências das instituições para punir os sabotadores da República, mostra a profundidade do abismo em que estamos metidos. À época do conluio sinistro, o Brasil chorava mais de 20 mil mortos pela pandemia, e Bolsonaro reagia com indiferença. "E daí?".

Daí que o presidente da Câmara, Rodrigo Maia, afirmou, há uma semana, não ter "elementos" para abrir um processo de impeachment. Os donos do dinheiro grosso seguem firmes com Paulo Guedes e a oposição continua fazendo política com o fígado. E assim todos vão se acomodando à "nova ordem".

Bolsonaro sempre mostrou quem é. Em 2017, afirmou: "Sou capitão do Exército, a minha especialidade é matar, não é curar ninguém". A ditadura deixou 434 mortos e desaparecidos e milhares de torturados. Na democracia, os generais a serviço do colecionador de mortalhas tornaram-se sócios no massacre das cem mil vidas imoladas, até aqui.

---

[5] Em maio de 2020, o então ministro Celso de Mello determinara à Procuradoria-Geral da República que se manifestasse sobre o pedido de apreensão do celular de Bolsonaro, feito ao STF por partidos de esquerda. A consulta à PGR é de praxe no caso de investigação envolvendo o presidente da República.

A OPOSIÇÃO E A "ESFINGE"
17.08.2020

Aos 20 meses de governo, Bolsonaro já está em campanha pela reeleição e avança sobre o terreno adversário, o Nordeste, embalado pelo auxílio emergencial e a melhora expressiva de sua aprovação.

De olho em 2022, ele testa até onde pode furar o teto de gastos sem entrar na "zona sombria" do impeachment, como ameaçou Paulo Guedes. Bolsonaro tem se mostrado um especialista em esticar a corda e parar antes que ela arrebente. Poderá usar essa habilidade para administrar as pressões de seu ministro e do "mercado" enquanto sonha com obras, gastos e o segundo mandato.

É cedo para saber se isso dará certo. Seguro mesmo é que pesquisas anteriores ao último Datafolha já mostravam que Bolsonaro retém taxa de aprovação sólida como granito, em torno de 30%. É um desafio entender tal patamar de aprovação, considerando o comando desastroso desde o começo da pandemia. Nem a demissão do popular ministro da Saúde (Henrique Mandetta) abalou esse percentual, muito menos a do ministro da Justiça (Sérgio Moro), decisivo na ascensão de Bolsonaro.

Artigo do professor da Universidade Estadual do Rio de Janeiro João Cezar de Castro Rocha, no caderno Ilustríssima ("Folha de S.Paulo"), joga luzes sobre a "esfinge" Bolsonaro. Identifica doutrinas militares da ditadura e da Guerra Fria — adaptadas para tempos democráticos — e a linguagem do "olavismo" como elementos que dão coesão à visão de mundo bolsonarista.

Eu acrescentaria o fundamentalismo religioso e o afrouxamento das regras sobre posse, porte e compra de armas, sob medida para as milícias, e temos um projeto de sabotagem da República e da democracia.

Diante de tudo isso, o que a oposição progressista deveria fazer? Na Hungria, do primeiro-ministro ultradireitista Viktor Orbán, há uma década no poder, finalmente os seis principais partidos de oposição anunciaram que vão concorrer com candidato e programa únicos em 2022. Essa estratégia mostrou-se vitoriosa nas eleições municipais de 2019, em Budapeste e em outras cidades. Que nos sirva de exemplo para evitar o caminho suicida da fragmentação[6].

---

6 Viktor Orbán venceu as eleições parlamentares, em abril de 2022, e segue no poder na Hungria.

O TUMOR BOLSONARO
24.08.2020

Não sou ombudsman, mas me permito usar este espaço para algumas reflexões. Em editorial, a "Folha" trouxe o título "Jair Rousseff". O texto se refere ao desequilíbrio das contas públicas no governo da ex-presidente e à tentação do atual de fazer o mesmo.

A fusão dos dois nomes é um ultraje à ex-presidente. O título chamativo não poderia ter prevalecido sobre o simples bom senso ou o respeito à história de Dilma Rousseff. Na aprovação do impeachment na Câmara, Bolsonaro votou em homenagem ao torturador Brilhante Ustra, algoz da ex-presidente quando de sua militância contra a ditadura. "O pavor de Dilma Rousseff", tripudiou o então deputado.

Bolsonaro deveria ter saído preso da Câmara naquele dia por apologia à tortura, crime de lesa-humanidade. E, no entanto, aquele foi o ato inaugural de sua ascensão ao poder. Que fizeram as instituições? Câmara? Supremo? Ministério Público? Funcionaram "normalmente".

Mas a assimilação de Bolsonaro como algo natural pelas instituições começou muito antes. No fim dos anos 1980, o Superior Tribunal Militar ignorou as provas de que o então capitão participara de um plano para explodir bombas em quartéis e o absolveu. Foi a deixa para Bolsonaro iniciar carreira parlamentar tão longeva quanto medíocre, marcada por ofensas a mulheres, negros e homossexuais e pela defesa da tortura e da execução de "uns 30 mil".

Sua atuação parlamentar foi tratada como rebotalho caricato e extemporâneo da ditadura. Conselho de Ética? Corregedoria? Ah, sim, as instituições funcionaram "normalmente". E assim chegamos ao ponto em que milhões de eleitores identificaram nele o comando e a síntese do autoritarismo brasileiro.

As instituições, inclusive a imprensa, absorveram Bolsonaro como um corpo doente se acostuma a hospedar um tumor. Um dia, o tumor explode e mata o hospedeiro. A propósito: "Presidente Jair Bolsonaro, por que sua esposa, Michelle, recebeu R$ 89 mil de Fabrício Queiroz?"[7].

---

7 Em agosto de 2020, um repórter do jornal "O Globo" fez essa pergunta a Bolsonaro, que respondeu: "Vontade de encher sua boca com uma porrada". Em solidariedade ao jornalista, milhares de pessoas postaram a pergunta nas redes sociais.

O RACISMO E A ELEIÇÃO NOS EUA
27.08.2020

O entranhado racismo da sociedade norte-americana tem tido grande destaque na campanha eleitoral. A figura de George Floyd, assassinado em maio por um policial branco, pairou sobre a convenção democrata. A escolha da vice de Joe Biden, Kamala Harris, já fora um sinal do impacto do movimento Black Lives Matter.

Este não é um tema com o qual o atual presidente, Donald Trump, fique confortável. Seu histórico fala por si. E é aí que as coisas se tornam um pouco mais complexas. Dias atrás, vieram a público as imagens de outro homem negro, Jacob Blake, alvejado por um policial branco com vários tiros nas costas.

Este inconcebível caso de brutalidade policial contra negros desencadeou nova onda de protestos. Alguns terminaram em saques e incêndios. Nesses primeiros dias de convenção republicana, Trump e seus apoiadores têm tentado mostrar os democratas como "extremistas", "socialistas", "radicais de esquerda", que vão "roubar" a eleição e "tirar" as armas dos cidadãos.

Particularmente chocante foi a participação, na convenção, de um casal branco que ficou famoso por apontar armas para manifestantes pacíficos, que pediam justiça para Floyd. O tom da convenção republicana tem sido acentuar clivagens na sociedade norte-americana e açular o ódio e o medo. Isso vai afastar ou atrair eleitores de centro? Uma coisa parece certa: Trump tem conseguido manter sua base coesa.

Já os democratas formaram uma frente que vai da esquerda do partido até republicanos insatisfeitos com o presidente. Não é pouca coisa. Mas não garante a vitória. No sistema de votação dos EUA, nem sempre quem ganha no voto popular leva no colégio eleitoral, esta, sim, a eleição decisiva. Hillary Clinton que o diga. Nos EUA, o voto não é obrigatório. Por isso, mesmo à frente nas pesquisas, talvez o maior desafio de Joe Biden seja tirar de casa o eleitor que está cansado de tudo: da pandemia, do desemprego e da política.

NO STF, O "LEGADO" DE TOFFOLI
31.08.2020

O mandato do ministro Dias Toffoli na presidência do STF termina nos próximos dias, deixando um enigma. Por que ele teve dois generais da reserva no cargo de "assessor especial" no seu gabinete? O primeiro foi Fernando Azevedo e Silva, por indicação de ninguém menos que o então comandante do Exército, Eduardo Villas Bôas, o general *influencer*.

Villas Bôas foi quem, na véspera do julgamento do pedido de habeas corpus do ex-presidente Lula, no STF, em abril de 2018, fez ameaças numa rede social dizendo que o Exército repudiava a "impunidade" e que estava "atento às suas missões institucionais". O STF rejeitou o pedido de Lula por 6 x 5, ele foi preso, bem, o resto você sabe.

Azevedo ficou dois meses no cargo e saiu para ser ministro da Defesa do candidato vencedor na disputa presidencial. Para a vaga, Toffoli acolheu outro general bolsonarista, Ajax Porto Pinheiro. Num vídeo, durante a campanha de 2018, em meio a raciocínios tortuosos, Pinheiro fala dos perigos do comunismo e diz que, se o PT voltasse ao poder, o Exército seria "a principal vítima". Desconhece-se a contribuição do general ao Judiciário, ao custo mensal de R$ 12.940 para o contribuinte.

Indicado por Lula em 2009 para o STF, Toffoli fez um grande esforço para se distanciar da esquerda e mostrar-se confiável aos militares. Antes de assumir a presidência, num exercício de contorcionismo semântico e impropriedade histórica, chegou a dizer que preferia chamar o golpe de 1964, que instaurou 21 anos de ditadura no Brasil, de "movimento de 64".

Há quem interprete a contratação dos generais como uma tentativa de manter canais abertos com as Forças Armadas em tempos turbulentos. Se foi esse o intuito, mostrou-se malogrado. O Supremo vive sob ataque, e o próprio Bolsonaro já quis dar um golpe e substituir os 11 ministros. Diálogo entre Poderes pressupõe altivez. Tutela militar — ou a simples percepção dela — é uma anomalia a ser evitada. Não é um legado do qual se orgulhar.

SUAS EXCELÊNCIAS E A REFORMA
04.09.2020

A reforma administrativa volta mais uma vez ao debate e a proposta do governo não vai ao que interessa: qual o Estado que precisamos? A quem ele deve servir? Como o Estado deve dar conta de suas responsabilidades em saúde, educação e segurança, ao mesmo tempo em que coíbe distorções e privilégios da elite do setor público?

Por exemplo, como acabar definitivamente com os artifícios que furam o teto constitucional de R$ 39 mil, valor do salário de ministro do STF? Brasil afora, os próprios tribunais são os primeiros a burlar a lei com uma coleção de artifícios: auxílios, verbas, vantagens, gratificações, adicionais e outras afrontas ao teto, mascaradas pela corrupção do idioma.

O que dizer do plano de saúde vitalício dos senhores senadores e ex-senadores, que também beneficia cônjuges e dependentes? É a assistência mais generosa do mundo. Tudo pago com o meu, o seu, o nosso dinheiro. E que tal reduzir o número de 25 assessores que cada deputado pode contratar? Ou alguém acha que o esquema de rachadinha foi inventado pelo 01?

E, como perguntar não ofende, por que juízes têm direito a férias de 60 dias? Talvez seja a lentidão dos processos. Há uma semana, o Supremo encerrou uma ação que começou a tramitar em 1895! É, deve ser extenuante lidar com causas que atravessam os séculos.

Na ponta do lápis, a proposta não tem impacto nas contas públicas, poupa a aristocracia dos poderes civis e os militares, mas traz uma malandragem perigosíssima: reduz atribuições do Congresso e deixa à mercê da caneta presidencial a extinção de órgãos essenciais, como Ibama, ICMBio, Incra e Funai.

O cerne da reforma deve ser melhorar o serviço público e não destruí-lo, ao bel-prazer do governante de turno. Uma reforma crível e eficiente tem que acabar com regalias e benesses inaceitáveis, implantar total transparência na prestação de contas e respeitar o contribuinte. Mas, eu sei e você também, que isso é pedir demais de suas excelências.

A MORTE COMO COMMODITY
08.09.2020

Nos meses de quarentena, o Brasil conseguiu combinar duas catástrofes: uma das piores conduções mundiais do combate à pandemia, que resultou em massacre evitável de brasileiros, e o descontrole da epidemia de violência, que matou mais cidadãos e policiais no primeiro semestre deste ano, que no mesmo período de 2019.

Pesquisa do Monitor da Violência e do site G1 aponta que, mesmo com o isolamento social, 3.148 pessoas foram mortas por policiais em 2020, 7% a mais que em 2019. E 103 policiais foram assassinados contra 83, aumento de 24%. Esses números estão em linha com o crescimento de assassinatos em geral: 6% a mais neste ano.

Como explicar essa doença social? O pesquisador Adilson Paes de Souza acaba de defender na USP a tese de doutorado "O policial que mata: um estudo sobre a letalidade praticada por policiais militares do Estado de São Paulo". Para o estudioso, "a base do sistema de segurança pública no Brasil foi gestada na ditadura e a Constituição de 1988 não mudou isso. As PMs foram organizadas nos marcos da Doutrina de Segurança Nacional, que tem como meta a eliminação do inimigo interno para acabar com o comunismo".

Há outras razões para a enfermidade. "A morte violenta tornou-se uma commodity. Ganha-se muito dinheiro com a insegurança. Fabricantes de armas e munições, empresas que vendem sistemas de segurança, rastreamento, blindagem de carro, funerárias. A lógica é: o Estado não provê segurança, cada um se arma e se defende como pode, e alguns enriquecem", avalia.

Bolsonaro, um devoto da violência, age dentro dessa lógica. Tem facilitado o acesso às armas de fogo e dificultado seu rastreamento. "Quanto mais armas no sistema legal, mais fácil armar milícias no campo e nas cidades. São as milícias que poderão, eventualmente, dar suporte a uma ruptura institucional", afirma Souza. É preciso admitir a barbárie para salvar a democracia.

GOVERNO BIOCIDA
12.09.2020

Teoricamente, as duas cabeças do governo para a questão ambiental são o ministro Ricardo "Boiada" e o general Mourão, à frente do Conselho da Amazônia. Mas o que se viu até agora parece mais uma conspiração contra suas próprias responsabilidades. Nesta semana, os dois fizeram dobradinha nas redes sociais, compartilhando um vídeo tão mentiroso quanto tosco, que nem sequer distingue a Amazônia da Mata Atlântica.

O vídeo, patrocinado por uma associação de criadores de gado, é uma peça de cinismo: diz que não há queimadas na Amazônia, que apenas índios e pequenos produtores usam o fogo para limpar suas roças e que os latifundiários preservam as matas. Não bastasse, Mourão também andou dizendo que está na hora de discutir a mineração em terra indígena "sem preconceitos".

O ataque biocida deste governo ao meio ambiente dispensa equipamentos de guerra. Basta cruzar os braços e liberar os exércitos de vândalos da floresta. Os incêndios criminosos expandiram seu raio de ação. Agora, devoram também o Pantanal e chegam ao Cerrado. Welington Silva, servidor do ICMBio, morreu tentando combater as chamas. Mártir do abandono dos órgãos de proteção.

O fogo é apenas o sintoma mais visível da devastação que come a floresta por dentro. Uma nova corrida do ouro lançou hordas de garimpeiros com suas máquinas e seus venenos em terras indígenas e unidades de conservação. A indiferença deixou o coronavírus penetrar nas aldeias para executar um projeto de extinção em massa.

A morte do indigenista Rieli Franciscato, em Rondônia, se inscreve nos contornos desta tragédia humanitária. A flechada em seu coração simboliza um ato de defesa de povos isolados, cada vez mais acossados por invasores.

A Amazônia é a maior fronteira de recursos naturais do mundo e abriga incalculável patrimônio genético ainda desconhecido. É fator essencial de regulação climática. Nossa dádiva não pode virar maldição. Temos que reagir às invasões bárbaras.

LULA NÃO PODE SER "CANCELADO"
15.09.2020

No vídeo que gravou para as redes sociais no Dia da Independência, Lula deu a partida para 2022. O ex-presidente percebeu a movimentação do adversário no terreno que lhe é (ou era?) favorável, o Nordeste. E está ciente das agruras do PT em ter candidatos competitivos e/ou estabelecer alianças para as eleições municipais que se aproximam.

É muito difícil saber, hoje, se o petista conseguirá candidatar-se a qualquer cargo que seja, considerando a corrida de obstáculos nos tribunais. Um dos maiores entraves é o julgamento do pedido de suspeição de Sérgio Moro, o juiz acusador que o tirou do jogo na eleição de 2018 e virou ministro da "justiça" da extrema-direita violenta que nos governa.

O julgamento sobre a suspeição de Moro na Segunda Turma do STF começou em dezembro de 2018 e empacou no "perdido de vista" feito por Gilmar Mendes. O desfecho afigura-se imprevisível com a aposentadoria do ministro Celso de Mello daqui a um mês e meio.

Passados quase dois anos de um governo que afronta a democracia dia sim, outro também, não deixa de surpreender que tenha vindo do ministro Edson Fachin a constatação de que a candidatura de Lula em 2018 teria "feito bem à democracia". A postulação foi barrada pelo Tribunal Superior Eleitoral com base na lei da Ficha Limpa porque Lula já havia sido condenado em segunda instância no caso do triplex.

O PT ganhou quatro das oito eleições para presidente desde a redemocratização e ficou em segundo lugar nas outras quatro. Em 2018, recebeu 47 milhões de votos. Independentemente das convicções e afinidades políticas de cada um de nós, é preciso reconhecer que um partido com essa representatividade não pode ser excluído do debate público. E Lula não pode ser "cancelado". A esparrela dos "dois extremos" é uma trapaça informativa e cognitiva sobre a qual parte relevante da imprensa brasileira precisa fazer autocrítica. Lula está de volta. E isso é uma boa notícia para a democracia.

CARTA AO TOM
19.09.2020

Querido Tom, nesta semana circulou nas redes sociais (um dia eu te explico o que é), um vídeo antigo seu, deve ter uns 30 anos. Não sei se vai lembrar, mas você diz que, para usar caixa de fósforos no Brasil, o sujeito deveria ter uma licença, tal como a autorização para o porte de arma. Se naquela época já tinha gente botando fogo no mato e isso escandalizava você, agora não faz ideia de como a coisa piorou.

Eu não queria ser portadora de más notícias, Tom. Mas, deixa eu desabafar. Estamos em 2020, e o governo do Brasil é inimigo do meio ambiente. Precisa ver o ministro e o general encarregados de cuidar (?) das nossas florestas, dos nossos rios, dos nossos animais. Nem vou falar do presidente. Você não precisa saber da existência de alguém tão... deixa pra lá, Tom.

No ano passado, teve o "Dia do Fogo" na Amazônia. A polícia disse que um bando de empresários está por trás disso. Foram incêndios criminosos. Mas ninguém foi preso nem punido. Neste ano, a Amazônia voltou a queimar, mas a calamidade maior, Tom, é no Pantanal. É o maior fogaréu em 20 anos. A polícia já sabe que o fogo começou em grandes fazendas. O que o governo faz? Passa a boiada, se é que você me entende.

Vi na TV uma onça com as patas em carne viva. Lembrei da capa do seu disco que eu mais amo, "Terra Brasilis". Tantos bichos lindos calcinados: antas, tatus, tamanduás, pássaros, jacarés, onças. O Pantanal é um tapete de cinzas.

Lembrei da sua canção "Borzeguim": "Deixa a onça viva na floresta, deixa o peixe n'água que é uma festa, deixa o índio vivo (...) não quero fogo, quero água, deixa o mato crescer em paz...". Ah, Tom, que saudade!

Partes do Cerrado e da Mata Atlântica também estão em brasas. A fumaça chega às cidades, as pessoas adoecem. Olha, Tom, ainda bem que você não está aqui pra ver essa desgraça toda. O Brasil de sonho e encantamento que você cantou não existe mais. Lembrando o nosso querido Drummond, aquele Brasil é apenas uma fotografia na parede. Mas como dói!

ITAMARATY ACOVARDADO
22.09.2020

O secretário de Estado norte-americano, Mike Pompeo, usou o território brasileiro para bater os tambores da guerra, hostilizar a Venezuela e desfilar sobre o tapete vermelho da sabujice estendido pelo governo Bolsonaro.

A cruzada persistente de Trump contra nosso vizinho ecoa a de Bush filho contra o Iraque, que resultou na invasão do país, em 2003, em nome das armas de destruição em massa de Saddam Hussein, nunca encontradas. Coincidência que os dois países tenham imensas reservas de petróleo? Curiosa é a preocupação democrática seletiva dos EUA, aliados inabaláveis da Arábia Saudita, um dos regimes mais repressivos do mundo.

Felizmente, a presença de Pompeo aqui, em plena campanha de reeleição de Trump, foi contestada por lideranças das mais variadas filiações políticas e matizes ideológicos. O presidente da Câmara, Rodrigo Maia, a considerou uma "afronta". Seis ex-chanceleres, que serviram aos governos Collor, Itamar, FHC, Lula e Temer, lembraram que a Constituição brasileira preconiza a independência nacional, a autodeterminação dos povos, a não intervenção e a defesa da paz.

A Venezuela de Nicolás Maduro está enredada em um labirinto, com uma democracia degradada, instituições em colapso, graves violações aos direitos dos cidadãos e uma crise econômica agravada pelas sanções norte-americanas, conforme registrado seguidamente pela alta comissária do Conselho de Direitos Humanos da ONU, Michelle Bachelet. Até o fim deste ano, estima-se o êxodo de até seis milhões de venezuelanos. Uma tragédia humanitária sem precedentes na América Latina.

É imperativo encontrar mecanismos de mediação entre governo e oposição para uma plena restauração democrática no país fronteiriço. A diplomacia brasileira tem história e reputação internacional na construção da paz. Mas, sob Bolsonaro, preferiu adotar a postura indigna e covarde de submissão aos senhores da guerra.

AS MENTIRAS DE BOLSONARO
26.09.2020

Bolsonaro fez um discurso histórico na ONU. Sim, histórico, pela quantidade de mentiras nele contidas. E acanalhou o palco mais importante da comunidade internacional, no momento em que o mundo mais precisa de líderes verdadeiramente empenhados em combater um mal que a todos assola.

A ONU foi criada há 75 anos, após o mundo ter passado por uma pandemia (a gripe espanhola) e sobre os escombros de duas guerras mundiais, uma quebradeira econômica planetária, genocídios e outros flagelos. Como disse o secretário-geral, António Guterres, os fundadores "sabiam o custo da discórdia e o valor da unidade".

O presidente desfiou seu rol de mentiras como se estivesse no cercadinho do Alvorada. Eximiu-se de qualquer responsabilidade pelo inconcebível número de 140 mil mortos pelo coronavírus no Brasil. Falseou os números do auxílio emergencial. Disse que combateu o contágio, quando sabotou os esforços de governadores e prefeitos em estabelecer a quarentena.

Mas foi ao falar de meio ambiente — seu tendão de Aquiles no exterior — que Bolsonaro chegou ao paroxismo da construção ficcional. O embuste maior foi culpar indígenas e caboclos pelos incêndios na Amazônia e no Pantanal. Num caso como no outro, no ano passado e neste, a polícia investiga donos de grandes fazendas como mandantes e autores dos incêndios criminosos. Que ele despeje suas mentiras no cercadinho, vá lá... Mas na ONU? Fica por isso mesmo?

Infelizmente, teve gente que fez pior que Bolsonaro, o que não é nenhum consolo. Trump, com a mesma disposição de escrachar tudo que toca, aproveitou a Assembleia Geral para fustigar a China, acusando-a de espalhar o coronavírus. António Guterres insistiu no multilateralismo e disse que é preciso evitar a todo custo que os EUA e a China dividam o mundo em uma "grande fratura". Pena que seus apelos tenham caído em ouvidos moucos.

O MEC E O EXTERMINADOR DO FUTURO
29.09.2020

Quando o ministro da Educação, Milton Ribeiro, foi nomeado, em julho, a imprensa chamou a atenção para um vídeo de 2016 no YouTube em que ele, também pastor presbiteriano, prega aos fiéis sobre o uso da "dor" como método pedagógico para disciplinar as crianças.

Depois de dois meses de silêncio, Ribeiro deu uma entrevista ao "Estado de S. Paulo" e, pela quantidade de disparates que falou, assisti na íntegra ao vídeo da reportagem para melhor entender o personagem. Basicamente, o pastor considera que crianças são pequenos demônios, contaminados pelo pecado, e cabe aos pais aplicar a "vara da disciplina" para corrigi-los. Diz o reverendo: "Há uma inclinação na vida da criança para o pecado, para a coisa errada". Daí, segundo ele, a necessidade da violência.

Ele segue com provérbios da Bíblia, como este: "Tu a fustigarás [a criança] com a vara e livrarás a sua alma do inferno". Para que não haja dúvida, o dicionário aponta como sinônimos de fustigar: chicotear, açoitar, surrar, flagelar, machucar, espancar, entre outros.

O pastor insiste: "Castiga a teu filho, enquanto há esperança, mas não te excedas a ponto de matá-lo. (…) Não estou aqui dando uma aula de espancamento infantil. Mas a vara da disciplina não pode ser afastada da nossa casa". Talvez um psiquiatra possa explicar a insistência na expressão "vara da disciplina".

Na recente entrevista ao jornal, Ribeiro demonstrou homofobia, eximiu-se da responsabilidade de coordenar a rede pública de educação no país, menosprezou o sonho de milhões de brasileiros de conseguir formação de nível superior e, por fim, lavou as mãos quanto ao papel da educação na redução de desigualdades, tão agravadas pela pandemia. "Esse não é um problema do MEC, é um problema do Brasil. Não tem como, vai fazer o quê?". Foi como se dissesse: "E daí?". Soa familiar? Na marcha acelerada do Brasil rumo ao retrocesso civilizatório, Milton Ribeiro não é um ministro. É o exterminador do futuro.

A DESPEDIDA DO DECANO
03.10.2020

Celso de Mello chegou ao Supremo Tribunal Federal em agosto de 1989, quando a Constituição ainda nem completara um ano de promulgada. Seus 31 anos na corte se entrelaçam com dramas e tensões da nossa História contemporânea que, em anos mais recentes, têm levado a um desgastante confronto do tribunal com os outros dois Poderes.

O julgamento do mensalão quebrou a redoma que protegia o STF da refrega político-partidária e acentuou disputas entre os ministros, agravadas sobremaneira pela Lava Jato. O excelente livro "Os onze", de Felipe Recondo e Luiz Weber, mostra que nestes tempos tumultuados Celso de Mello atuou como vetor de alguma acomodação e equilíbrio, sempre que procurado por pares menos experimentados em crises, como por exemplo, o primeiro relator da Lava Jato, o falecido Teori Zavascki.

Desde a ascensão do bolsonarismo, o decano também tem sido voz quase solitária na corte, na sua firmeza e altivez, a condenar as ameaças à Constituição, à democracia e ao Estado de Direito, repudiando em alto e bom som "intervenções castrenses" (militares) e práticas típicas do "pretorianismo". Quando os ataques ao STF pareciam estar em ponto de ebulição, no primeiro semestre deste ano, Mello, em mensagem privada (vazada à imprensa), advertiu para os riscos de "destruição da ordem democrática", em processo semelhante ao que aconteceu na Alemanha nazista.

Conforme destacado no livro, Celso de Mello tem fama de ermitão. Não frequenta políticos, não vai a eventos sociais, não aceita convites para palestras, não visita o Palácio do Planalto. Envergando a toga, o ministro construiu reputação de credibilidade e independência, reforçada pelo decoro público e pela aversão aos holofotes.

Num Supremo conflagrado por conveniências e interesses nem sempre claros para a sociedade, é um exemplo de compostura que deveria ser seguido por todos os seus pares, para o bem das instituições e da democracia no país.

MASSACRE NO CHICO MENDES
06.10.2020

Faça um esforço de imaginação. Pense que o governo convocou especialistas em biodiversidade, restauração florestal e gestão de parques nacionais para planejar o policiamento das ruas de São Paulo. A chance de dar certo é zero.

Da mesma forma, não tem como dar certo a comissão formada por Ricardo Salles para estudar a fusão dos dois órgãos executivos mais importantes do Ministério do Meio Ambiente, o Ibama e o ICMBio. A menos, é claro, que dar certo, neste caso, signifique a ruína definitiva da proteção ambiental no Brasil.

Dos sete integrantes do grupo, cinco são oriundos da Polícia Militar de São Paulo. Um deles esteve envolvido no massacre do Carandiru. Em 1992, 111 detentos foram mortos quando a PM tomou o presídio para conter uma rebelião. Outro coronel foi dirigente da Rota, violenta tropa de elite da mesma PM. É nas mãos dessa gente que está o futuro do meio ambiente no Brasil.

Ibama e ICMBio têm funções diferentes e complementares. O primeiro é responsável pelo licenciamento de empreendimentos econômicos com impacto ambiental e pela fiscalização para impedir crimes, como garimpo e desmatamento, atividades que cresceram exponencialmente sob a dupla Salles/Bolsonaro. O ICMBio cuida do nosso imenso patrimônio natural em 334 unidades de conservação, como parques nacionais e reservas biológicas, além da proteção das espécies ameaçadas de extinção.

A tal comissão criada para discutir "sinergias" entre os dois órgãos é jogo jogado. O objetivo é extinguir o ICMBio, que homenageia em seu nome o seringueiro Chico Mendes, assassinado em 1988, a mando de fazendeiros, no Acre. Em entrevista ao programa "Roda viva", logo que assumiu, o ministro disse considerar o ambientalista "irrelevante".

Não importa o que faça, Salles não conseguirá apagar a memória de Chico Mendes, reconhecido mundialmente como um herói que deu sua vida pela defesa da floresta. Já o ministro, por seus atos de lesa-natureza, terá como destino, ele sim, a irrelevância e a lata de lixo da História.

A (IN)SEGURANÇA DAS BARRAGENS
10.10.2020

O Congresso aprovou e o presidente sancionou a nova política nacional de segurança de barragens de mineração. Perdeu-se uma excelente oportunidade de aperfeiçoar a fiscalização para tentar evitar a repetição de tragédias como a de Mariana, em 2015, e a de Brumadinho, em 2019.

A nova lei não alterou uma brecha crucial na fiscalização. As investigações revelaram graves suspeitas de irregularidades na elaboração dos laudos de estabilidade das barragens das mineradoras Samarco e Vale. Por que o laudo é essencial? Porque é esse documento que as empresas apresentam aos órgãos fiscalizadores atestando que sua barragem está segura.

Aí temos dois problemas. Primeiro: o laudo é elaborado por auditor contratado pela mineradora, configurando uma relação comercial que pode gerar conflito de interesses. Segundo: se o laudo atesta a segurança, a barragem vai para o fim da fila da inspeção *in loco*. Na prática, esse sistema autodeclaratório faz com que a própria empresa determine se receberá ou não a visita dos fiscais. Nos dois casos, as empresas tinham seus laudos em ordem e deu no que deu.

A solução desse nó não é fácil. Mas o Congresso sequer enfrentou a questão. Dado o peso econômico e político das mineradoras, não é difícil imaginar o porquê. É bem verdade que a nova lei aumentou o valor das multas, antes um trocado. Mas Bolsonaro vetou o trecho que destinava o dinheiro para o caixa do órgão federal fiscalizador, a Agência Nacional de Mineração, que se vê à míngua para inspecionar mais de 700 barragens.

Os dois desastres somados mataram 299 pessoas e poluíram dois importantes rios do Sudeste: Doce e Paraopeba. Daqui a menos de um mês, Mariana completará cinco anos. Os três povoados mais atingidos não foram reconstruídos e indenizações ainda são discutidas. Estudos recentes mostram altos níveis de toxicidade no rio e em sua foz, no Atlântico, com graves impactos para a saúde humana, flora e fauna. O processo criminal anda a passos de cágado e a tragédia se perpetua dia após dia.

A FRAUDE DO BOI BOMBEIRO
13.10.2020

Discreta e cordial no trato, a ministra da Agricultura, Tereza Cristina, tenta dar algum verniz de credibilidade às mesmas barbaridades ditas por seu colega do Meio Ambiente, o desclassificado Ricardo Salles. Ambos são sócios na novilíngua bolsonarista que criou um tal de "boi bombeiro".

Isso é conversa para boi dormir. Em português cristalino, é mentira que o fogo no Pantanal se deva à falta de boi para comer o mato seco. O rebanho na região aumentou nos últimos 20 anos. A verdade é que o governo não tomou medidas de prevenção adequadas, não deu importância aos alertas da ciência sobre secas mais intensas e a polícia investiga a origem das queimadas em grandes fazendas. É preciso dar nome aos bois.

Quando deputada e presidente da frente parlamentar da agropecuária — conhecida como bancada do boi —, a ministra se notabilizou pela pauta anti-indígena, no que faz jus ao DNA familiar. Segundo reportagem do site De Olho nos Ruralistas, a história de seus antepassados se confunde com o poder no Mato Grosso desde o fim do século 19 (o estado foi dividido em dois em 1977 e ela fez carreira política no Mato Grosso do Sul).

O avô da ministra, Fernando Correa da Costa, quando governador, fez o que pôde para evitar a demarcação do Parque Indígena do Xingu, proposto pelos irmãos Villas Boas. No governo, a ministra tem executado a pauta do setor mais atrasado do agronegócio. Ela chama agrotóxicos — liberados em quantidade recorde sob Bolsonaro — de "remédio de planta".

Recentemente, investiu contra o Guia Alimentar para a população brasileira, válido desde 2014, que desencoraja o consumo de produtos ultraprocessados. O documento foi elaborado pelo Ministério da Saúde com base em estudos científicos que a ministra tenta desqualificar. Como diz o ditado popular, boi sonso é que derruba a cerca. E onde passa boi, passa boiada.

GENERAIS E SEUS LABIRINTOS
17.10.2020

Passou quase em branco informação importante publicada na "Folha" para a reconstituição dos bastidores do golpe parlamentar que derrubou a presidente Dilma Rousseff (ou alguém aqui ainda acredita em pedaladas fiscais?). A colunista Camila Mattoso, no Painel, informou que, um ano antes do impeachment, o vice-presidente, Michel Temer, teve um encontro sigiloso com o então comandante do Exército, Eduardo Villas Bôas, e o chefe do Estado Maior, Sérgio Etchegoyen.

A revelação foi feita pelo filósofo e amigo de Temer, Denis Rosenfield, que intermediou o encontro. Segundo ele, o comandante o procurou porque os militares estavam "preocupados com o país". Etchegoyen foi nomeado ministro da Segurança Institucional de Temer. Villas-Bôas é o general tuiteiro que se tornou uma espécie de tutor-geral da República, com desenvoltura suficiente para postar ameaças ao STF quando bem entende.

No exercício de tutela danosa para a democracia, o general não destoa da atuação histórica das Forças Armadas no Brasil: da origem da República (com um golpe militar), ao longo de todo o século 20, culminando com os 21 anos de ditadura. Os militares, ora no poder em trajes civis, têm como herói o bestial Brilhante Ustra, que, entre outras atrocidades, levou crianças para ver os pais sendo torturados. "Um homem de honra", disse Mourão, em vexaminosa entrevista recente.

O governo de extrema-direita reúne um arranjo de interesses que degrada e perverte o país. Além dos generais embalsamados na Guerra Fria, fundamentalistas religiosos, defensores do ultraliberalismo econômico, o agronegócio do "correntão", milícias e a família do chefe, de braços dados sob a regência do centrão.

Todos fazem de conta que Bolsonaro aprendeu as virtudes da moderação, que a corrupção acabou e a vida segue. Aí, aparece um senador, vice-líder do governo, com dinheiro enfiado no bumbum[8], para nos lembrar que estamos trancafiados num labirinto e que alguém jogou a chave fora.

---

8 Em outubro de 2020, a Polícia Federal flagrou o senador Chico Rodrigues (DEM-RR) com R$ 33 mil na cueca, durante ação de busca e apreensão como parte da investigação de um esquema de desvio de dinheiro público.

ROBINHO E A CULTURA DO ESTUPRO
20.10.2020

"O que fazer com um camarada que estuprou uma moça e matou? Tá bom, tá com vontade sexual, estupra, mas não mata". O ano é 1989 e o autor da frase torpe é Paulo Maluf, então candidato do PDS à presidência. Tal barbaridade nem de longe atrapalhou sua longeva carreira política, encerrada recentemente por outros motivos. Isso é cultura do estupro.

Em 2003, o então deputado Jair Bolsonaro disse à sua colega na Câmara, Maria do Rosário: "Jamais iria estuprar você porque você não merece". Em 2014, repetiu a agressão no plenário. Dezesseis anos depois do primeiro ataque, já presidente, foi condenado a pedir desculpas e a indenizar a deputada. Em nota fajuta, claramente a contragosto, pediu desculpas, mas tentou justificar as agressões devido ao "calor do momento" e ao "embate ideológico". Isso é cultura do estupro.

Não à toa, o jogador Robson de Souza, o Robinho, vê no presidente alguém a quem se comparar, ambos, coitados, perseguidos pela mídia. Robinho foi condenado em primeira instância pela Justiça italiana a nove anos de prisão por violência sexual em grupo contra uma mulher de 23 anos, em 2013. Segundo a sentença, os acusados sabiam que a vítima estava em condição psíquica debilitada durante os atos sexuais.

É exatamente o que o próprio Robinho admite, em deboche explícito, numa das conversas grampeadas durante a investigação: "Estou rindo porque não estou nem aí, a mulher estava completamente bêbada, não sabe nem o que aconteceu". Isso é cultura do estupro e configura crime, segundo a lei italiana.

O que espanta nisso tudo é que o Santos não viu nenhum problema em contratar o jogador. Só desistiu depois da reação de mulheres e da pressão dos patrocinadores, preocupados com prejuízos às suas marcas. A cultura do estupro se insere num quadro muito mais amplo de violência contra as mulheres e vai além do futebol. Felizmente, como descobriu contrariado o próprio Robinho, existe o "movimento feminista".

BOLSONARO É A EPIDEMIA
24.10.2020

O ano está quase no fim e me pergunto: como resumiria este 2020, que mudou nossas vidas para sempre? As covas coletivas abertas por escavadeiras encerram numa única imagem a nossa desventura. Mais de 155 mil mortos.

Não precisava ser assim. Mas o capitão cloroquina fez o que pôde para ajudar o vírus. Sabotou a quarentena, promoveu aglomerações, boicotou as máscaras e distribuiu perdigotos. Demitiu ministros, não testou o suficiente, menosprezou a ciência. Como continua fazendo, ao questionar a qualidade de uma vacina e estimular um surreal movimento contrário à imunização.

Mais de um século nos separa do episódio que ficou conhecido como a Revolta da Vacina. Em novembro de 1904, um motim popular explodiu no Rio de Janeiro em rejeição à obrigatoriedade da vacinação contra a varíola. Houve mortos, feridos e prisões. O contexto era de protestos contra uma reforma urbana e sanitária imposta a ferro e fogo.

Entre a sublevação de 1904 e hoje, o Brasil foi capaz de construir sólida reputação no combate a doenças infecciosas, com as mentes brilhantes de Oswaldo Cruz, Carlos e Evandro Chagas, Vital Brazil e Adolfo Lutz, para citar apenas alguns. O Programa Nacional de Imunizações tornou-se patrimônio nacional. Criado nos anos 1970, fortaleceu-se com o SUS, universalizou a vacinação e erradicou doenças.

Pouco importa se Bolsonaro ataca a vacina de origem chinesa por vassalagem a Trump ou cálculo eleitoral contra um adversário político, no caso, Doria. Muito mais grave é saber que a confusão e o descrédito que tenta lançar contra a imunização se inscrevem num ataque amplo e ininterrupto contra a ciência e o conhecimento que salvam vidas.

O mundo inteiro espera a vacina, seja qual for sua procedência, porque é a única maneira de voltarmos a viver em algum nível de normalidade. Em sua parvoíce profundamente entranhada e da qual se orgulha, Bolsonaro tornou-se um agente da infecção, um parceiro do vírus. Tornou-se, ele próprio, a epidemia.

O CHILE DE ISABEL ALLENDE
27.10.2020

Em agosto de 1986, entrevistei a escritora chilena Isabel Allende, recém-convertida em sucesso editorial com seu livro de estreia, "A casa dos espíritos". Afilhada do presidente Salvador Allende, morto no golpe do general Pinochet, em 1973, Isabel vivia com a família em Caracas (Venezuela).

Entre vários assuntos, Isabel falou sobre as organizações de mulheres na resistência à ditadura em seu país, antevendo que elas teriam atuação decisiva num Chile que não tardaria a se reencontrar com a democracia. "O povo chileno se pôs de pé", afirmou. De fato, dois anos depois, um plebiscito disse não ao ditador, que deixou o poder em 1990.

O Chile passou a ser visto como exemplo de estabilidade política, alternando governos mais à esquerda ou à direita, sem que nenhum deles, contudo, conseguisse sanar a fratura da profunda desigualdade social. Até que, um ano atrás, o aumento das passagens de metrô levou o povo de volta às ruas, de onde não mais saiu.

O "estallido" incorporou reivindicações como saúde, educação e previdência públicas. E teve participação ativa de coletivos feministas, com a pauta de igualdade de gênero e fim da violência contra as mulheres. Uma das organizações tornou-se fenômeno mundial com o refrão: "El violador eres tú".

As manifestações acabaram desaguando em outro plebiscito histórico. Os chilenos escolheram se livrar da atual Constituição, que, apesar de reformada, ainda era a de Pinochet. Também decidiram que a nova carta será escrita por uma assembleia constituinte a ser eleita em 2021, composta meio a meio por homens e mulheres, tendo ainda uma cota para indígenas mapuches. Será a primeira vez no mundo que uma assembleia paritária irá redigir uma Constituição.

Até que a nova carta seja aprovada, em 2022, há um longo percurso[9]. Desde já, porém, o Chile aponta caminhos, reacende esperanças e inspira todos os que acreditam na democracia. Isabel Allende acertou na mosca.

---

9 Em setembro de 2022, a maioria dos chilenos reprovou a nova Constituição por meio de um referendo. Permanece em vigor a Constituição da era Pinochet, enquanto negociações políticas discutem um novo processo constituinte.

O MUNDO SEM TRUMP
03.11.2020

Nunca uma eleição foi tão crucial para os EUA, o mundo e o Brasil. A derrota de Trump é a única opção para os que se preocupam com a democracia e o bem-estar da civilização. Sua política criminosa de separar crianças de seus pais imigrantes já seria motivo suficiente para desejar não só seu malogro como sua prisão por crime de lesa-humanidade.

Mas ele vai além, ao corroer a democracia aos poucos e por dentro, como cupim. Trump desacredita eleições, regras e instituições. Mente e agride. Estimula grupos racistas e milícias, investe na violência e no caos, semeia ódio. Esticou a corda a tal ponto que aventa-se a possibilidade de conflitos armados nas ruas, caso não seja o vencedor. Quem diria, os EUA com vapores de república bananeira.

Um segundo mandato do republicano teria o impacto de um meteoro para a democracia nos EUA e fortaleceria projetos de ditadores mundo afora. Aqui, seria um reforço colossal à pretendida reeleição do clone mal-ajambrado que ocupa o Palácio do Planalto.

Em se tratando de EUA, é verdade que não se deve ter grandes ilusões. Os interesses norte-americanos já levaram o país a cometer barbaridades em diferentes lugares e épocas: Hiroshima, Nagasaki, Vietnã, Iraque. No Brasil, apoiaram o golpe de 1964 e em 2013, no governo Obama-Biden, estavam a nos espionar, como revelou Edward Snowden.

Portanto, a eventual eleição de Joe Biden não significaria, em absoluto, a paz mundial. Mas, se as pesquisas estiverem certas, o fracasso de Trump trará a restauração de algum patamar de civilidade no ainda maior centro irradiador de poder do planeta. O negacionismo científico, o racismo, a xenofobia e a aversão ao multilateralismo deixariam a Casa Branca junto com ele.

Sua derrota ajudaria a resgatar um pouco de esperança num mundo ainda sob o impacto de um vírus terrível que — com a ajuda de governantes como ele — fez de 2020 um ano inimaginável. Para o Brasil, o fim da era Trump seria também o primeiro lance da queda de Bolsonaro daqui a dois anos. Ou, quem sabe, até antes.

FORÇA, MARIANA FERRER
07.11.2020

Milênios de violência contra a mulher e de cultura do estupro estão condensados no vídeo da audiência do caso Mariana Ferrer. A jovem de Santa Catarina acusa o empresário André de Camargo Aranha de tê-la estuprado dois anos atrás.

Mariana é submetida a uma sessão de humilhações. O advogado do acusado, Cláudio Gastão da Rosa Filho, ofende, intimida e constrange a jovem. Usa a velha estratégia de transformar a vítima em culpada. Ataca a moralidade de Mariana usando fotos pessoais que ela postava na internet, como se ainda vivêssemos no tempo da Inquisição.

Os outros três homens presentes permanecem impassíveis. Inclusive o juiz do caso, Rudson Marcos. Ele apenas sugere a interrupção da sessão quando Mariana já está chorando. Na íntegra do vídeo que circula na internet, o tratamento dispensado à vítima contrasta com o clima de camaradagem e gentileza em que transcorreu o depoimento do acusado, rico e influente.

O juiz acabou por inocentar Aranha, acatando a tese esdrúxula de estupro não intencional, apresentada pelo promotor Thiago Carriço de Oliveira. O estupro moral sofrido por Mariana na audiência é o desfecho de um processo cheio de falhas: sumiço de imagens, testemunhos desqualificados, mudança de versão do acusado.

A História registra que o estupro é um ato violento de poder e dominação, usado inclusive, como arma de guerra. No Brasil, há uma linha do tempo que explica a renitente violência contra a mulher. Começa com o estupro de indígenas e africanas; passa pelo abuso de empregadas domésticas, tratadas na casa grande como porta de entrada da vida sexual dos filhos machos.

Está nas histórias de Ângela Diniz, Eliane de Grammont, Eliza Samudio, nas pacientes de Roger Abdelmassih, nas vítimas do charlatão de Abadiânia[10] e em milhares de outras mulheres e crianças. Que a coragem de Mariana seja pedagógica. Homens, entendam: não vão nos calar. Mulheres, denunciem. Força, Mariana! Você não está sozinha.

---

10 O charlatão de Abadiânia (GO) é João Teixeira de Faria, conhecido como o médium João de Deus, acusado de ter abusado e/ou estuprado mais de 300 mulheres.

A DEMOCRACIA NAS AMÉRICAS
10.11.2020

As imagens de celebração nos EUA mostram um carnaval incomum. Uma explosão de alegria e alívio por se verem livres do governante que exerceu o poder com doses extremadas de ódio, mentira e violência.

Biden venceu porque conseguiu convencer a maioria dos eleitores de que será capaz de restaurar a civilidade no jogo político. O jogo é bruto, mas, para ter sua legitimidade reconhecida, precisa ser exercido com algum nível de lealdade e respeito às regras. Fora disso, é a barbárie, que seria aprofundada num segundo mandato de Trump.

Sua derrota é o triunfo de uma percepção de sociedade em que se espera que haja lugar para todos, em que pese a profundidade do abismo que separa as classes. Por isso, a palavra "possibilidade", tão presente nos discursos de vitória da dupla Biden-Harris.

Mais do que palavras, porém, a poderosa figura de Kamala Harris é a tradução concreta dessa possibilidade. Mulher, negra e filha de imigrantes, ela chegou lá, na chapa com o político branco e rico, há 50 anos no *mainstream* da política.

A dupla vencedora é a imagem síntese das contradições e das possibilidades na sociedade norte-americana. Se isso vai se refletir em políticas de redução ou contenção das desigualdades, só os próximos quatro anos vão dizer.

A chapa eleita também encarna a vitalidade da política identitária. No seu discurso, Biden deu ênfase à necessidade de erradicar o racismo sistêmico e destacou a participação de gays, transgêneros, latinos, asiáticos e populações nativas na aliança que o alçou à vitória. Um contraste notável com seu oponente.

A correção de rumos nos EUA tem algo a nos ensinar, bem como os acontecimentos recentes no Chile e na Bolívia[11]. A extrema-direita conta com a apatia e o cansaço da população com a política. É contra esse desânimo que as forças progressistas no Brasil têm que lutar. Não inventaram nada melhor que a democracia para derrotar a barbárie.

---

11 Em outubro de 2020, os bolivianos elegeram para presidente Luis Arce, do partido MAS (Movimento ao Socialismo), o mesmo de Evo Morales. Um ano antes, Morales fora forçado a renunciar em meio a um golpe da direita, com pressão dos militares e protestos violentos em todo o país.

CANALHAS, CANALHAS, CANALHAS!
14.11.2020

Muitos que ajudaram Jair Bolsonaro a se eleger, sabendo quem ele é, agora fingem espanto cada vez que ele aumenta a voltagem das barbaridades que despeja de sua boca pestilenta. Teve até general escrevendo cartinha lamuriosa. Sentem-se traídos? Bem feito.

Apesar de suas evidentes dificuldades com a sintaxe, Bolsonaro sabe se expressar como poucos quando se trata de insultar alguém. Como fez em recente cerimônia, em que ofendeu o povo brasileiro e bravateou contra o presidente eleito dos EUA.

Bolsonaro arrasta o país ao ridículo mundial junto com sua figura grotesca, capaz de comemorar a interrupção dos testes da vacina contra a Covid e de lançar suspeitas infundadas sobre a imunização; aparelhar a Anvisa e destruir o que resta da credibilidade do órgão regulador, num momento em que a pandemia está longe de ser controlada. Isso é um crime contra o país.

No Amapá, o clima é de convulsão social em consequência do apagão de energia. Há mais de dez dias, a população se tornou refém da inépcia da empresa transmissora e das autoridades, em todos os níveis. Abandono não é novidade nos confins da Amazônia. E qual o plano dos fardados para a região? Controlar ONGs e levar embaixadores para um passeio.

Quanta degradação e incompetência ainda vamos aguentar? Ah, sim! Enquanto a elite do dinheiro grosso continuar se beneficiando da agenda econômica encarnada em Paulo Guedes. Não importa o preço que iremos pagar em mais brasileiros mortos e em apodrecimento moral.

Bolsonaro nos legará um farrapo de país. Na mesma cerimônia, disse: "Não estou preocupado com minha biografia, se é que eu tenho biografia". Nisso, ele tem razão. Bolsonaro e família não têm biografia. Sua história será contada nos arquivos policiais.

Aos que contribuíram para o estado de coisas que levou à sua eleição, aos que o naturalizam como figura normal do jogo democrático, aos que lhe dão sustentação política, evoco Tancredo Neves em 1964. Canalhas, canalhas, canalhas!

O DEDO PODRE DE BOLSONARO E 2022
17.11.2020

A eleição municipal traz elementos importantes para o cenário de 2022. Bolsonaro ganhou o troféu dedo podre de 2020. Seu fracasso como cabo eleitoral mostra que ele pode ser derrotado daqui a dois anos. Já é um começo, mas é pouco.

No campo oposto, o desempenho de Boulos (PSOL) na cidade mais importante do país mostra que a esquerda está viva e encontra ressonância no eleitorado. Com apenas duas semanas até o segundo turno, o desafio de Boulos é gigante, enquanto seu aliado preferencial, o PT, lambe as feridas de uma derrota tão esmagadora quanto previsível no seu berço político.

Tanto em São Paulo quanto no Rio de Janeiro, a eleição municipal mostra que falta pensamento estratégico aos partidos progressistas. E isso pode ser fatal daqui a dois anos.

Quem nadou de braçada foi a direita. Conquistou capitais importantes e tem chance de ampliar as vitórias no segundo turno. O centrão, amálgama de siglas identificadas com a rapinagem na política e o velho toma lá dá cá, aumentou sua presença no interior. Partidos como PSD, PP, PL e Republicanos passam a disputar com MDB e DEM a capilaridade Brasil adentro.

A direita já se movimenta para 2022 com alguma desenvoltura. Do seu laboratório de feitiçarias saiu recentemente a dupla Huck-Moro, que se apresenta como centrista, a fórmula mágica que pode encantar o eleitorado cansado da "polarização". O animador de auditório fez seu nome explorando a imagem da pobreza alheia na TV. Em 2018, disse que Bolsonaro tinha uma chance de ouro de "ressignificar" a política.

Moro, até ontem, serviu a um governo de extrema-direita e ao presidente que defende a tortura. Propôs projeto anticrime que dava a policiais uma licença para matar sob violenta emoção. Huck e Moro são parte do problema e não a solução. Não só o eleitor deve evitar esse tipo de embuste, mas também o jornalismo, como bem alertou a brilhante análise de Flávia Lima na "Folha".

O RACISMO NOSSO DE CADA DIA
21.11.2020

Mal celebramos o avanço da diversidade (ainda que insuficiente) nas eleições de 2020, vem o cotidiano violento do Brasil e nos dá um soco no estômago com o assassinato de João Alberto Freitas por dois seguranças brancos a serviço do Carrefour, em Porto Alegre. O sangue no chão, os gritos da vítima e a sequência de agressões nos lembram que ter a pele negra, no Brasil, é uma sentença de morte.

Todos os componentes da cena mostram o quanto o racismo está entranhado na medula da nossa sociedade. Uma funcionária filma o assassinato com naturalidade e tenta impedir que outra pessoa continue gravando. Em off, dá para ouvir vozes justificando o espancamento. Nada justifica o assassinato de João a sangue frio no supermercado. Aceitar a lei da selva nos dilacera como sociedade e é um atestado do nosso fracasso civilizatório.

O assassinato de João está permeado de ironias amargas. Foi na capital gaúcha que, nos anos 1970, o movimento negro se articulou para instituir o Dia da Consciência Negra em 20 de novembro, data da morte de Zumbi, em 1695, líder da resistência no quilombo de Palmares.

O crime ocorreu na loja de uma corporação global que, no Brasil, é reincidente em casos semelhantes de violência contra negros. Mais uma ironia é que a rede tenha planejado lançar uma campanha manifestando o "orgulho" de ter clientes "de todas as raças e etnias". Será que a matriz, na França, tem algo a dizer sobre o tratamento aos clientes no Brasil?

Em episódios anteriores, a rede rompeu o contrato com a empresa de segurança em questão e/ou demitiu funcionários e ficou por isso mesmo. Não basta. A rede e as empresas de segurança são corresponsáveis por esses crimes. É a impunidade que reproduz o ciclo de violência.

Nesta eleição, a primeira vereadora negra eleita em Joinville (SC), Ana Lúcia Martins, recebeu ameaças de morte. Ela respondeu com a determinação que deve nos guiar no combate ao racismo: "Nós iremos até o fim. Ninguém vai nos impedir de ocupar esse lugar".

MORO E A DEFESA DE UM CORRUPTO
24.11.2020

Deve-se ao repórter Rafael Neves, do site The Intercept, a informação de que Sérgio Moro foi contratado pelo bilionário israelense da mineração Benjamin Steinmetz. A encomenda para Moro é um parecer jurídico a ser usado pela defesa do empresário, na Justiça britânica, numa disputa contra a brasileira Vale, de quem já foi sócio na Guiné.

O bilionário é acusado de ter corrompido o governo do país africano para obter uma licença de exploração de minério de ferro. Steinmetz também é alvo da Justiça na Suíça (onde já esteve preso), nos EUA e em Serra Leoa por suspeita de lavagem de dinheiro, sonegação de impostos, violações de direitos humanos e à legislação ambiental. Ele nega os crimes.

Discretamente, Moro tenta se reconstruir como advogado e recompor o caixa, enquanto articula-se para 2022. Como mostrou a série Vaza Jato, do atento The Intercept, ele encarnou a figura do juiz acusador à frente da Operação Lava Jato, que comandou por mais de quatro anos.

O juiz agiu como parceiro do Ministério Público, desequilibrando a condução da operação do ponto de vista jurídico. Sua máquina de vazamentos seletivos de delações comprometeu a isenção da cobertura jornalística, contribuiu para a demonização da atividade política e abriu caminho, em 2018, para a ascensão da extrema-direita que defende a tortura.

Moro aceitou alegremente ser ministro de Bolsonaro sem nunca ter manifestado incômodo com as graves evidências de ligação da família do chefe com rachadinhas e milicianos. Defendeu política de segurança autoritária e só deixou o governo depois de ter sido moído por Bolsonaro na queda de braço pelo controle da Polícia Federal, a joia da coroa do Ministério da Justiça.

Para 2022, a variante do bolsonarismo tenta se apresentar com a fantasia do centro político equidistante dos "extremos". O projeto conta com a lerdeza da Segunda Turma do STF, que não faz o menor esforço para concluir o julgamento do pedido de suspeição de Moro como juiz na Lava Jato.

PRECISAMOS FALAR SOBRE VICES
28.11.2020

A História recente do Brasil tem mostrado a importância da figura do vice, sobretudo quando o país se deparou com encruzilhadas na política. Vices podem agregar ou afastar apoios, ajudar ou ser um estorvo, podem ser confiáveis ou conspirar contra o titular. Temos de tudo.

A notável habilidade política do oposicionista Tancredo Neves encontrou em José Sarney, dissidente da ditadura, o vice ideal para compor a aliança que conduziria o Brasil de volta à democracia. Como sabemos, o vice assumiu a presidência em circunstâncias traumáticas, após a morte de Tancredo. Sarney manteve o curso da redemocratização, mas levou o país ao descontrole inflacionário.

Seu sucessor, Fernando Collor, bravateiro como ele só, prometeu uma "bala de prata" contra o "tigre da inflação". Tudo o que conseguiu foi dar um tiro no pé ao confiscar a poupança dos brasileiros. Denúncias de corrupção levaram ao seu impeachment e à ascensão de mais um vice. Itamar Franco implantou o Plano Real, derrubou a inflação e abriu caminho para a eleição de seu ministro da Fazenda.

FHC e Lula tiveram vices leais e discretos. Dilma Roussef não teve a mesma sorte. Seu vice, Temer, foi peça central na urdidura do golpe que a derrubou em 2016. Esses exemplos mostram que vices não são meros coadjuvantes e precisam do olhar atento do eleitor.

Guardadas as proporções, causa estranheza que Bruno Covas (PSDB), candidato à reeleição para a prefeitura da cidade mais importante do país, aja como se quisesse esconder seu companheiro de chapa, o vereador do MDB Ricardo Nunes. A esposa de Nunes registrou um boletim de ocorrência contra o vereador por "ameaças", "escândalos" e "palavrões". Depois, voltou atrás.

Nunes também deveria esclarecer por que aliados seus faturam com o aluguel de creches conveniadas com a prefeitura. Como não aceita convites para sabatinas e debates, o vice deixou no ar uma névoa de graves suspeitas sobre sua conduta.[12]

---

12 Bruno Covas morreu de câncer em 16 de maio de 2021, aos 41 anos.

A DIFÍCIL TRAVESSIA DE 2021
01.12.2020

As eleições municipais de 2020 desenham alguns contornos importantes sobre o realinhamento de forças conservadoras e progressistas no Brasil. Desde a ruptura institucional de 2016, que deve ser chamada pelo nome de fato, ou seja, golpe, essas forças vêm passando por uma reacomodação.

No pleito de agora, foi um alívio assistir à confirmação do fracasso de Bolsonaro como cabo eleitoral, sobretudo com a derrota esmagadora de seu aliado no Rio de Janeiro, o inqualificável bispo Crivella. Até aí, estamos falando da extrema-direita. Já no campo da direita mais tradicional é preciso, antes de tudo, apontar uma falácia. Partidos de direita fazem um tremendo esforço para vender a imagem de centristas. Mas é preciso não perder de vista o DNA dessas legendas. PP e DEM, por exemplo, têm sua origem no PDS, partido de sustentação da ditadura. Haja marketing para tirar esse bolor.

Também é difícil reconhecer no PSDB comandado por Bolsodória o perfil de centro (alguns diriam centro-esquerda) do partido criado em 1988 por FHC, Mário Covas e Franco Montoro. Como já era esperado, no dia seguinte às eleições, Doria voltou a adotar medidas impopulares de restrição, em São Paulo, para tentar conter a pandemia. Qual o custo humano de esperar o fechamento das urnas para anunciar essa decisão? Feitas essas considerações, é forçoso reconhecer que as legendas de direita — e não o centro — saíram fortalecidas em 2020.

Entre os progressistas, há um vácuo de estratégia. O PT perdeu preponderância, e partidos que disputam o mesmo campo não conseguem envergadura nacional. É de se notar, porém, uma bem-vinda renovação geracional na figura de Guilherme Boulos.

Como esses eixos políticos irão se alinhar para 2022 depende menos desta eleição e muito mais da travessia que faremos em 2021. Bolsonaro e sua irresponsabilidade criminosa continuam. A pandemia também, com todos os seus efeitos: morte, desemprego e fome. Com o agravante de que estamos todos exaustos.

MORO, HIENAS E ABUTRES
05.12.2020

Diante de fato novo, volto ao personagem, sobre o qual escrevi dias atrás. O ex-juiz da Lava Jato tornou-se sócio-diretor da consultoria norte-americana Alvarez & Marçal, encarregada de administrar o processo de recuperação judicial da empreiteira Odebrecht (consta que também presta ou prestou serviços para, pelo menos, outras três empresas envolvidas na operação).

O antigo império de engenharia foi peça central no esquema de corrupção investigado sob o comando de Moro. Ele condenou e prendeu donos e executivos da empreiteira, aprovou delações premiadas e acordos de leniência. Com seus excessos e desvios, contudo, o ex-magistrado ajudou a quebrar a empresa e agora — dono de um acervo de informações privilegiadas — vai se beneficiar triturando a carcaça e seus despojos.

Na natureza, essa conduta encontra paralelo nos predadores necrófagos, como hienas e abutres. A diferença é que estes têm papel fundamental na manutenção do equilíbrio de ecossistemas. Moro é o contrário. Seu papel de regente dos acusadores implodiu a necessária equanimidade que a função de juiz requer. Muito além de condenar políticos e empresários, Moro esfolou as empresas, destruiu milhares de empregos e demonizou a política.

Basta ver o efeito disso nas três últimas eleições. Os sinais do triunfo da antipolítica em 2016 foram confirmados da pior forma possível em 2018. Tanto que Moro não teve o menor constrangimento em ser ministro da extrema-direita. Nesta eleição de 2020, com a Lava Jato na lona, foi nítido o recuo da antipolítica, embora esteja cedo para decretar o seu fim.

O ex-ministro não é o único a levar vantagem na porta giratória entre as esferas pública e privada. Mas sua conduta extrapola o conflito ético e reforça críticas sobre sua atuação na Lava Jato, que deveria ser investigada. O pedido de suspeição repousa placidamente na Segunda Turma do STF, o que remete, ironicamente, à frase síntese de Romero Jucá: "Com o Supremo, com tudo".

DUAS MENINAS DO BRASIL
08.12.2020

Já vai longe o ano de 1987, quando Estela Márcia Vieira, de 13 anos, foi assassinada com uma bala na cabeça, num tiroteio no Morro do Tuiuti, Rio de Janeiro. Chico Buarque cantou a infância interrompida de Estela: "Uma menina igual a mil/ Que não está nem aí/ Tivesse a vida pra escolher/ E era talvez ser distraída/ O que ela mais queria ser/ Ah, se eu pudesse não cantar/ Esta absurda melodia/ Pra uma criança assim caída/ Uma menina do Brasil".

Se viva fosse, Estela Márcia teria hoje 46 anos. Mas sua existência foi despedaçada antes que pudesse escolher "o que ela mais queria ser". Crianças negras e pobres no Brasil continuam sem ter escolha. Um balaço de fuzil atravessou a cabeça de Emily Victória, 4, e dilacerou o coração de Rebeca Beatriz, 7, quando ambas brincavam na porta de casa, em Duque de Caxias, Baixada Fluminense. Moradores ouviram disparos enquanto policiais militares patrulhavam o local.

Assassinatos semelhantes raramente são esclarecidos e os criminosos seguem impunes. A classificação de morte por bala perdida se presta à falácia da guerra contra o crime e seus danos colaterais; embaça a violência do Estado e engendra uma sociedade indiferente. Na geografia da "cidade partida", as balas perdidas sabem de antemão quem são seus destinatários. É o racismo à brasileira em sua dimensão mais desumana.

Segundo a ONG Rio de Paz, já são 12 as crianças mortas por arma de fogo no Rio de Janeiro em 2020. Uma para cada mês do calendário. O ano da pandemia superou os mais recentes, que já indicavam, desde 2015, uma escalada nesse tipo de crime.

É sufocante viver num país que banalizou a execução de meninos e meninas com armamento de guerra. Se o país não para em luto por essas mortes, alguns podem até não perceber, mas todos morremos um pouco junto com Emily e Rebeca. E continuaremos cantando a "absurda melodia" da infância negra e pobre que não tem direito a vida no Brasil.

O BRASIL QUE VIROU SUCUPIRA
12.12.2020

Circula na internet um trecho de assustadora atualidade da novela "O bem-amado", escrita pelo genial Dias Gomes e exibida com grande sucesso pela Rede Globo em 1973. Na cena, o prefeito da fictícia Sucupira, Odorico Paraguaçu, planeja interceptar a carga de vacinas que poderia impedir um morticínio na cidade, assolada por uma epidemia.

Horrorizado, seu auxiliar, Dirceu Borboleta, alerta que seria um genocídio. Odorico responde com um: "E daí?". Para quem não conhece a história, o principal objetivo do prefeito era inaugurar o cemitério da cidade. Mas seu projeto se frustra ao longo dos capítulos porque ninguém morre.

No Brasil de 47 anos depois, o drama da vida real é o oposto. O coronavírus já matou 180 mil cidadãos. Mas o desprezo de Bolsonaro pela vida dos brasileiros é o mesmo do político da ficção. A segunda onda da pandemia chegou, tão ou mais feroz que a primeira, mas o presidente acha que estamos "no finalzinho" dela. Em ócio despreocupado, protagonizou cena digna de comédia pastelão, ao inaugurar uma vitrine com as roupas usadas por ele e pela primeira-dama na posse.

Enquanto Bolsonaro se presta ao ridículo, as autoridades federais de saúde exibem sua incompetência, depois de terem sido atropeladas pelo governador de São Paulo. Doria criou um fato político ao marcar a data para o começo da imunização no estado, em janeiro de 2021, com a Coronavac, produzida pelo Instituto Butantã.

Ficou patente o despreparo do almoxarife atarantado que ocupa o Ministério da Saúde. Pazuello não tem um plano de vacinação e ainda se pergunta se haverá "demanda" por vacinas. Num país que já foi exemplo para o mundo em imunização, sequer sabemos se haverá seringas e agulhas em quantidade suficiente. A Anvisa, colonizada por defensores da cloroquina, não inspira confiança quanto à aprovação dos imunizantes. O Brasil de Bolsonaro é um arremedo patético da Sucupira de Odorico Paraguaçu.

"UMA DOR ASSIM PUNGENTE..."
15.12.2020

A História do Brasil é tão associada à exploração predatória de recursos naturais que nosso gentílico — brasileiro — designava quem trabalhava na derrubada do pau-brasil, "a ferro e fogo", como bem definiu o historiador Warren Dean. A extração da madeira — que fornecia a tintura cor de brasa para tecidos na Europa — foi o motor inicial de uma devastação que explica muito do persistente "correntão" nas nossas florestas.

Da Mata Atlântica original, que se estendia por 17 estados brasileiros, restam apenas 11,73%, segundo o botânico Ricardo Cardim, que se dedica a localizar as árvores gigantes remanescentes no bioma. Há poucos dias, Cardim divulgou a descoberta, no sul da Bahia, de um tesouro: o maior exemplar de pau-brasil encontrado até hoje, com idade estimada entre 500 e 600 anos. Um raríssimo sobrevivente do saque ecológico de cinco séculos.

Esse achado alvissareiro vem no momento em que a ONU se prepara para dar início à Década da Restauração de Ecossistemas (2021-2030) no mundo inteiro. No Brasil, coletivos de ONGs que trabalham na conservação da Mata Atlântica se associaram à iniciativa de forma a refletir sobre duas tragédias que vivemos. A pandemia já matou mais de 180 mil brasileiros e o ataque aos ecossistemas empurra, cada vez mais, não só a Mata Atlântica, mas também o Pantanal e a Amazônia, a um patamar de destruição próximo do irreversível.

A campanha Bosques da Memória já começou o plantio de uma árvore para cada brasileiro que morreu de Covid-19. Seus nomes serão eternizados nos vários bosques pelo país. Um gesto de solidariedade para transformar dor em esperança e promessa de vida. O compositor Aldir Blanc, por exemplo, foi homenageado com uma goiabeira branca, árvore da sua infância e sobre a qual escreveu em poemas e crônicas. Como diz a canção dele e de João Bosco, "uma dor assim pungente, não há de ser inutilmente…".

SOBREVIVER ATÉ 2022
19.12.2020

O mundo da ciência e das luzes pode se orgulhar de uma façanha que vai beneficiar toda a humanidade: a produção de vacinas contra o coronavírus apenas um ano depois do registro dos primeiros casos de contaminação. Os países que se adiantaram para comprar os imunizantes comemoram, autoridades se vacinam em público para dar exemplo, as populações felizardas respiram aliviadas e se preparam para um Natal cheio de esperança.

Mas isso é lá fora. No Brasil, comandado pela personificação do mal, a torcida é contra o antídoto, seja qual for a sua origem. Quem tomá-lo pode virar "jacaré"; se for homem vai "falar fino", se for mulher, pode "nascer barba". E você, que está ansioso esperando pela vacina, pode tirar o cavalinho da chuva porque "não vai ter para todo mundo".

A língua malsã de Bolsonaro reverbera no submundo digital por meio de uma rede de seguidores extremistas, jornalistas, pastores, políticos e médicos vigaristas. O vírus da desinformação se propaga tão rapidamente quanto a pandemia e se hospeda comodamente em parcela significativa da sociedade, que se reconhece e se vê representada em Bolsonaro.

Com o discurso de sabotagem à vacina, Bolsonaro consegue esfarrapar o tecido social, esvaziando as reservas de solidariedade que qualquer grupo precisa mobilizar diante de uma situação de perigo, como a que vivemos agora. Compreender isso e contrapor projetos alternativos para o Brasil são os maiores desafios nos próximos dois anos para os que acreditam na democracia.

Com o horizonte do novo ano já ao alcance da vista, se tivéssemos a certeza de um plano de vacinação para todos, poderíamos tentar virar a página desse infausto 2020. Mas o vírus volta a se infiltrar entre as famílias, a abrir covas e a erguer jazigos. O impeachment é uma miragem, e Bolsonaro ainda tem 742 dias no poder para executar seu projeto de dissolver o país. Resta-nos morrer de inveja de quem tem a vacina e tentar sobreviver até 2022.

ECOS DA PRAIA DOS OSSOS
22.12.2020

O excelente podcast "Praia dos Ossos", de Branca Vianna, reconstitui um crime brutal. No verão de 1976, em Búzios (RJ), a socialite Ângela Diniz foi assassinada com quatro tiros à queima-roupa, disparados por seu companheiro, Doca Street. No julgamento, Ângela foi assassinada pela segunda vez, ao ter sua reputação enxovalhada pela defesa do réu, que a chamou de "vênus lasciva" e "mulher fatal", para ficar nos termos mais amenos.

A estratégia de culpar a vítima pelo crime deu certo. O júri acatou a tese de que o réu matou em legítima defesa da honra e aplicou-lhe uma pena leve. Anos depois, já sob pressão do movimento feminista, o caso foi revisto e a pena aumentada. Doca Street morreu dias atrás, aos 86 anos, de parada cardiorrespiratória.

A mesma mentalidade que orientou o primeiro julgamento do algoz de Ângela Diniz revela-se ainda hoje em frases como essa: "Se tem lei Maria da Penha contra a mãe *(sic)*, eu não tô nem aí. Uma coisa que eu aprendi na vida de juiz: ninguém agride ninguém de graça". O juiz é Rodrigo de Azevedo Costa.

Nos vídeos divulgados pelo site Papo de Mãe, da jornalista Mariana Kotscho, ele diz outras barbaridades durante audiência, em São Paulo, para definir pensão e guarda de filhos. A mãe já precisou de medida protetiva duas vezes. Um juiz que não está "nem aí" para a proteção da vítima e que despreza a lei emite uma senha para a sociedade: vale a lei da selva.

É o mesmo tipo de sinal explícito na cafajestice do deputado estadual Fernando Cury contra a também parlamentar Isa Penna, no plenário da Assembleia Legislativa de São Paulo. Com a repercussão, Cury pediu desculpas. Mas foi aquele pedido fajuto, na linha "se" a deputada sentiu-se ofendida. Uma infinidade de "se" alimenta a cultura da violência contra a mulher: se ela não usasse roupa curta, se não bebesse, se não saísse sozinha… Mais de 40 anos depois, os ecos da Praia dos Ossos nos lembram como é perigoso ser mulher no Brasil.

QUE VERGONHA, EXCELÊNCIAS!
26.12.2020

No Brasil, existem cidadãos comuns, como você, leitor, e eu. E existem castas, como o Judiciário, sustentadas com o dinheiro dos nossos impostos e adubadas com privilégios e mordomias que ofendem o simples bom senso. Ainda nem temos vacinas aprovadas e liberadas e suas excelências do STF e do STJ já estavam prontas para furar a fila da imunização. As duas mais altas cortes enviaram os pedidos à Fundação Oswaldo Cruz, que os rechaçou.

Num momento de emergência sanitária e com autoridades incompetentes no comando da saúde dos brasileiros, as maiores instâncias do Judiciário deveriam ser as primeiras a dar o bom exemplo e aguardar sua vez na escala de prioridades, a ser definida de acordo com critérios científicos e levando-se em conta a vulnerabilidade de grupos mais expostos ao vírus. Mas as cúpulas do Judiciário preferiram se orientar pelo adágio mesquinho: farinha pouca, meu pirão primeiro. O que me lembra também o salve-se quem puder da primeira classe no convés do Titanic.

O STF pediu uma reserva de sete mil doses para ministros e servidores do tribunal e do Conselho Nacional de Justiça. O STJ disse que enviou um "protocolo comercial", que se refere à "intenção de compra" das doses para imunizar magistrados, servidores e seus dependentes. Sim, você leu direito. O STJ alegou que pretendia comprar as vacinas que, até onde se sabe, serão distribuídas gratuitamente pelo Plano Nacional de Imunização (vai saber quando). Seria um auxílio-vacina?

Não fosse a revelação pela imprensa e a negativa contundente da Fiocruz, talvez outras categorias já estivessem a reivindicar tratamento "isonômico". A mentalidade da aristocracia do setor público brasileiro opera uma rota de colisão com qualquer projeto de sociedade menos desigual e mais justa. Regalias de toda sorte para uma elite "diferenciada" transformam em uma quimera o ideal de cidadania já alcançado por outros países. Data venia, excelências, que vergonha!

"FELIZ ANO VELHO"
29.12.2020

A retrospectiva de 2020 pode ser escrita com as aspas expelidas de uma boca hedionda. O poder do vírus estava "superdimensionado", não era motivo para "histeria", "comoção" ou "pânico". Tudo poderia ser resolvido com um "dia de jejum" do povo brasileiro. Se fosse contaminado, por seu "histórico de atleta", o profeta da escuridão teria apenas um "resfriadinho" e seria curado por uma poção mágica, a cloroquina.

O vírus produziu um oceano de lágrimas e o cronista do abismo arremessou palavras como pedras sobre a dor dos brasileiros: "Não sou coveiro", "E daí?", "Eu sou Messias, mas não faço milagre". Incentivou aglomerações e a contaminação porque o vírus é como uma "chuva", "vai atingir você" e "todos nós iremos morrer um dia". "Tem que deixar de ser um país de maricas".

Sob seu comando, o Ministério da Saúde foi incapaz de planejar ações preventivas ou campanhas educativas e alertar para a gravidade da doença. Desprezou o uso de máscara, não investiu na testagem em massa, fracassou na logística (quase sete milhões de testes perderam a validade), sabotou os imensos esforços de cientistas, médicos e todos os profissionais de saúde, professores, mídia e autoridades locais para promover quarentenas que poderiam reduzir as infecções.

Não antecipou a compra de vacinas e fez vaticínios estapafúrdios sobre seus efeitos colaterais. Arrotou tanta ignorância que quase um quarto da população não quer se vacinar. Vamos fechar o ano perto dos 200 mil mortos, podendo ser até 230 mil, considerando a subnotificação.

O mundo inteiro enfrentou a mesma pandemia, mas não a mesma tragédia. A diferença está na maneira como os governos lidaram com os instrumentos disponíveis para conter o vírus. Mas o semeador do caos e da desesperança não dá "bola" e nos arrasta para os confins da escala civilizatória. Nada indica que 2021 será diferente. Peço licença ao escritor Marcelo Rubens Paiva para receber o novo ano com a expressão pungente que dá título a um de seus livros: "Feliz ano velho".

2021

"QUEM AMA NÃO MATA"
02.01.2021

A lei do feminicídio foi resultado de uma CPI do Congresso Nacional que investigou a violência contra as mulheres. A comissão fora instalada em 2012 sob o impacto de um estupro coletivo, ocorrido na Paraíba. No caso que ficou conhecido como a Barbárie de Queimadas, cinco mulheres foram atraídas para uma festa de aniversário e estupradas por dez homens. Duas foram assassinadas porque reconheceram alguns dos criminosos.

A lei entrou em vigor em 2015 e, a partir da tipificação do crime — quando envolve violência doméstica e familiar, menosprezo ou discriminação à mulher —, foi possível dimensionar uma carnificina. Estatísticas mostram que uma mulher é morta a cada nove horas no Brasil. O fim do ano registrou mais um banho de sangue, com seis feminicídios na véspera e no dia de Natal.

O feminicídio é cometido, na maioria dos casos, por maridos, namorados ou ex-companheiros. É um crime de ódio, evidente até na forma como os assassinos desfiguram suas vítimas. A juíza Viviane Vieira do Amaral foi assassinada pelo ex-marido, Paulo José Arronenzi, com 16 facadas, sendo dez no rosto.

Lembra o caso Ângela Diniz, 44 anos atrás. Dos quatro tiros que levou, três foram no rosto. É preciso entender que não existe crime "passional", resultado de um desequilíbrio momentâneo ou de um rompante do assassino sob violenta emoção. O feminicídio arrasta um acúmulo de violações que o antecipam.

O caso da juíza Viviane é exemplo típico de relação abusiva. Conforme mostraram as investigações, Arronenzi, que estava desempregado, era agressivo e passara a exigir cada vez mais dinheiro da ex-mulher. Ela decidira se separar após episódio em que ele machucou uma das filhas do casal.

Combater o feminicídio requer não apenas mecanismos de prevenção, proteção da mulher e coerção. É necessária uma mudança cultural complexa, que exige a participação do Estado e da sociedade. Permanece atualíssimo o lema do movimento feminista mineiro, lançado há 40 anos: "Quem ama não mata".

CONSTITUIÇÃO SOB ATAQUE
05.01.2021

Em artigo na "Folha", um dos expoentes do centrão e líder do governo na Câmara dos Deputados, Ricardo Barros (PP-PR), voltou a alardear sua proposta de um plebiscito para que os brasileiros decidam se querem uma assembleia exclusiva para escrever uma nova Constituição.

O centrão aglutinou forças de centro e de direita no Congresso Constituinte de 1987-1988 com vários objetivos, entre eles garantir o mandato de cinco anos ao então presidente Sarney e barrar a adoção de avanços sociais na carta, como queriam lideranças e legendas mais à esquerda. Vem dessa época o mantra infame do fisiologismo: "é dando que se recebe". Do equilíbrio de forças resultante, nasceu a Constituição cidadã, que, entre tantas conquistas, criou, por exemplo, o Sistema Único de Saúde, imprescindível na pandemia para evitar perdas ainda mais catastróficas aos brasileiros.

O centrão fragmentou-se em vários partidos, há uma nova geração de líderes, mas sua essência bolorenta é a mesma. Agora, agrupados na base de um governo de extrema-direita com nível bastante razoável de apoio popular, veem uma oportunidade de substituir a carta que, na visão de Barros, assegura direitos em demasia e deveres de menos.

O deputado se queixa da amplitude do "poder fiscalizador" do Judiciário, do Ministério Público e da Receita Federal (este parece ser o eixo da sua proposta); aponta que a carta mantém "privilégios caros e desnecessários" a corporações do funcionalismo e que é preciso cortar despesas para investir na "área social".

Para ficar em apenas um ponto, é difícil acreditar na preocupação social de um governo que, na proposta de reforma administrativa, não alterou uma linha sequer das regalias da casta superior do serviço público.

O que está claro é que a Constituição está sob renovada barragem de artilharia, o que torna ainda mais crucial uma aliança para impedir a vitória de Arthur Lira (PP-AL) na Câmara dos Deputados. É preciso resistir às invasões bárbaras.

O INSTINTO ASSASSINO DE BOLSONARO
09.01.2021

Bolsonaro tem duas preocupações na vida: salvar a pele dos filhos suspeitos de cometer crimes e preparar as bases para um golpe na eleição de 2022. Como admitiu em cínica declaração, pelo país ele nada consegue fazer. Aí está uma verdade. Não consegue porque não é capaz. Seu governo será sempre associado a um recorde trágico: 200 mil brasileiros mortos, em menos de dez meses, pelo vírus que ele ajudou a espalhar com seus arrotos de ignorância.

Péssimo militar e parlamentar medíocre, Bolsonaro levou seu despreparo para o Planalto e se cercou de incompetentes como ele. O pascácio da Saúde desconhece a lei da oferta e da procura e não consegue marcar a data da campanha de vacinação. O da Economia não sabe o que pôr no lugar do auxílio emergencial. O vírus mata, a fome também.

A incapacidade do presidente está longe de ser nosso único tormento. Para quem já respondeu a processo por terrorismo, as cenas de selvageria no Capitólio, em Washington, devem ter provocado êxtase. Certamente excitado com o que viu, Bolsonaro vai radicalizar sua campanha de sabotagem à democracia, à urna e ao voto enquanto tonifica seus esquadrões da morte, pelotões de jagunços e hordas de milicianos por dentro do aparelho de Estado, com liberação de armas, promoções, verbas, cargos e salários.

Só numa sociedade muito adoecida o presidente pode atentar à luz do dia contra a democracia e ficar tudo na mesma. O Brasil está morrendo de falência múltipla de instituições. Ao confessar seu fracasso, Bolsonaro deveria renunciar. Mas não tem hombridade para tal.

Restaria o impeachment. Mas ele sabe que os pedidos continuarão juntando mofo enquanto puder contar com a cumplicidade de gente graúda que enriquece ainda mais com a crise e que prefere deixar tudo como está. Assim, Bolsonaro pode seguir sem ser incomodado, contando com mais dois anos para exercitar seu instinto assassino. Não resta dúvida de que nisso está sendo muito bem-sucedido.

A ULTRADIREITA SE PREPARA PARA 2022
12.01.2021

Reportagem de Felipe Frazão em "O Estado de S. Paulo" revelou que tramitam na Câmara dos Deputados projetos para diminuir o poder e o controle dos governadores dos estados e do Distrito Federal sobre as polícias civis e militares.

São várias propostas de mudança na estrutura desses aparatos policiais. Uma delas é a criação da patente de general para os policiais militares, nível hierárquico exclusivo das Forças Armadas. Hoje, os PMs chegam, no máximo, a coronel. Os comandantes-gerais também seriam nomeados a partir de uma lista tríplice formulada pelos oficiais.

Os chefes das duas polícias passariam a ter mandato de dois anos e haveria regras estritas para suas exonerações. O governador só poderia destituir o comandante da PM por motivo "relevante" e "devidamente comprovado". Já o chefe da Civil só perderia o cargo se a dispensa fosse aprovada pelo Legislativo estadual, "por maioria absoluta" de votos. E as polícias civis seriam ligadas a um certo Conselho Nacional da Polícia Civil no âmbito do governo federal.

Há uma extensa e perniciosa tradição de rebeliões nas polícias, e nisso elas não diferem da atuação das Forças Armadas no Brasil. Mais recentemente, episódios corroboram a preocupação com o extremismo cada vez maior desses contingentes. Foi o que se viu, por exemplo, em 2017, no Espírito Santo, e quase um ano atrás no motim de policiais militares no Ceará, que terminou com um senador baleado[13].

As propostas abrem as portas, definitivamente, para a partidarização das forças de segurança e a formação de esquemas de poder paralelos que escapariam totalmente de qualquer forma de controle político-institucional. Se aprovadas, teriam o efeito de um anabolizante nas fileiras policiais, sob a égide escancarada do bolsonarismo. Os partidos progressistas têm que exigir do candidato à presidência da Câmara que apoiem o firme compromisso de conter a agenda da ultradireita. Esses projetos preparam o terreno para a radicalização em 2022[14].

---

13 Senador Cid Gomes (PDT-CE)
14 Governadores se opuseram aos projetos, que foram modificados e continuavam tramitando no Congresso até a publicação deste livro.

BOLSONARO MERECE UM NUREMBERG
16.01.2021

Depoimentos de médicos e enfermeiros em redes sociais, imagens de desespero nos hospitais, documentos, ordens para aplicar cloroquina ou "tratamento precoce" contra o vírus, testemunhos de parentes das vítimas. Tudo que puder ser usado como prova de crime contra a saúde pública deve ser guardado pelos cidadãos.

Há de chegar o dia em que os responsáveis por essa tragédia brasileira irão sentar-se no banco dos réus. Se as nossas instituições parecem sedadas, quem sabe organismos multilaterais, como o Tribunal Penal Internacional (que já examina uma ação contra Bolsonaro anterior à pandemia) ou o Conselho de Direitos Humanos da ONU, atentem para a gravidade do que acontece aqui.

Bolsonaro e sua gangue precisam ser levados a um tribunal de Nuremberg da pandemia. Só uma investigação com a mesma amplitude será capaz de explicar o mal em grande escala praticado contra a população brasileira. Isso terá que ser exposto, em caráter pedagógico, para ser conhecido pelas próximas gerações e evitar que se repita. Como Nuremberg fez com os crimes de guerra dos nazistas.

Há vários níveis de responsabilidade no morticínio brasileiro. É preciso assinalar que, no caso do Amazonas, o governador Wilson Lima também terá que responder pelas mortes por falta de oxigênio em Manaus. Eleito na carona do bolsonarismo, revelou-se incompetente e covarde ao ceder às pressões contra o lockdown, mesmo com inúmeros alertas de cientistas sobre uma segunda onda. No meio do ano, Lima chegou a ser alvo de buscas da PF, em investigação de desvios na compra de respiradores.

Outras cidades estão na rota do colapso. O Brasil governado por criminosos não é um perigo mortal apenas para os brasileiros. Países já nos fecham as portas. O Brasil tornou-se um pária sanitário. Quem permite que essa situação continue por tempo indefinido também tem as mãos sujas de sangue. Seremos julgados, no futuro, por nossas ações e omissões.

A CIÊNCIA DERRUBA MITOS
19.01.2021

O dia 17 de janeiro de 2021[15] deveria assinalar o começo do fim do desgoverno Bolsonaro. Foi sua derrota mais espetacular nestes dois anos em que tentou com máximo empenho destruir o Brasil. As luzes da ciência brilharam com todo o seu esplendor, mesmo numa agência reguladora dirigida por um seguidor do negacionista.

A Anvisa (Agência Nacional de Vigilância Sanitária) aprovou o uso emergencial de duas vacinas importadas e produzidas numa parceria de instituições científicas brasileiras com farmacêuticas e uma universidade estrangeiras. Aos cientistas e servidores públicos do Instituto Butantan e da Fundação Oswaldo Cruz, devemos a vitória deste domingo inesquecível.

O sabotador-mor da República chegou a dizer que a "vacina chinesa" teria como efeitos colaterais "morte, invalidez, anomalia". "Mais uma que Jair Bolsonaro ganha", comemorou, quando o suicídio de um voluntário levou à interrupção dos testes. A frase agora é outra: "Mais uma que Jair Bolsonaro perde". E vai perder mais porque a História mostra que a marcha do Iluminismo é irreprimível e que a ciência derruba mitos.

Já temos a vacina e nesta semana Joe Biden toma posse nos EUA. Bolsonaro perde seu maior suporte internacional. Seus atos e omissões na pandemia são um roteiro de crimes de responsabilidade. O holocausto de Manaus não será o ponto final desta tragédia. O criminoso tem que ser contido.

O ex-presidente do STF, Ayres Britto, deu a senha, em entrevista à "Folha". Segundo ele, o impeachment se aplica ao presidente que adota "mandato de costas para a Constituição"; a nação tem que dizer "a Constituição ou o presidente" e "a opção só pode ser pela Constituição".

Alguém dirá: falta combinar com os financistas, privatistas, carniceiros do Estado, agronegócio, centrão, impostores pentecostais, Forças Armadas, milicianos e mais um rol de cúmplices. Aos que não se envergonham de faturar com a desgraça do país, faço coro com o colega Juca Kfouri: "Genocidas! Genocidas! Genocidas!".

---

15 No mesmo dia, o governador de São Paulo, João Doria, deu início à vacinação no estado. A enfermeira Mônica Calazans foi a primeira pessoa vacinada no Brasil.

PANDEMIA E BARBÁRIE
26.01.2021

A tragédia humanitária e sanitária em que estamos mergulhados nos confronta com uma crise ética e civilizacional de igual gravidade. Estamos todos perdendo com a negligência criminosa do governo. Mas quem tem dinheiro acha que pode contornar a demora na imunização, passando à frente dos que deveriam estar em primeiro lugar: profissionais de saúde, idosos e quem tem comorbidades.

No começo deste mês, soube-se que clínicas privadas negociavam diretamente com uma farmacêutica na Índia para comprar vacinas, alegando tratar-se de ação complementar ao SUS. Agora, a coluna Painel informa que grandes corporações negociam com o Ministério da Saúde a compra de doses no exterior. Metade seria entregue ao SUS, metade ficaria para funcionários das empresas e seus parentes.

Cientistas renomados têm insistido que vacinação é estratégia coletiva, que só dá resultados quando aplicada em larga escala. Ninguém está a salvo do vírus individualmente ou em pequenos nichos. No Império, o voto era "censitário", de acordo com a renda do cidadão. Agora, estaríamos diante da vacina "censitária". Uma ilusão que só agravaria a desigualdade realçada pela pandemia.

Do ponto de vista ético, a generosidade de Albert Sabin deveria ser o nosso norte neste momento. O cientista renunciou aos direitos de patente da gotinha contra a poliomielite, o que permitiu proteger milhões de crianças no mundo inteiro. Solidariedade. É disso que mais precisamos.

Não se trata de demonizar o setor privado, que pode ajudar de muitas outras formas, como em logística, armazenamento e transporte. Desde que suas ações reforcem a política pública e não concorram com ela. As empresas não confiam na capacidade do governo federal? Procurem os governos estaduais, que podem e devem mobilizar suas estruturas e capilaridade. Contra o coronavírus, já temos vacinas. Precisamos, desesperadamente, de um antídoto contra a barbárie.

BOLSONARO E A PQP
30.01.2021

"Previsão do tempo: Tempo negro. Temperatura sufocante. O ar está irrespirável. O país está sendo varrido por fortes ventos. Máx.: 38º, em Brasília. Mín.: 5º, nas Laranjeiras". Com esta previsão do tempo, publicada na primeira página do "Jornal do Brasil" em 14 de dezembro de 1968, o jornalista Alberto Dines (1932-2018) tentava driblar a censura para noticiar o AI-5, que deu poderes de exceção aos generais para reprimir opositores da ditadura.

Naqueles dias, atitudes como a de Dines poderiam resultar em prisão, tortura e morte. Transposta para o Brasil de hoje e guardadas as diferenças históricas, a alegoria meteorológica é de assombrosa atualidade. Sob Bolsonaro, doentes morrem por falta de ar. As instituições sufocam. Ele e sua súcia de bandoleiros semeiam tormentas toda vez que ameaçam com golpe.

Escumalha da ditadura, Bolsonaro, se pudesse, mandaria todos os jornalistas para a ponta da praia[16]. Nesta semana, contrariado com uma publicação, o boca-suja do Planalto despejou seu vocabulário de espelunca contra a imprensa, mais uma vez. Aos gritos, o presidente-sem-decoro da República mandou o jornalismo brasileiro para a PQP e que os jornalistas enfiassem latas de leite condensado "no rabo".

A grande imprensa, em geral, aceitou os xingamentos da maior autoridade do país sem reação que não o silêncio e a cabeça baixa. Quem cala consente, rebaixa sua dignidade e deixa portas abertas para coisa pior. A perplexidade não pode ser individual nem ficar restrita às redes sociais. Os grandes veículos deveriam se juntar às entidades representativas do setor para exigir, no mínimo, uma reparação judicial.

Na campanha de 2018, a imprensa naturalizou Bolsonaro, dando-lhe o benefício de uma falsa equivalência entre dois "extremos" inexistentes. Seus ataques ao jornalismo não podem ser banalizados. A reação a eles requer coragem e inteligência. O exemplo de Alberto Dines mostra que já fomos capazes disso. E em momentos mais difíceis.

---

16 "Ponta da praia" é gíria usada por agentes da repressão na ditadura para designar local de execução de opositores políticos.

AS PISTAS DEIXADAS PELO MILICIANO
02.02.2021

Pouco antes de morrer, o ex-policial militar Adriano da Nóbrega disse a seu advogado que temia ser assassinado como "queima de arquivo". Dias depois, em 9 de fevereiro do ano passado, Adriano morreu em suposta troca de tiros com a polícia, ao resistir à tentativa de captura na zona rural de Esplanada (BA). A perícia revelou que ele recebeu dois tiros a curta distância.

Adriano era apontado como chefe do Escritório do Crime, grupo de extermínio que cobrava até R$ 1,5 milhão para assassinatos por encomenda. Sua história é um retrato de como o aparelho estatal, o poder político e a criminalidade se entrelaçam. Adriano foi "caveira" da tropa de elite da PM e braço armado do jogo do bicho, até ser expulso da corporação e se lançar de vez no crime.

No comando da milícia, expandiu vasta rede de negócios ilícitos, como extorsão, agiotagem, grilagem de terras, transporte e fornecimento clandestino de TV a cabo, luz e gás. Até aí, a história do ex-PM não difere da de muitos outros agentes do Estado que viraram bandidos. O que o distingue são seus vínculos estreitos com a família Bolsonaro.

O miliciano conseguiu emprego para a mãe e a ex-mulher no gabinete do então deputado estadual Flávio Bolsonaro por meio do notório Fabrício Queiroz, operador do esquema das rachadinhas. Investigações mostram também que empresas controladas por Adriano lavaram parte do dinheiro desviado.

Em sua rota de fuga, o miliciano teria passado por sete estados. Se tivesse sido capturado vivo, talvez pudesse ter esclarecido não só a rede de proteção que o manteve foragido durante um ano, como a extensa lista de crimes atribuídos a ele e a seus cúmplices.

Quase um ano depois, sua morte suscita muitas perguntas. Adriano teria sido atraído para uma armadilha ao esconder-se no sítio de um vereador do PSL? Por que temia ser morto numa queima de arquivo? Qual o conteúdo dos 13 celulares e chips apreendidos com ele e até hoje em sigilo? Mortos não falam, mas deixam pistas que falam por eles.

O CENTRÃO E A PAUTA DA PILHAGEM
06.02.2021

A nova configuração de poder no Congresso é a mais favorável em tempos recentes à agenda do "correntão", que pretende legalizar crimes já em curso na Amazônia, como a grilagem de terras, o desmatamento e o garimpo em territórios indígenas.

Bolsonaro terá em Arthur Lira (PP-AL), experiente colecionador de infrações ao Código Penal, um parceiro à altura para conduzir a pauta da pilhagem. Em sua campanha à presidência da Câmara, o líder do centrão serviu-se de jatinho da Rico Táxi Aéreo, de Manaus. Em seu site, consta que a Rico cresceu no setor de transporte com "pequenas aeronaves que serviam ao garimpo na região". A mesma empresa doou R$ 200 mil à campanha de Lira a deputado em 2014.

Uma das maiores obsessões de Bolsonaro é o projeto que libera mineração, garimpo, agropecuária, construção de hidrelétricas e extração de petróleo e gás em terra indígena. O projeto trata os povos nativos com a mesma lógica do colonizador europeu: dividir para governar. Estimula conflitos em torno da repartição de poder e do dinheiro das indenizações que vierem a receber.

Na essência, é um projeto etnocida. Os cupins da manipulação política e econômica têm o potencial de desestruturar essas sociedades por dentro. É também genocida porque os povos terão, forçosamente, contato com todas as desgraças levadas pelos invasores: doenças, drogas, violência. E alguém acredita que os órgãos de fiscalização terão condições de agir nos confins da Amazônia se não foram sequer capazes de monitorar barragens em Minas Gerais?

O projeto viola o preceito constitucional de respeito à integridade das terras "tradicionalmente" ocupadas pelos indígenas, criado durante a Constituinte em árduo processo de negociação entre a direita e a esquerda. Pela direita, pasme, o negociador foi o então senador Jarbas Passarinho, ex-ministro da ditadura. Mas aqueles eram tempos de diálogo e de gestação de um pacto para a reconstrução do país. Hoje, estamos diante da destruição desse pacto e da ruína civilizatória.

A PRAGA DO JORNALISMO LAVAJATISTA
09.02.2021

Quando começou, em 2014, a Lava Jato gerou justificadas expectativas de combate à corrupção. Revelou-se, no entanto, um projeto de poder e desmoralizou-se em meio aos abusos e ilegalidades cometidas por Moro, Dallagnol e a força-tarefa.

Além de ter afrontado o ordenamento jurídico e ajudado a corroer a democracia, a Lava Jato também corrompeu e degradou amplos setores do jornalismo; em alguns casos, com a ajuda dos próprios jornalistas, como a Vaza Jato já havia mostrado e agora é confirmado nas conversas liberadas pelo ministro do STF, Ricardo Lewandowski.

Relações promíscuas entre imprensa e poder não são novidade. No caso da operação, contudo, as conversas mostram que repórteres na linha de frente da apuração engajaram-se no esquema lavajatista e atuaram como porta-vozes da força-tarefa, acumpliciados com o espetáculo policialesco-midiático.

Jay Rosen, professor de jornalismo da Universidade de Nova York, cunhou o termo "jornalismo de acesso" para definir como jornalistas sacrificam sua independência e abandonam o senso crítico em troca do acesso a fontes, que passam a ser tratadas com simpatia e benevolência. A Lava Jato é um caso extremo de "jornalismo de acesso", no qual repórteres aceitaram muitas convicções sem as provas correspondentes.

Colaboraram com o mecanismo de delações e vazamentos seletivos, renunciaram à obrigação ética de fazer suas próprias investigações e fecharam os olhos para os métodos da força-tarefa. Nas empresas, tiveram retaguarda. O jornalismo corporativo participou abertamente do projeto lavajatista.

Em março de 2016, por exemplo, Moro vazou o conteúdo do grampo que captou ilegalmente conversas entre a então presidente Dilma Rousseff e o ex-presidente Lula. O grampo, que sabidamente atendia a interesses político-partidários, foi reproduzido por muitos veículos sem a necessária crítica quanto a isso. A relação pervertida entre poder e imprensa fere a dignidade da profissão. É uma praga a ser sempre evitada e combatida.

JUIZ TRAVESTIDO DE INVESTIGADOR
13.02.2021

A coluna que escrevi sobre a relação entre a Lava Jato e a imprensa teve grande repercussão entre os leitores, o que mostra a necessidade do debate sobre o assunto e seus desdobramentos. Li os comentários com atenção, excetuando-se as grosserias e tentativas de desqualificação do pensamento divergente.

Em geral, nota-se que de um lado há os que consideram o resultado da operação, em condenações e prisões, mais importante do que os métodos utilizados por Moro, Dallagnol e a força-tarefa. Em contraposição, há os que criticam a Lava Jato e o ex-juiz por identificarem neles a personificação do desrespeito ao devido processo legal e ao Estado Democrático de Direito.

O recém-lançado documentário "Sérgio Moro — A construção de um juiz acima da lei", dos jornalistas Luís Nassif e Marcelo Auler, traz relevante contribuição a essa discussão. O filme disseca o magistrado antes da fama, mostrando que o abuso de poder e a violação da lei eram corriqueiros em sua atuação.

Bem antes da Lava Jato, em um processo vinculado ao caso Banestado, um dos condenados recorreu ao STF, pedindo a suspeição de Moro e a nulidade da ação penal. O filme mostra o julgamento, em 2013, na Segunda Turma. Disse, então, o ministro Celso de Mello sobre a atuação de Moro: "O magistrado surge travestido de verdadeiro investigador (...) desempenhando funções inerentes ao próprio órgão de acusação, ao Ministério Público (...) O que eu ponho em destaque é exatamente o direito fundamental, de qualquer pessoa, independentemente da natureza do delito que lhe haja sido imputado, de ser julgada por um juiz ou por um tribunal imparcial".

Mello foi voto vencido e o caso foi encaminhado ao Conselho Nacional de Justiça como mera reclamação disciplinar contra Moro, que deu em nada. Muito além da figura do justiceiro, o filme mostra como o Judiciário brasileiro protegeu e promoveu o ex-juiz. E isso explica, em boa parte, como chegamos até aqui.

GENERAIS, GOLPISMO E PANDEMIA
16.02.2021

O livro "General Villas Bôas — Conversa com o comandante", do professor Celso Castro, da Fundação Getúlio Vargas, joga luz sobre a atuação dos militares no período mais turbulento da História recente do país, que vai do impeachment de Dilma Rousseff à eleição de Jair Bolsonaro.

A revelação mais importante é sobre o famoso tuíte do comandante do Exército, em abril de 2018, com ameaças ao STF na véspera do julgamento do habeas corpus do ex-presidente Lula. Villas Bôas informa que o tuíte teve um "rascunho" e que foi "discutido minuciosamente" por generais do Alto Comando. Nas palavras do entrevistado: "Recebidas as sugestões, elaboramos o texto final, o que nos tomou todo o expediente, até por volta das 20h, momento em que liberei o CComSEx [Centro de Comunicação Social do Exército] para expedição".

Sim, foi isso mesmo que você leu. Villas Bôas confessa que a tradição golpista segue firme e forte entre os fardados e que o topo da hierarquia do Exército tramou para afrontar a mais alta corte do Judiciário brasileiro. Qual o comando constitucional que autoriza militares a exercer tutela sobre o poder civil? Em nome de quem? Como se sabe, o Supremo rejeitou o HC de Lula, preso dias depois. E agora, STF?

Em meio a tortuosos raciocínios sobre geopolítica e um ego que transborda das páginas, Villas Bôas deixa claro que as Forças Armadas não engoliram a Comissão Nacional da Verdade ("foi uma facada nas costas"), dá versões duvidosas sobre alguns acontecimentos e faz comparações despropositadas. Uma delas: que a desintrusão de não indígenas da reserva Raposa Serra do Sol (RR) equivale aos "pogroms de Stalin"[17] na extinta União Soviética.

De volta à política 30 anos depois do fim da ditadura, os militares ocupam milhares de cargos, acumulam salários, privilégios e benesses. De mãos dadas com Bolsonaro, também são responsáveis pela catástrofe que já custou a vida de 240 mil brasileiros, até agora. A grande dúvida é quando — e se — será possível mandá-los de volta para os quartéis.

---

17 Pogrom é uma palavra russa para se referir a perseguições contra judeus.

OS CÃES FEROZES DE BOLSONARO
20.02.2021

É difícil segurar a náusea ao assistir à gravação de 19 minutos do deputado pitbull Daniel Silveira (PSL-RJ) ameaçando ministros do STF e a democracia. Independentemente do desfecho do caso[18], é forçoso refletir sobre o que permitiu a incorporação de tal personagem à vida política nacional.

Silveira é subproduto do bolsonarismo, fermentado sobretudo (mas não apenas) a partir da assimilação do próprio Bolsonaro pelas instituições, que presenciaram mudas e inertes sua homenagem a um torturador, símbolo de torpeza e vilania, no impeachment de Dilma Rousseff. Depois disso, escandalizar-se com mais o quê?

Ainda vamos sentir por muito tempo as ondas de choque provocadas pelas placas tectônicas que se moveram no golpe de 2016 e que produziram o desarranjo institucional vigente. Nesse sentido, o episódio envolvendo o deputado delinquente é exemplar.

Em resumo ligeiro, começa com o tuíte do general Villas Bôas, em abril de 2018, pressionando o STF na véspera da votação do HC de Lula. Passa pela nebulosa presença de generais da reserva no gabinete de Dias Toffoli quando este foi presidente da corte. Segue com a afronta de que bastariam "um soldado e um cabo" para fechar o tribunal. A eleição de Bolsonaro fez o resto.

Três anos depois, Villas Bôas revela que o tuíte foi redigido pela cúpula do Exército. Edson Fachin reage e entra em cena o valentão, babando de fúria como cão feroz acorrentado. Que uma figura grotesca como Silveira esteja no centro da discussão política nacional é evidência trágica do lamaçal em que estamos metidos, enquanto avançamos para a marca de 250 mil mortos pela pandemia e Bolsonaro alimenta a matilha com a liberação de armas e munições.

---

18 O STF condenou Daniel Silveira à prisão em abril de 2022. Em seguida, Bolsonaro assinou um decreto com perdão ao parlamentar e extinção da pena.

ONDE ESTAREMOS DAQUI A UM ANO?
23.02.2021

A pergunta do título foi feita pelo jornal "El País" em recente entrevista com o bilionário norte-americano Bill Gates, que há tempos investe parte de sua fortuna em pesquisa científica. Em 2015, ele alertou que a próxima guerra travada pela humanidade seria contra um inimigo invisível, um vírus muito infeccioso, que se propagaria pelo ar e mataria milhões de pessoas. Por isso, era urgente que os países se preparassem para o combate.

Obviamente, constatamos da pior forma possível que isso não aconteceu. Em pouco mais de um ano, a pandemia já matou dois milhões e meio de pessoas no mundo. Apesar da perda colossal, Gates estima que no começo de 2022 os efeitos mais dramáticos do contágio estarão superados e os países terão de volta algum nível de normalidade, desde que 70% das populações sejam vacinadas.

Ao ler a entrevista, me fiz a mesma pergunta pensando no Brasil. O ritmo atual da vacinação não nos autoriza a ter uma perspectiva positiva para o futuro próximo. O neurocientista Miguel Nicolelis, sempre direto e objetivo nas suas análises, disse que "começa a ser real" a possibilidade de não ter carnaval em 2022. Chegaríamos, portanto, a dois anos de pandemia, com mais mortes e a população pobre tocando a vida aos trancos e barrancos.

Como já alertaram importantes cientistas brasileiros, Bill Gates também adverte que o tempo está se esgotando para que a humanidade conjugue esforços no enfrentamento aos efeitos das mudanças climáticas, "muito piores" que os da pandemia. É um desafio para gigantes, que só pode ser vencido com a confluência de interesses de governos e mercados e com muito investimento em ciência.

Décadas de reconstrução democrática prepararam o Brasil para ser uma voz respeitada globalmente em saúde e meio ambiente, temas intimamente relacionados. Sob um governo de gente orgulhosa de sua ignorância, o Brasil, hoje, nos sufoca de indignação e vergonha. Amá-lo tornou-se um martírio doloroso e inútil.

O CLUBE DOS CAFAJESTES
27.02.2021

Um ano depois do primeiro caso de Covid no Brasil, vivemos o momento mais grave da pandemia. Um ano inteiro de sacrifícios, dor e morte não serviram para nada. Caso único no mundo. Estaca zero. Andamos em círculos. Falta vacina. Falta leito. Falta ar. E vai piorar.

Mas nada disso tira o sono do dinheiro grosso no Brasil, que só chiou com a intervenção militar na Petrobras[19]. Para compensar a corda esticada, Bolsonaro oferece a Eletrobras e os Correios na bacia das almas. No campeonato de canalhice da República, é difícil superar Paulo Guedes e a pressão pela aprovação da PEC emergencial, tentativa de assalto aos direitos sociais inscritos na Constituição.

A lógica da negociação é perversa: o governo só voltaria a pagar o auxílio emergencial em troca do fim dos gastos públicos obrigatórios com saúde e educação. A chantagem faz todo sentido para essa gente oculta sob a alcunha de "mercado": onde já se viu pobre receber auxílio e ainda ter saúde e educação gratuitas?

O investimento obrigatório em educação só foi eliminado no auge de duas ditaduras, a do Estado Novo e a do regime militar de 1964. Os gastos foram sacramentados na Constituição de 1988 e, ao que parece, serão mantidos em virtude das reações à PEC. Mas os cães hidrófobos a serviço do extremismo liberal não irão descansar.

A Câmara deu mais uma contribuição ao festival de tapas na cara da sociedade ao articular a tal PEC da impunidade[20], digo, da imunidade de suas excelências. Confundem exercício do mandato e liberdade de expressão com licença para cometer crimes. O Judiciário não poderia ficar de fora desse "e daí?" geral, com o benevolente acolhimento dispensado ao senador e primeiro-filho, Flávio Bolsonaro.

Nos anos 1950, um grupo de ricaços boêmios do Rio de Janeiro ficou conhecido como o Clube dos Cafajestes. A crônica carioca de então registra que eles aprontavam em festas de arromba com muita bebida e mulheres. Cafajestes??? Que injustiça com os playboys de outrora.

---

19 O então presidente da Petrobras, Roberto Castello Branco, foi substituído pelo general da reserva Joaquim Silva e Luna.
20 A chamada PEC da impunidade dificulta a punição de deputados e senadores que cometam crimes. A tramitação foi acelerada pelo presidente da Câmara, Arthur Lira, depois da prisão de Daniel Silveira pelas ameaças ao STF. Diante das reações contrárias, a tramitação foi suspensa.

MARIANA, AS VÍTIMAS E SEUS ALGOZES
02.03.2021

Em meio à espiral da emergência sanitária, desdobra-se de maneira quase invisível a tragédia iniciada em 5 de novembro de 2015, com o rompimento da barragem de Fundão, em Mariana (MG), que matou 19 pessoas e despejou um mar de lama no Rio Doce, prejudicando até hoje a saúde, o trabalho e o sustento da população de 40 municípios.

A Samarco, dona da barragem, e suas acionistas, Vale e BHP, duas das maiores mineradoras do mundo, criaram a Fundação Renova para reparar os danos, entre eles a destruição de três povoados. No sábado passado, venceu pela terceira vez o prazo de reconstrução da vila de Bento Rodrigues sem que as 200 casas prometidas tenham sido entregues.

Os moradores foram até o terreno vazio para protestar. Usavam nariz de palhaço. Entre eles, estava Paula Geralda Alves, heroína anônima dessa história. Foi ela que viu a lama se aproximar, subiu na sua moto e percorreu o povoado gritando para que todos escalassem as encostas. A Samarco não tinha sequer sirenes de alerta. Paula foi a sirene humana que salvou cerca de 400 pessoas. Cinco anos depois, ela ainda não tem sua casa. Mas a mineradora já voltou a operar.

Em ação civil pública, o Ministério Público de Minas Gerais aponta que a fundação é mero apêndice das empresas, dificulta as reparações e age com desvio de finalidade. Os salários de diretores da entidade, por exemplo, superam ganhos anuais de um milhão de reais, fortuna que a maioria dos atingidos jamais verá nem que viva cem anos. Na ação, o MPMG pede a extinção da Renova.

Gravação obtida pelo site Agência Pública mostra atitude truculenta de uma advogada da fundação com moradores que interromperam a ferrovia da Vale para protestar contra problemas nas indenizações. A advogada diz que se houvesse nova manifestação os pagamentos seriam suspensos. A atuação da Renova embute uma lógica cruel. Obriga as vítimas a negociar migalhas da reposição de suas perdas com seus algozes.

A PROFECIA DO IMIGRANTE HAITIANO
06.03.2021

Um ano. Faz um ano que um imigrante haitiano enunciou a nossa desgraça: "Bolsonaro, acabou (…) Você não é presidente mais. Precisa desistir. Você está espalhando o vírus e vai matar os brasileiros!". Um ano. Mas parece que um século nos separa dessa profecia, tão apavorante ela soou e tão terrivelmente se confirmou. Bolsonaro está matando os brasileiros e não conseguimos detê-lo.

Os 260 mil mortos até agora e os muitos que ainda virão, os sobreviventes com sequelas, os trabalhadores da saúde esgotados, uma geração de órfãos do vírus, os alertas de cientistas, os apelos de autoridades, os desempregados, os desesperados… Nada abala a calculada estratégia assassina de Bolsonaro, demonstrada nas medidas que tomou ou que deixou de tomar na pandemia.

Bolsonaro tem a morte como projeto. Ele comanda o exército da peste, sustentado por um consórcio macabro de interesses. Cerram fileiras o centrão, militares, empresários adoradores de Paulo Guedes e setores necrosados do Judiciário. Com essa retaguarda, Bolsonaro continuará zombando de nós, mentindo, rindo de suicídios, regozijando-se enquanto empilha cadáveres.

O mundo já nos considera uma ameaça porque demos ao vírus as condições ideais para ele se tornar mais agressivo. Os investimentos estrangeiros vão demorar anos para retornar. A economia quebrou. Bolsonaro tem a maior parcela de responsabilidade nessa hecatombe, mas outros também têm deveres e obrigações. Governadores e prefeitos, tenham a coragem de adotar confinamento mais rigoroso!

Não se conhece a identidade do haitiano que confrontou o contaminador-geral da República, nem se sabe se está vivo. Mas sua voz não para de ressoar na minha cabeça. Eleição e voto não dão a ninguém licença para matar. Bolsonaro e seu comparsa Eduardo Pazuello têm que ser interditados, processados e julgados. A pior escolha que podemos fazer como sociedade é a resignação, a apatia.

A ASSEMBLEIA DE SÃO PAULO E O MACHISMO
09.03.2021

A encoxada no transporte público, a apalpadela como quem não quer nada, a mão boba que encosta onde não devia. Que mulher já não foi importunada com contatos físicos indesejados no seu ir e vir cotidiano? Pior é ter que ouvir que foi só um "um abraço sem malícia" ou um "gesto de gentileza". Essas expressões foram usadas na defesa do deputado estadual Fernando Cury (Cidadania), flagrado ao se aproximar por trás e, de forma traiçoeira, apalpar os seios da deputada Isa Penna (PSOL).

A agressão ocorreu no plenário de uma casa legislativa, à vista de outros deputados. A defesa pusilânime de Cury foi aceita por maioria de 5 x 4 no Conselho de Ética da Assembleia Legislativa de São Paulo. Benevolente, o colegiado decidiu aplicar apenas uma suspensão de 119 dias ao parlamentar. Trata-se, na verdade, de um prêmio sob medida, já que o afastamento por um período maior ensejaria a convocação do suplente de Cury. Foi um conchavo explícito de cupinchas, que invocaram até virtudes do agressor, tais como "pai de família" e "marido de uma só mulher".

Nada mais típico do machismo entranhado na sociedade brasileira. Casos como esse nos fazem refletir sobre o histórico de lutas por respeito, justiça e liberdade celebradas no dia 8 de março. O copo está meio cheio ou meio vazio? Não podemos deixar de reconhecer avanços importantes, embora com impacto desigual, dependendo da classe e da cor de pele das mulheres. Há, contudo, gigantesco déficit de direitos a serem conquistados e consolidados, sobretudo considerando retrocessos provocados pela pandemia.

A tolerância à importunação sexual reforça e incentiva o menosprezo à condição feminina que está na raiz dos nossos índices epidêmicos de estupro e de assassinato, realidade que só começou a ser plenamente dimensionada com a qualificação do feminicídio no Código Penal em 2015. A decisão final sobre Cury depende do plenário da Alesp, que terá duas opções: escrever um novo capítulo na história do combate à violência contra a mulher ou se cobrir de infâmia[21].

---

21 Em abril de 2021, o plenário da Alesp decidiu pela suspensão do mandato de Fernando Cury por seis meses. Ele foi substituído pelo suplente.

A VOLTA DE LULA
13.03.2021

Seis meses atrás (setembro de 2020), escrevi que Lula não poderia ser "cancelado" da vida política brasileira. O texto provocou discussão e alguns xingamentos a esta colunista. Como considero o debate necessário e estimulante, volto ao tema a partir da manifestação do ex-presidente, depois que decisão do ministro Fachin, do STF, restituiu-lhe a possibilidade de ser candidato.

O discurso soou como lenitivo cicatrizante num país ferido e a caminho dos 280 mil mortos pela pandemia. Lula retomou o perfil conciliador (sublinhou a chapa de 2002 que uniu "capital e trabalho") e abriu portas em torno de quatro pontos: democracia, vacina já, auxílio emergencial e emprego. "E, se quiser dar um passo a mais e conversar [sobre] como tirar o Bolsonaro, eu tô mais feliz ainda", arrematou.

Convenhamos, é um programa lógico e coerente o bastante para um começo de conversa. Em condições normais de temperatura e pressão onde vicejam as democracias, isso seria uma obviedade. Mas, como não vivemos tempos normais, o discurso de Lula e sua repercussão foram suficientes para estimular mais arreganhos de Bolsonaro e a tentativa de reeditar a farsa dos dois "extremos".

Sustentado pela Lava Jato, o engodo funcionou em 2018. Delações premiadas de baciada? Tubulações jorrando dinheiro na TV toda noite? Essa engrenagem enguiçou. Só há um extremista no jogo e é o genocida que usa um vírus como arma biológica de destruição em massa. O retorno do petista à arena também provoca um reposicionamento geral de forças. À direita, é grande o alvoroço entre alquimistas que sonham em fabricar um candidato de "centro", tal como os magos da Antiguidade buscavam a pedra filosofal.

É cedo para saber se Lula estará na disputa em 2022. Os embates nos tribunais não acabaram. Mas com ele em cena o debate político é requalificado. Por isso, considero válido reafirmar o que escrevi seis meses atrás: Lula está de volta. E isso é uma boa notícia para a democracia.

BOIADA, CORRENTÃO E MOTOSSERRA
16.03.2021

Em abril de 2020, Ricardo Salles, o ministro do zero ambiente, exortou a passagem da boiada para derrubar regras e normas ambientais que dependiam apenas do Executivo, já que era bem mais difícil mudar leis no Congresso. Quase um ano depois, a conjuntura nunca esteve tão favorável para, agora sim, sob o comando do centrão na Câmara, passar não apenas a boiada, mas também o "correntão" e a motosserra.

O que vem por aí é um ataque sem precedentes às leis que há décadas vêm tentando consolidar a proteção ambiental no Brasil. Projetos à espera de análise na Comissão de Meio Ambiente pretendem enfraquecer a lei da Mata Atlântica, a que criou o Sistema Nacional de Unidades de Conservação, o Código Florestal e até a lei de Proteção à Fauna, de 1967.

O "tratoraço" inclui a liberação da caça de animais silvestres, projeto do ex-deputado Valdir Colatto, hoje chefe do Serviço Florestal Brasileiro. Outras duas propostas transferem a autorização de caça para estados e municípios. Entre os argumentos para liberar a matança, acredite, está o aumento da "interação homem-natureza". Só pode ser deboche.

A ministra da Agricultura, Tereza Cristina, a do "boi bombeiro", deixou projeto que autoriza a pecuária em Reserva Legal, área que donos de imóveis rurais têm que manter com vegetação nativa. Há proposições para acabar com a lista de peixes ameaçados de extinção; tirar a proteção dos Campos de Altitude, ecossistema associado à Mata Atlântica; e ainda extinguir zonas de amortecimento no entorno de unidades de conservação.

Essa pauta está nas mãos da notória Carla Zambelli (PSL-SP), presidente da Comissão de Meio Ambiente, e de seu vice, Coronel Chrisóstomo (PSL-RO). Reportagem de João Fellet, na BBC Brasil, mostra que Chrisóstomo tem conexões com desmatadores em Rondônia. A investida contra o meio ambiente mudou de patamar. Instituições precisam dar resposta condizente à agressão que pretende transformar nossas florestas em clarões de fogo e montes de detritos.

GE-NO-CI-DA!
20.03.2021

Em meados do ano passado, o Brasil já ia pela casa dos 50 mil mortos pela pandemia. E o que fez o genocida? Incentivou seus cães ferozes a invadir hospitais. Na época, o cartunista Renato Aroeira traduziu numa charge a indignação de muitos brasileiros.

No desenho, a cruz vermelha dos hospitais é convertida na suástica nazista pelo genocida. Uma imagem forte e poderosa. O Ministério da Justiça decidiu perseguir Aroeira, mas deu um tiro no pé. Em solidariedade, mais de 70 artistas republicaram a charge e amplificaram a crítica.

Movimento semelhante ocorreu nesta semana, quando o Brasil já está perto de alcançar seis vezes mais mortes do que em junho. Cinco manifestantes foram presos em Brasília por expor um cartaz que reproduz o trabalho de Aroeira e acrescenta a palavra que está no centro do debate nacional: genocida. A mesma palavra motivou uma intimação policial ao youtuber Felipe Neto, que a usara para criticar o presidente… genocida.

Rapidamente, uma frente de advogados criou a plataforma Cala Boca Já Morreu, que oferece defesa gratuita para quem for processado ou preso por críticas ao genocida. Felipe Neto não se deixou intimidar e revidou à altura no ecossistema que conhece como poucos e por meio do qual alcança milhões de pessoas. Ele postou o vídeo "Bolso família", programa de transferência de renda para uma única família, no caso, a do genocida.

Bem que a oposição poderia tomar aulas de comunicação com o youtuber. Graças ao seu alcance, o epíteto pegou e estará colado para sempre na testa de Bolsonaro: genocida! Seus atos estimulam a reprodução do vírus que está matando milhares de brasileiros. Por isso, Bolsonaro não é um assassino comum. É um genocida.

O país derrete no colapso hospitalar e sanitário. Todos os dias são de despedidas. Para não adoecer de Brasil, temos que expressar nossa indignação. Nesse texto, usei 11 vezes o termo genocida. E peço que você repita comigo, escandindo as sílabas: GE-NO-CI-DA!

A CARTA TARDIA DO PIB
23.03.2021

Quer dizer que foi preciso esperar um ano de pandemia, quase 300 mil cadáveres, o colapso dos hospitais e um tombo colossal na economia para que parte expressiva do PIB brasileiro se manifestasse publicamente sobre a catástrofe humanitária que nos põe de joelhos? Tirante honrosas exceções que assinam a carta divulgada neste fim de semana, a maioria permaneceu até então em indiferente pachorra.

São mais de 500 assinaturas, e alguns sobrenomes reluzentes, de banqueiros, empresários, ex-ministros, ex-dirigentes do Banco Central e economistas que, até outro dia, clamavam pela urgência das reformas, mas não mostravam a mesma preocupação com a premência de salvar vidas.

Muitos até devem ter achado, como disse o famoso animador de auditório, que Bolsonaro teria uma "chance de ouro de ressignificar a política", seja qual for o sentido disso no dialeto da Faria Lima. Agora que as UTIs dos hospitais privados estão lotadas parecem ter despertado do modo "repouso em berço esplêndido".

O que mudou? Entenderam que não adianta ter dinheiro para pagar UTI aérea para Miami? Que não somos bem-vindos em nenhum país porque cevamos um criadouro de variantes agressivas do vírus? Que estamos todos na mesma tormenta, embora milhões a enfrentem agarrados a um pedaço de pau e pouquíssimos em um transatlântico? Simplesmente perceberam que Paulo Guedes não tem força para demolir o Estado, como esperavam? Ou a soma disso tudo?

Com esta carta, a elite brasileira demonstra como é elástica sua tolerância diante de uma tragédia humana que atinge principalmente os mais pobres. Ao ler o documento, procurei se havia menção a — quem sabe — aumento de imposto sobre suas imensas fortunas. Nenhuma palavra. Apesar de tardia, a carta pode até ajudar a controlar rompantes autoritários de Bolsonaro. Daí a conter o genocídio que nos abate há longa distância. Para isso, seria preciso combinar com os mercenários e franco atiradores do centrão. E, enquanto você lê este texto, mais um coração brasileiro parou de bater.

NOS QUARTÉIS OU NOS MINISTÉRIOS?
27.03.2021

O general Pazuello assumiu o Ministério da Saúde com 15 mil mortos pela pandemia e deixou o cargo, dez meses depois, com mais de 300 mil cadáveres nas costas. Pazuello não tinha qualquer credencial para o posto e ainda exibiu subserviência degradante ao genocida. "Um manda e o outro obedece" é sua frase que ficará para a História.

O desastre Pazuello contamina a imagem do Exército e a dos militares que decidiram trilhar o caminho de volta para a política, da qual haviam se afastado (ou pareciam ter se afastado) desde que o general Figueiredo deixara o Palácio do Planalto pela porta dos fundos, em 1985, pedindo: "Me esqueçam". Por que voltaram?

Pistas podem ser encontradas na análise feita pelo coronel da reserva Marcelo Pimentel em artigo para o livro "Os militares e a crise brasileira" (organizado por João Roberto Martins Filho) e também em alentada entrevista para o podcast Roteirices, de Carlos Alberto Jr. Pimentel é um crítico da participação política dos fardados, que considera um risco à consolidação do Estado Democrático de Direito. Identifica na atuação deles o que chama de "Partido Militar", que cultiva autoimagem "salvacionista" e tem fundo ideológico antiesquerda.

O "Partido Militar" tem pauta corporativa (bem-sucedida em questões previdenciárias e orçamentárias), ocupou espaço de forma "massiva" em ministérios, estatais, autarquias e agências reguladoras; e tem base militante bastante ativa em redes sociais, onde se conecta com o eleitorado civil. São comportamentos, na visão do analista, de um partido político, com um projeto que iria além de Bolsonaro e que só pode ser contido se as Forças Armadas entenderem que seu lugar é na "retaguarda" do cenário interno, dentro da "estrita constitucionalidade".

Para Pimentel, o envolvimento da caserna na política pode gerar efeito nocivo de longo prazo sobre a jovem oficialidade, polícias militares e órgãos de segurança pública. A pergunta que ele deixa é: onde estarão os tenentes de 2020 em 2050? Nos quartéis ou nos ministérios?

XUXA E OS DIREITOS HUMANOS
30.03.2021

Em recente entrevista, Xuxa se manifestou contra o uso de animais em testes de cosméticos e remédios. E ofereceu, digamos, o que lhe pareceu uma boa alternativa. "Eu tenho um pensamento (...) que pode parecer desumano porque, na minha opinião, existem muitas pessoas (...) que estão pagando seus erros num *ad aeternum* para sempre em prisão, que poderiam ajudar nesses casos aí, de pessoas para experimentos, sabe? Pelo menos, eles serviriam para alguma coisa antes de morrer, entendeu?".

Entendi, Xuxa. Entendi que você acha natural que pessoas possam ser usadas como cobaias sem que seja da vontade delas, apenas porque você acha que quem está atrás das grades, sob custódia do Estado, não deve ser tratado como gente. Entendi que você não tem discernimento para distinguir justiça de vingança. Entendi que no seu pensamento e linguagem utilitaristas, pessoas se equiparam a ratos de laboratório. A palavra "experimentos" me causou calafrios. Os livros de História mostram onde isso vai dar.

Xuxa de novo: "Mas aí vai vir o pessoal que é dos direitos humanos e vai dizer: 'não, eles [os presos] não podem ser usados'". Pois é, Xuxa, eu sou dessa turma. Não somos seita nem partido. Somos pessoas que acreditam em pactos civilizatórios. Gente é gente. Fora ou atrás das grades. Não há o que relativizar. Ou se entende isso ou é barbárie.

Xuxa foi rápida em seu pedido de desculpas: "Quem sou eu pra dizer que essas pessoas estão ali e que devem ficar ali ou morrer ali? Quem sou eu pra fazer isso?". Aí é que está. Personagem onipresente na TV brasileira, fenômeno de popularidade, midas de um império empresarial, Xuxa é referência para milhões de pessoas. Fixa padrões, como seu programa da década de 1980 cheio de clones loirinhos num país de todas as cores.

O que Xuxa disse não foi uma frase solta e descuidada. É expressão didática do seu pensamento, explica muito do caldo de cultura que formou milhões de "baixinhos" e aprofunda o abismo em que estamos.

MILITARES E O CRIME DE LESA-PÁTRIA
03.04.2021

A semana começou com tensão de fim do mundo e terminou mais calma em Brasília, depois da troca do ministro da Defesa e dos comandantes das Forças Armadas. Será preciso, contudo, monitorar os sismógrafos para aferir se o terreno está, de fato, acomodado, e qual a extensão das fissuras resultantes do abalo sísmico no Planalto.

As versões que vazaram dão conta de que o ex-ministro Fernando Azevedo e o ex-comandante Edson Pujol teriam resistido a arroubos extremistas do genocida, seriam avessos ao uso político das Forças Armadas e, por isso, teriam perdido seus postos. Ora, mas o que fazem os militares, senão política, desde pelo menos 2015, com Villas Bôas no comando do Exército? O que foi o tuíte ao STF (aprovado pelo Alto Comando) na véspera da votação do habeas corpus de Lula?

Militares deixando o governo com ares de democratas ofendidos? Nada mais falso. A coesão pode até ter levado uma sacudida, mas os generais estão unidos pelo amálgama do projeto antiesquerda, além, claro, de desfrutarem das benesses do poder. Julgam ter papel de tutela sobre os civis. Nunca engoliram a Comissão Nacional da Verdade.

Até hoje celebram (agora com autorização do Judiciário) a ditadura que torturou, matou e escondeu corpos. Os fardados viram no golpe contra Dilma Rousseff a chance de voltar ao poder na carona de um extremista. Ajudaram a elegê-lo sabendo que tudo nele é extremo: autoritarismo, ignorância, maldade, desprezo à vida, culto à morte.

O Brasil está em marcha célere para 400 mil mortos pela pandemia. O colapso funerário se aproxima. O genocídio é obra coletiva de Bolsonaro e de todos que estão com ele. Nessa guerra, os militares que o apoiam decidiram cerrar fileiras nas legiões do vírus. São avalistas e fiadores, cúmplices e coautores dessa tragédia.

Tratam o povo como inimigo a ser derrotado, deixando-o morrer de doença e fome. Isso é crime de lesa-pátria. A História vai nos cobrar uma Comissão Nacional da Verdade para o genocídio brasileiro.

FANATISMO JURÍDICO-CRISTÃO
06.04.2021

A decisão do ministro do STF Kassio Nunes Marques a favor dos cultos religiosos presenciais sabota os esforços de prefeitos e governadores para controlar a pandemia, agride a ciência, empurra mais brasileiros para o cemitério e desrespeita o sacrifício dos profissionais de saúde, que estão trabalhando no limite da exaustão física, mental e emocional.

O ministro atendeu a um pedido da Associação Nacional de Juristas Evangélicos (Anajure). Não é uma entidade qualquer. Fundada em 2012, a associação já teve a delirante Damares Alves como sua diretora de assuntos legislativos. Tem 700 associados, entre advogados, juízes, procuradores e desembargadores.

O Advogado Geral da União e pastor, André Mendonça, era assíduo frequentador dos eventos da entidade, antes da pandemia. Aliás, foi Mendonça que, mais que depressa, pediu a intimação do prefeito de Belo Horizonte, Alexandre Kalil, quando este anunciou que não cumpriria a decisão de Nunes Marques. Depois da ameaça, Kalil voltou atrás.

Reportagem da revista "Piauí" revela o intenso lobby da Anajure para emplacar em cargos importantes do poder público defensores da sua agenda cristã ultraconservadora. A associação trabalhou, por exemplo, pelos nomes do procurador-geral da República, Augusto Aras; do defensor público-geral federal, Daniel de Macedo, e do ministro da Educação, Milton Ribeiro, também pastor e apologista da "vara da disciplina" para corrigir os filhos.

A Anajure parece ter obsessão com o tema. Recentemente, saiu em defesa de uma escritora que tivera um livro proibido pela Justiça por preconizar castigos físicos na educação das crianças. Outras fixações são o aborto e a ideologia de gênero.

No dia 7 de abril, o plenário do STF decidirá sobre cultos e missas presenciais ou virtuais. Espera-se que recoloque a questão em sua real dimensão, afastando da discussão qualquer traço de fanatismo. Não é a liberdade religiosa que está em jogo, mas a vida dos brasileiros.

ESQUADRÃO DA MORTE BOLSONARISTA
10.04.2021

Nesta semana, o esquadrão da morte bolsonarista conseguiu avanços importantes no Congresso. No Senado, a espertza de um aliado garantiu a entrada em vigor das normas que facilitarão o acesso a armas e munições. Milícias, hostes militarizadas, criminosos em geral agradecem.

A Câmara aprovou projeto de lei que implode a fila única da vacinação e rasga o princípio da solidariedade social que orientou a criação do Sistema Único de Saúde. Ao permitir que empresas privadas comprem vacinas, institucionaliza a vacina "censitária", por critério de renda e não de vulnerabilidade.

O projeto, que ainda vai ao Senado, atende à mentalidade de capatazia do empresariado brasileiro, que alega a necessidade de vacinar sua mão de obra. Se tem pouca vacina, que morram os velhos, os doentes, os mais fracos. É cruel assim. É bárbaro assim. Pensamento não muito distante da facção empresarial que se reuniu com o marginal da democracia em repasto noturno: bilionários da "Forbes", o dinheiro grosso dos bancos, patrões da mídia e a bolorenta Fiesp.

A essa gente, pouco importa que em algumas cidades o número de atestados de óbito já seja maior que o de certidões de nascimento e que possamos chegar ao meio milhão de mortos. Os empresários aplaudiram o genocida. Manifestaram "otimismo" e "tranquilidade" após ouvi-lo.

A falange religiosa do esquadrão, porém, sofreu derrota importante no STF. Foi inquietante assistir à pregação de André Mendonça, da AGU, a favor dos cultos presenciais em igrejas e templos. Com seus olhos vidrados e pausas teatrais, encarnou o pastor e não o representante de instituição laica. Felizmente, a corte derrubou a pretensão de inspiração teocrática.

Decisão do ministro Barroso, contudo, acrescentou fator de imponderabilidade para os próximos dias ao determinar que o Senado instale a CPI da Covid. Enquanto isso, como disse um conselheiro da OMS, o Brasil submerge no "inferno furioso" da pandemia.

ESCRAVIDÃO PANDÊMICA
13.04.2021

No Brasil, existem várias pandemias dentro do quadro geral de terror produzido pelo vírus e criminosamente exacerbado pelos atos e omissões do comandante em chefe do genocídio. Uma dessas pandemias se alastra quase oculta da porta para dentro dos lares brasileiros ricos e de classe média.

A repórter Fernanda Santana, do jornal "Correio", da Bahia, conseguiu abrir uma fresta para o agravamento da exploração de trabalhadores domésticos, universo composto em sua maioria por mulheres negras e chefes de família. A reportagem mostra que o sindicato baiano da categoria registrou 28 pedidos de socorro de empregadas coagidas a permanecer na casa dos patrões. Eles não querem correr o risco de adoecer caso elas se contaminem durante a folga.

Com medo de perder o emprego, muitas acabam se sujeitando ao abuso, uma espécie de escravidão pandêmica. Uma delas permaneceu confinada de março de 2020 a fevereiro deste ano, quando pediu demissão. Outras, ficaram enclausuradas por meses. O trabalho doméstico já é de muita vulnerabilidade, pois a maioria não tem carteira assinada nem recebe salário mínimo. Aproveitar-se da pandemia para agravar a subordinação dessas mulheres só encontra explicação na violência colonial que resiste entranhada em nosso tecido social.

A frase dita de maneira distraída por Daniel Cady, marido de Ivete Sangalo, numa rede social, também nos faz refletir sobre uma sociedade estruturada em camadas de servidão. Ele atribuiu a contaminação da família à cozinheira. "Esse lance de o funcionário passar uma semana aqui e folgar...", lamentou-se. Depois, pediu desculpas.

Sei de gente que, com sacrifício, está pagando para que a empregada fique em casa, com sua família e em condições de se sustentar. Muitos outros, em melhor condição financeira, poderiam fazer o mesmo e ainda ajudar a manter um negócio comprando refeições prontas. A pandemia nos dá a oportunidade de mostrar o melhor e o pior de nós, como indivíduos e sociedade.

LULA LIVRE. E AGORA?
17.04.2021

Em meio à profusão habitual e enfadonha de "datas venias" e "excelências", o STF, finalmente, decidiu que não é da competência da 13ª Vara da Justiça Federal em Curitiba julgar acusações contra o ex-presidente Lula, por falta de conexão com a corrupção na Petrobras.

Durante cinco anos, a defesa de Lula, baseada em condutas abusivas do ex-juiz Sérgio Moro no processo, apresentou a mesma alegação em várias instâncias do Poder Judiciário, sem sucesso. O que teria acontecido se o "paciente" em questão não fosse Lula? Algum juiz ou colegiado não teria visto pertinência no argumento que agora — e só agora — recebeu oito votos favoráveis na instância máxima e irrecorrível do Judiciário brasileiro?

A revisão dos atos de Moro só está sendo possível graças a dois personagens de fora do aparato judicial. Em 2019, o hacker Walter Delgatti Neto pirateou as conversas que revelaram o papel do ex-juiz como chefe da Lava Jato. O jornalista Glenn Greenwald trouxe o material à luz no site The Intercept, com a ajuda posterior de outros veículos.

Nada disso foi lembrado na sessão da corte. Mas é óbvio que a Vaza Jato é o pano de fundo da reviravolta a que estamos assistindo. Antes tarde do que nunca. Mas, convém lembrar, justiça que tarda é justiça falha. Lula passou um ano e sete meses na prisão e não pôde concorrer em 2018.

Em que pese a gravidade do prejuízo individual, a demora do sistema judicial em examinar as ilicitudes de Moro custou caríssimo ao país. O falso super-herói contribuiu decisivamente para a eleição de Bolsonaro, cataclismo mais do que esperado à luz de biografia tão desprezível. O extermínio de 370 mil brasileiros na pandemia, até agora, me poupa de expor mais argumentos.

A análise da Lava Jato ainda não chegou ao fim. A Segunda Turma do STF já decidiu que Moro agiu com suspeição. O plenário da corte, porém, pode reservar surpresas ao examinar a questão. O STF tem um encontro marcado com o devido processo legal e com a História.

BOLSONARO, VIRA-LATISMO E ECOCÍDIO
20.04.2021

Nada mais ilustrativo dos modos de moleque com que o Brasil de Bolsonaro se apresenta ao mundo do que um detalhe de recente reunião entre o ministro do zero ambiente, Ricardo Salles, e a equipe de John Kerry, representante de Joe Biden para as questões climáticas.

Segundo reportagem de Marina Dias, na "Folha", os brasileiros exibiram aos norte-americanos o slide de uma TV de cachorro, típica das nossas padarias. A imagem mostrava um vira-lata apreciando os frangos no espeto com o título: "Expectativa de pagamento". Cada ave tinha o desenho de um cifrão. Bolsonaro é isso: o retorno explícito ao complexo de vira-lata definido por Nelson Rodrigues nos anos 1950.

Acordos diplomáticos são bons para os envolvidos quando baseados em vantagens e respeito mútuos. O Brasil não tem um plano minimamente verossímil de combate ao desmatamento e os antecedentes de Bolsonaro e Salles não inspiram confiança. Para nosso azar, é o que temos para lidar com as tensões da complexa geopolítica atual e negociar com os EUA.

A estratégia da dupla foi abrir as discussões pedindo dinheiro num tom que tangencia a tentativa de extorsão e para fazer aquilo que é nossa obrigação, conforme compromissos assumidos por governos anteriores, quando o Brasil ainda era respeitado em fóruns internacionais: reduzir o desmatamento na maior floresta tropical do mundo e as emissões de gases do efeito estufa.

Em rede social, Kerry indicou que os EUA esperam do Brasil resultados "tangíveis" e não apenas promessas. É nesse ponto que os dois países chegam à cúpula sobre mudança climática daqui a dois dias. A proteção ambiental demanda muito recurso. Mas dinheiro na mão de um tipo como Salles e sem contrapartidas claramente verificáveis é jogar mais gasolina no incêndio da floresta. É reforçar as frentes de ataque de grileiros, madeireiros, garimpeiros e desmatadores. É acumpliciar-se com o crime de ecocídio.

SÉRGIO MORO NO LIXO DA HISTÓRIA
24.04.2021

Na sessão do STF que examinou a equivalência entre turmas e plenário como fóruns de decisão da corte, uma rápida discussão entre os ministros Luís Roberto Barroso e Ricardo Lewandowski resumiu o cerne do que estava em jogo: se vale tudo no Judiciário para perseguir e prender inimigos políticos ou se ainda podemos acreditar na prevalência do devido processo legal.

A Vaza Jato mostrou que o ex-juiz Sérgio Moro sugeriu pistas, informantes e estratégias aos procuradores da Lava Jato, ou seja, tramou fora dos autos como chefe da investigação. Violou o direito básico do réu a um juiz imparcial e desprezou o código de ética da magistratura.

O ministro Barroso considerou que a Vaza Jato revelou apenas "pecadilhos", "fragilidades humanas", "maledicências". A complacência não passou em branco para Lewandowski, que lembrou outros excessos de Moro muito antes da entrada em cena do hacker e do site The Intercept, como conduções coercitivas e prisões preventivas excessivas.

Acrescento aqui a interceptação telefônica de advogados de defesa e o vazamento do grampo ilegal de conversa entre Lula e a presidente Dilma Rousseff. À época, a ilicitude mereceu apenas leve reprimenda do então relator da Lava Jato, Teori Zavascki, morto em 2017, e o assunto foi encerrado com pedido de "escusas" de Moro.

Lewandowski assinalou também que as críticas ao modus operandi do ex-juiz não podem ser confundidas com defesa da corrupção. É uma distorção costumeira e que desqualifica esse debate. Como o ministro Marco Aurélio Mello se aposentará em breve, espera-se que seja rápido na devolução do caso ao plenário.

O Brasil precisa virar essa página. O que importa, porém, já está decidido. O Supremo consagrou a vitória do devido processo legal, do Estado Democrático de Direito e da Justiça. O ex-presidente Lula, impedido por Moro de concorrer em 2018, está livre para disputar em 2022. E Moro irá para o lugar reservado aos canalhas: a lata de lixo da História.[22]

---

22 Sérgio Moro fracassou na tentativa de ser candidato a presidente em 2022, mas elegeu-se senador pelo Paraná e pelo partido União Brasil.

O "CARA DA CASA DE VIDRO"
27.04.2021

O repórter Sérgio Ramalho, do site The Intercept, teve acesso a um relatório do Ministério Público do Rio de Janeiro com o resumo dos grampos telefônicos de comparsas de Adriano da Nóbrega. Como se sabe, Adriano era o chefe da milícia Escritório do Crime e foi morto em operação policial, na Bahia, que mais parece queima de arquivo. As conversas indicam conexões muito mais profundas entre o ex-PM e Bolsonaro do que se sabia até então.

Após a morte de Adriano, seus cúmplices teriam procurado um homem, mencionado nos grampos como o "cara da casa de vidro". Fontes do MPRJ ouvidas pelo site dizem tratar-se de Bolsonaro e a "casa de vidro" seria uma referência à fachada envidraçada do Palácio da Alvorada. O homem também aparece no relatório como "Jair" e "HNI (PRESIDENTE)". HNI é a sigla para Homem Não Identificado.

As conversas começaram na data da morte de Adriano e foram interrompidas dias depois, quando surgiram as supostas menções a Bolsonaro. O MP estadual não tem poder para investigar o presidente e um caso como esse teria que ser encaminhado à Procuradoria-Geral da República.

Adriano da Nóbrega seria peça-chave para o esclarecimento de crimes que, de alguma forma, embaralham no mesmo enredo a milícia que chefiava, alguns de seus parentes, o amigo de longa data Fabrício Queiroz e o clã presidencial. Todos juntos e misturados no esquema das rachadinhas.

Esclarecer essas conexões deveria ser prioridade absoluta de investigadores, imprensa, autoridades e instituições no Brasil. Porém, as investigações que envolvem o sobrenome Bolsonaro parecem contaminadas pela lentidão e por generosa condescendência em instâncias do aparelho estatal.

Não por acaso, Bolsonaro sente-se à vontade para debochar dos 400 mil mortos pela pandemia usando a expressão "CPF cancelado", a gíria miliciana para pessoas assassinadas.

BIDEN, GUEDES E A CASA-GRANDE
01.05.2021

Merece ampla discussão o plano do presidente dos EUA, Joe Biden, para a retomada pós-pandemia, especialmente pelo que propõe sobre o papel do Estado numa economia capitalista e numa sociedade profundamente desigual como a norte-americana.

Basicamente, Biden propõe reformas de caráter progressista, que se destinam a melhorar as engrenagens do capitalismo, para que o motor econômico volte a girar sem deixar para trás multidões de desesperados revirando lixo para não morrer de fome.

Biden quer criar empregos para a classe média e trabalhadores com menor qualificação, aumentar o valor do salário mínimo, ampliar a educação pública e melhorar o acesso à saúde que, segundo ele, deve ser um direito e não um privilégio.

A questão é saber quem vai pagar a conta dos investimentos do Estado. Biden quer elevar a carga tributária das empresas e daqueles que ocupam, digamos, o topo da cadeia alimentar e que engordaram suas fortunas ainda mais durante a pandemia. Ele enunciou seu argumento de forma até singela: "É hora de pagarem a sua parte justa".

No Brasil, porém, falar em aumento de carga tributária dos mais ricos (inclusive no âmbito de uma reforma sobre o tema) é um debate interditado, sobretudo em parte da grande mídia, que deveria amplificá-lo. Esta parece domesticada pelo "mercado" e se comporta como porta-voz de Paulo Guedes em seu projeto de desossar o Estado e seu papel de indutor da mobilidade social.

Guedes é exemplo extremo de "aporofobia", expressão cunhada pela filósofa espanhola Adela Cortina para definir a aversão aos pobres e que se manifesta de diversas formas no mundo contemporâneo. A palavra vem do grego áporos (pobre) e fobéo (rejeitar).

Guedes não cansa de demonstrar ódio de classe: empregadas domésticas não podem viajar e filhos de porteiros não merecem estudar. Cada vez que abre a boca, Guedes exala o mau hálito da casa-grande.

GOVERNO QUE ODEIA INDÍGENAS
04.05.2021

As intimações para que duas lideranças indígenas, Sônia Guajajara[23] e Almir Suruí, prestem depoimento à Polícia Federal são o mais recente capítulo de um cerco permanente contra os indígenas desde que Bolsonaro chegou ao poder. Já na campanha, ele deixara claro que iria persegui-los naquilo que lhes é mais essencial: seu direito à terra, matriz de sua existência e cultura. Tem cumprido a promessa à risca.

O inquérito da PF foi aberto a partir de queixa-crime apresentada pela Funai, que assumiu a linha de frente do ataque, na contramão de sua obrigação, qual seja, proteger os índios. A acusação é de que as lideranças estariam promovendo fake news, ao criticar o governo pelo péssimo atendimento às aldeias na pandemia.

A Funai mostrou-se particularmente irritada com a série "Agora é a vez do maracá". O documentário foi produzido pela Articulação dos Povos Indígenas do Brasil (Apib), da qual Sônia Guajajara é coordenadora-executiva. Exibida na internet, a série traça um roteiro de agressões aos povos nativos, num cenário bastante agravado pela Covid-19. Alguns dos mortos eram os últimos guardiões de tradições, língua e memórias de grupos já bastante reduzidos numericamente.

A pandemia também matou guerreiros que lideraram seus povos nas últimas décadas de confronto com o avanço de desmatadores sobre a floresta. Neste contexto, as mortes podem se enquadrar nos crimes de genocídio e etnocídio. Até o momento, a Covid matou 1.060 indígenas, de 163 nações.

Além das denúncias, há um outro aspecto muito importante no documentário. Ele é a confirmação de que uma nova geração de indígenas é responsável por uma vibrante produção audiovisual, usando com naturalidade o arsenal tecnológico da sociedade "branca". Nem por isso, eles deixam de ser quem são. Ao contrário, é assim que "a tribo do iPhone" reafirma sua identidade e toma nas mãos o poder de contar sua própria história.

---

23 Em janeiro de 2023, o presidente Lula nomeou Sônia Guajajara ministra dos Povos Indígenas. Sônia é a primeira indígena a ocupar um posto de tamanha importância (e inédito) em 523 anos de História do Brasil.

CORTINA DE SANGUE NO RIO
08.05.2021

Na linguagem miliciana, foram 28 CPFs cancelados. Wilson Witzel já prometera atirar na "cabecinha". Seu substituto deve ter achado pouco. Menos de uma semana após assumir definitivamente o governo, Cláudio Castro disse a que veio. Sob sua autoridade, uma operação policial resultou no maior banho de sangue já visto no Rio de Janeiro.

O estado acumula histórico tenebroso de chacinas impunes, tanto aquelas produzidas por grupos de extermínio formados por policiais como as que decorrem de ações oficiais, supostamente para combater o tráfico de drogas, como agora na Favela do Jacarezinho, com seus 27 civis e um policial mortos.

Acari, Candelária, Vigário Geral, massacre da Baixada, Complexo do Alemão, morros do Fallet e da Coroa. A lista é grande e antiga. Mas esse "cartão de visitas" do novo governo indica que estamos diante de uma mudança de patamar na violência do poder estatal.

Isso pôde ser percebido também na entrevista dos comandantes da operação. Um deles peitou o STF ao criticar o "ativismo judicial". No ano passado, a corte proibira operações em favelas durante a pandemia, a não ser em situações "excepcionais". No Jacarezinho, excepcional foi a carnificina.

Um delegado disse que todos os que morreram eram "criminosos". Ele decidiu e ponto. As pessoas foram executadas sem direito a defesa, processo e julgamento. A barbárie deve ser entendida como uma demarcação de território, uma declaração de guerra e um desafio explícito ao Supremo, à civilidade e à democracia.

Essa escalada de selvageria está visceralmente associada à violência do bolsonarismo como fenômeno social e político, ao qual, aliás, o governador fluminense faz questão de se vincular. Não é mera coincidência que a mortandade tenha ocorrido em semana tão importante na CPI da Covid-19. A ação policial tenta estender uma cortina de sangue sobre o genocídio comandado pelo governo federal. O mais assustador é que parcela numerosa da sociedade aplaude a explosão de brutalidade. Esse é nosso abismo mais profundo.

BOLSONARO E O TRATOR DA CORRUPÇÃO
11.05.2021

Não é de hoje que as emendas parlamentares se prestam ao toma lá dá cá. Mas a coisa ganha outra dimensão quando se sabe quem pediu o quê, para quem e quanto, como mostrou o repórter Breno Pires, de "O Estado de S. Paulo". A reportagem revela a existência de um orçamento secreto e o intrigante pendor dos congressistas por máquinas agrícolas, especialmente tratores. A malandragem já vem batizada: é o tratoraço de Bolsonaro.

A reportagem é o roteiro de uma investigação. Nomes, valores e destinação das máquinas estão ali. Tudo cheira mal na rapinagem de R$ 3 bilhões do orçamento público. Teoricamente, as máquinas vão ser usadas em obras de prefeituras. Algumas estão localizadas a milhares de quilômetros da base eleitoral dos parlamentares, e foi detectado superfaturamento de até 259% nas compras. Ora, mas Bolsonaro não havia acabado com a corrupção?

O tratoraço de Bolsonaro explica a eleição folgada de Arthur Lira para a presidência da Câmara, o engavetamento dos pedidos de impeachment (além dos que foram herdados de Rodrigo Maia) e a dificuldade de criação da CPI da Covid-19 no Senado, arrancada a fórceps por decisão do STF. A pilhagem tem que ser investigada no contexto da pandemia. O mesmo Bolsonaro que usa dinheiro público para aliciar parlamentares é o que está no comando do genocídio brasileiro.

O que sobra para encomendar tratores e, claro, produzir cloroquina, falta para comprar oxigênio, abrir leitos de UTI e para as tão esperadas vacinas. Por falta delas, capitais suspenderam a imunização. Sem a matéria-prima da China, o Butantan interrompeu a produção de doses. Sem vacina para todos, a morte, a fome e o desemprego seguirão nos ameaçando por tempo indefinido.

Penso no Brasil de Bolsonaro como a metáfora de uma casa abandonada, onde os ratos se sentem à vontade para disputar os despojos. Para não chegarmos a isso, é preciso CPI, impeachment, processo, condenação e prisão.

BRASIL, PÁRIA AMBIENTAL
15.05.2021

O projeto de lei que desmonta o licenciamento ambiental no Brasil, aprovado na Câmara, é um crime contra o meio ambiente, a sociedade e a Constituição. Nosso atual sistema de licenciamento resulta de décadas de construção legal e do aprendizado com enormes erros no passado.

Exemplos na mineração ajudam a entender essa evolução. Antes da Constituição e das normas atuais, algumas empresas lançavam rejeitos em rios e lagos, como se esses fossem latas de lixo.

Já com o licenciamento em vigor, tivemos duas grandes tragédias na mineração: o colapso das barragens da Samarco, em Mariana, e da Vale, em Brumadinho, com quase 300 mortos.

Estudei a fundo o licenciamento da barragem da Samarco. O que aconteceu ali foi leniência do órgão licenciador, com indícios de corrupção. No caso da Vale, houve um licenciamento atipicamente célere, em favor da conveniência da empresa e não da segurança da estrutura. O problema não foi a lei, mas a má aplicação dela pela autoridade licenciadora.

É claro que uma legislação sempre pode ser melhorada e atualizada. Mas o projeto em questão não tem esse objetivo. Muito ao contrário. Ele faz parte de um ataque sistemático ao meio ambiente, com asfixia dos órgãos de fiscalização e desidratação orçamentária. Uma das malandragens do projeto é o tal licenciamento autodeclaratório. Ou seja, o poder público deixaria de exercer seu papel regulador do impacto ambiental das atividades econômicas. É raposa no galinheiro que chama?

Na prática, o projeto implanta um "liberou geral" para vários setores da economia, notadamente para a agropecuária, base de apoio do bolsonarismo. Se aprovado em definitivo, ao contrário do que dizem seus defensores, ele não vai destravar a economia. Vai prejudicar a atração de investimentos e piorar ainda mais a imagem do Brasil no exterior, onde já é visto como pária ambiental pelo descontrole no desmatamento. Ainda é tempo de barrar a boiada no Senado.

O DIA D E A HORA H DE PAZUELLO
18.05.2021

Quando o general Eduardo Pazuello assumiu o Ministério da Saúde como interino, em maio de 2020, o Brasil estava prestes a alcançar a marca de 30 mil mortos pela pandemia. Dez meses depois, ele deixou o cargo com esse número multiplicado por dez. Ao lado das medalhas que leva no peito (se leva alguma), merece carregar o epíteto de ministro do genocídio.

Convenhamos, ele se esforçou para tal. Alinhou-se em obediência cega ao genocida-mor e deixou de comprar vacinas. Endossou a vigarice do tratamento precoce e empurrou cloroquina quando Manaus precisava de oxigênio.

Agastado com a demissão, tentou passar a imagem de que resistira à corrupção. Disse, sem dar nomes aos bois, que houve pressão dentro do ministério para que um certo medicamento fosse enquadrado em "critérios técnicos". Mencionou "oito atores" agindo com "ações orquestradas" contra sua equipe e disse ter rejeitado lobby de empresas e de políticos que queriam "pixulé".

Pazuello poderia esclarecer tudo isso à CPI, não tivesse recorrido ao STF para ficar calado. No período em que esteve no ministério, pouco se soube a respeito dele, além de uma suposta especialização em logística. Dois sites, contudo, revelaram conexões empresariais do general no Amazonas, justamente onde ele teria assumido um dos comandos militares mais importantes do país se não tivesse ido para o ministério.

O site SportLight revelou que Pazuello se tornou sócio de uma empresa de navegação quando já era secretário-executivo da Saúde. A empresa pertence à sua família e tem relações contratuais com órgãos públicos.

O site De Olho nos Ruralistas mostrou a sociedade em mais duas empresas com o irmão, Alberto Pazuello, figura barra-pesada da crônica policial de Manaus. Em 1996, foi preso por estupro e tortura de adolescentes e acusado de participar de um grupo de extermínio. Conhecer o contexto do personagem em questão talvez ajude a CPI a entender melhor seu papel no morticínio brasileiro.

FHC, LULA E 2022
22.05.2021

A fotografia dos dois ex-presidentes Fernando Henrique e Lula, ambos de máscara e dando um "aperto de mãos" como manda o protocolo da pandemia, é cheia de significados e mexe com todas as peças no tabuleiro de 2022. Esse encontro é como um ajuste de placas tectônicas que, até bem pouco tempo, estavam em choque e, ao que parece, encontraram algum ponto de acomodação.

FHC disse que ainda prefere uma terceira via, mas que votará em Lula se o segundo turno for entre este e Bolsonaro. Justamente por isso a aproximação faz sentido. As últimas pesquisas Datafolha têm indicado o esfarelamento da tal terceira via: Ciro, Moro, Doria, Huck, todos ficam comendo poeira, muito atrás de Lula, na dianteira, e Bolsonaro, em segundo lugar.

O movimento mostra a necessidade da tal frente ampla contra o fascismo, algo de que muita gente vinha falando, mas poucos pareciam dispostos a dar o primeiro passo. É o que Lula e FHC fazem agora, passando por cima de imensas mágoas e ressentimentos mútuos. O país está na lona, a caminho de uma terceira onda da pandemia, com morte, doença, fome, desemprego, desespero e exaustão. Milícias se fortalecem, tratoraços, boiadas e chacinas nos assombram.

O gesto dos ex-presidentes mostra que ainda é possível salvar alguma coisa dos escombros e derrotar a extrema-direita violenta encarnada no bolsonarismo. Alguém haverá de lembrar do papel decisivo do PSDB no golpe de 2016. Sim, lá estavam os tucanos votando a favor do impeachment de Dilma Rousseff, ao lado daquele que votou em homenagem a um torturador. O que o PSDB colheu desde então? O Bolsodoria de 2018 e um partido esfacelado, cortejando a irrelevância.

Ainda estamos longe do encontro com as urnas em 2022. Mas o que sairá delas depende do que for feito desde já. Os sinais de um tratado de não agressão entre os dois ex-presidentes serão determinantes para reconduzir o Brasil de volta ao pacto civilizatório.

À MEMÓRIA DE INÊS ETIENNE ROMEU
25.05.2021

Em 5 de maio de 1971, Inês Etienne Romeu, então com 28 anos, militante de uma organização de resistência à ditadura, caía nas garras do delegado Sérgio Fleury, em São Paulo. Inês (que morreu em 2015, aos 73 anos) desceria ao inferno nos três meses que passou em poder do aparato de repressão do regime militar.

Ela foi a única sobrevivente de um centro clandestino de tortura que viria a ser conhecido como "A casa da morte de Petrópolis". Em 14 episódios, costurados com suspense de thriller, o podcast Roteirices, do jornalista Carlos Alberto Jr., reconstitui a incrível trajetória de Inês, como ela conseguiu sobreviver aos suplícios e foi capaz de memorizar fragmentos de informação que levariam à localização da "casa da morte".

Muito já se sabe sobre Inês, que, inclusive, prestou testemunho à Comissão Nacional da Verdade e ajudou a identificar torturadores. Mas o podcast se ampara no depoimento de outro personagem fundamental dessa história. Trata-se de Sérgio Ferreira, um dos amigos mais próximos de Inês e ex-integrante do Comitê Brasileiro pela Anistia, que, pela primeira vez, dá uma entrevista com riqueza de detalhes sobre como foi possível identificar a "casa da morte" e denunciar os torturadores que lá agiam com requintes de sadismo.

Sérgio conheceu Inês quando buscava pistas sobre o paradeiro de outro militante, seu primo, Carlos Alberto Soares de Freitas, assassinado na "casa da morte". Não quero dar spoiler, portanto, paro por aqui e sugiro que o leitor vá ao podcast.

E por que falar de Inês Etienne Romeu? Porque ela é personagem de primeira grandeza, à espera de um biógrafo. E também porque a história de Inês nos fala de um Brasil doloroso de encarar. Não se trata de revanche, mas de conhecimento histórico. Se soubéssemos tudo o que aconteceu nessa página infeliz da nossa História, talvez hoje não estivéssemos às voltas com um governo de generais que celebram, como selvagens em motocicletas, o extermínio de meio milhão de brasileiros.

A CPI E O COMANDO DO GENOCÍDIO
29.05.2021

Em geral, CPIs começam com indícios, pistas, suspeitas. A CPI da Covid começou um passo à frente, favorecida por um roteiro traçado pelas declarações de Bolsonaro desde o começo da pandemia, amplamente documentadas. Basta mencionar sua campanha permanente a favor da cloroquina e contra o confinamento, o uso de máscaras e as vacinas.

É de se notar o despreparo de muitos senadores para inquirir os depoentes. Alguns até abrem mão de perguntar porque estão mais preocupados em fazer discurso para suas redes sociais. A condução das sessões também não tem sido capaz de impedir longas e nocivas perorações negacionistas. Apesar disso, o saldo de um mês de trabalho é bastante positivo.

Os depoimentos de Dimas Covas, do Butantan, e do executivo Carlos Murillo, da Pfizer, quando cotejados com as afirmações de Bolsonaro e Pazuello e com decisões e omissões do Ministério da Saúde, permitem traçar uma linha do tempo dos obstáculos criados pelo governo federal para a aquisição de vacinas.

Personagens subterrâneos, como Mayra Pinheiro e Fabio Wajngarten, além do já citado Pazuello, contaram tantas mentiras que deixaram flancos abertos para que a CPI explore contradições importantes. Ficou evidente que os três se esforçaram para evitar a caracterização da cadeia de comando do genocídio.

Tal estratégia não surpreende. Durante a ditadura, o funcionamento clandestino da máquina de tortura e assassinato de opositores também dificultou o estabelecimento do vínculo hierárquico entre os "porões" e os generais no Palácio do Planalto, elo já esclarecido por historiadores.

Com o que obteve até agora, a CPI já tem elementos para identificar responsabilidades. Como ainda restam 60 dias de prazo, se mantiver o foco, poderá conectar pontas soltas, como o tal "gabinete paralelo". Entre o começo da CPI e o momento em que escrevo, 62 mil brasileiros morreram de Covid-19. O genocídio segue em curso. O tempo urge, senhores senadores.

IMPRENSA, PROTESTOS E PANDEMIA
01.06.2021

As capas dos jornais "O Globo" e "O Estado de S. Paulo", no domingo, vão figurar na história da imprensa como exemplos do que não deve ser feito no jornalismo. Milhares de pessoas saíram às ruas, em 200 cidades, em repúdio a Bolsonaro e sua política de extermínio, que arrastou para o cemitério quase meio milhão de brasileiros.

As manifestações mostram que parcela significativa da sociedade, finalmente, se moveu. Apesar do medo, arriscou-se a sair de casa, tentou se proteger da melhor maneira possível e foi às ruas: para protestar, para compartilhar seu luto, suas dores e suas perdas, mas também sua força e sua esperança de vislumbrar um horizonte azul no meio dessa tormenta sem fim.

As pessoas querem viver. Esse foi o sentido maior das passeatas. Ao ver as imagens, lembrei de Drummond e do seu poema "A flor e a náusea", que em seus versos nos diz: "Uma flor nasceu na rua! (…) Furou o asfalto, o tédio, o nojo e o ódio". Drummond, atualíssimo. O que está claro agora é que as ruas não são monopólio da extrema-direita e esse espaço será disputado palmo a palmo até 2022.

O protesto mereceu três linhas na primeira página de "O Globo". No "Estadão", cinco linhas. E ambos trouxeram manchetes otimistas sobre a recuperação da economia. Entre os grandes impressos, a "Folha" foi o único a perceber a importância das demonstrações, dando a elas foto e manchete. Ainda sobre a cobertura, vale a leitura da coluna de Maurício Stycer, no UOL, sobre o pouco destaque dado ao tema nas TVs.

A imparcialidade da imprensa é uma quimera. Mas espera-se que a mídia seja capaz de refletir múltiplas aspirações da sociedade em que está inserida e que não atue como porta-voz desse ou daquele interesse. Quando se descola da realidade e deixa de publicar o que é notícia (e as manifestações o foram por qualquer critério de análise), a imprensa se afunda na irrelevância. É preciso perceber a roda da História girando para não ser esmagado por ela.

BOLSONARO E A ANARQUIA MILITAR
05.06.2021

A indulgência do comandante do Exército, Paulo Sérgio Nogueira, ao ato de flagrante indisciplina do general Eduardo Pazuello[24] terá consequências de alto risco para a conjuntura política brasileira. Mas não se pode dar a essa decisão a responsabilidade pela instalação da anarquia entre os fardados. Ela fomenta a anarquia, é certo. Mas o caldo da insubordinação começou a ferver faz tempo.

O marco mais explícito da permissividade nos quartéis deve-se a outro comandante da força, o general Villas Bôas, e seu post ameaçando o STF na véspera da votação do habeas corpus de Lula, em 2018. Na campanha daquele ano, militares da ativa engajaram-se com desenvoltura em exércitos digitais, públicos ou não, a favor de Bolsonaro. Como se sabe, em instituição hierarquizada o exemplo vem de cima.

Também deu mau exemplo o então ministro da Defesa, Fernando Azevedo, quando acompanhou Bolsonaro em sobrevoo de apoio à manifestação contra o Congresso e o STF, que pedia "intervenção militar". Ao ser defenestrado, em março, afirmou ter preservado as Forças Armadas como "instituições de Estado". Cinismo ou ingenuidade?

É claro que há nuances e divergências de pensamento entre os militares. Mas essas diferenças não abalam, por ora, o projeto que os trouxe de volta ao poder. Este é um governo colonizado por e para militares, com seus salários, cargos, mordomias, privilégios e outras benesses.

As Forças Armadas carregam a mancha de 21 anos de ditadura, tortura e morte de opositores. Com Bolsonaro, reforçam sua tradição golpista, associam-se ao morticínio de brasileiros na pandemia, afundam-se no pântano da História. Mas não estão sozinhas. Bolsonaro fermenta o caos com a complacência de parcelas da sociedade civil, como o capital financeiro, oligarcas do agronegócio, setores do Legislativo e do Judiciário, mídia, igrejas. A desgraça desse país é uma obra coletiva.

---

24 O general Eduardo Pazuello participou de ato político de apoio a Bolsonaro, no Rio de Janeiro, o que é proibido pelo regulamento sobre militares da ativa. O então comandante do Exército livrou Pazuello de punição e decretou sigilo de cem anos sobre o processo disciplinar. Quase um ano depois, Nogueira tornou-se ministro da Defesa.

BOLSONARO E O GABINETE DA MORTE
08.06.2021

Desde o começo da pandemia, Bolsonaro fez o que pôde para que os brasileiros acreditassem na cilada da cloroquina e continuassem saindo às ruas, como gado a caminho do matadouro. A aposta foi na imunidade de rebanho. Nada de parar a economia ou planejar a compra de vacinas. Novas provas desse crime surgiram nos últimos dias em vídeos de conteúdo estarrecedor.

Para que o intento criminoso fosse bem-sucedido, seria preciso arregimentar um bando de vigaristas que desse credibilidade à fraude do "tratamento precoce". É exatamente isso que o vídeo publicado pelo site Metrópoles comprova, ao mostrar uma reunião do tal gabinete paralelo, que, mais apropriadamente, deveria se chamar gabinete da morte.

Na reunião, o virologista Paolo Zanotto fez ressalvas às vacinas, recomendando que Bolsonaro tivesse "cuidado enorme com elas". Foi dele também a sugestão para que os membros do grupo não fossem expostos à "popularidade". Deveriam agir à "sombra". Nessa ocasião, ofertas de vacinas da Pfizer jaziam sem resposta em computadores da Esplanada.

Em outro vídeo que circula em redes sociais, Arthur Weintraub, ex-assessor de Bolsonaro, se vangloria de ter recebido do presidente a missão de formar o gabinete paralelo. Foi assim: "Magrelo, você que é porra louca (...) vai lá e estuda isso daí [a pandemia]". Ele conta, ainda, como informava o chefe: "Mando [artigos] no zap". Outro médico que prestou serviços ao covil do Planalto foi Luciano Azevedo, que, segundo Weintraub, tem uma "networking" da hidroxicloroquina, conforme vídeo divulgado na "Folha".

Arthur Weintraub é um tipo tão reles quanto o irmão mais famoso, Abraham, ex-ministro da Educação. Delirante, disse em rede social que não gosta de usar máscara porque é um "broche do partido comunista". O gabinete da morte reuniu o que há de pior na medicina para conspirar contra o povo brasileiro. Sua atuação configura formação de quadrilha e permite caracterizar com clareza o comando desse genocídio.

BOLSONARO É A CRISE SANITÁRIA
12.06.2021

Jair Bolsonaro é como o vampiro de um conto de terror, insaciável em sua sede de sangue. Ele deu prova disso, mais uma vez, ao tentar flexibilizar o uso de máscaras. Para a imensa maioria da população brasileira, que não pode se dar ao luxo do trabalho em casa e é obrigada a sair em busca do pão de cada dia, a máscara e o álcool em gel são as duas únicas medidas de proteção, enquanto não tem vacina para todos e, sabidamente, existe o risco de reinfecção.

Como fazer distanciamento social em ônibus, trens e metrôs lotados? Com o nível de contaminação no Brasil, falar contra o uso de máscaras é, praticamente, tentativa de homicídio. Bolsonaro se esmera em confundir e desinformar. Esse aspecto do descontrole da pandemia entre nós foi destacado pelo médico sanitarista Claudio Maierovitch e pela microbiologista Natalia Pasternak, em depoimento à CPI da Covid. Desinformação mata.

Ambos assinalaram que uma pandemia só pode ser controlada com grande esforço coletivo. Daí a necessidade de campanhas permanentes de informação e esclarecimento. Bolsonaro faz o contrário. Estimula a população a ser agente de propagação da doença.

Bolsonaro é a crise sanitária. Cada vez que abre a boca, alastra a praga, pulveriza nuvens de pestilência, espalha veneno. É como um experimento altamente tóxico que escapou aos controles do laboratório. Mas, no comando do genocídio, ele não está sozinho. Tem o inacreditável suporte do Conselho Federal de Medicina, que deveria estar na vanguarda da defesa da ciência e da população, mas que advoga uma genérica "autonomia médica". Lava as mãos covardemente. Vai ficar por isso mesmo?

Quem ganhou dinheiro com a falcatrua do "tratamento precoce" também é cúmplice da carnificina. Essa é uma linha de investigação a ser aprofundada pela CPI. Bolsonaro tudo faz para derrubar o nosso sistema imune, em múltiplos sentidos. O risco que corremos é o de uma septicemia.

CENA DEPLORÁVEL NO AVIÃO DA AZUL
15.06.2021

O presidente entrou num avião, provocou tumulto, aspergiu perdigotos, açulou opositores. É o que ele sabe fazer de melhor, já que, medíocre e ocioso, não trabalha pelo país. Até aí, nenhuma novidade. Mas não pode passar em branco o papel da companhia Azul nessa cena deplorável.

Não precisa ser especialista em transporte aéreo para entender que ali foram violados regulamentos do setor e medidas de segurança sanitária. Por mais que não queira, a empresa tem, sim, obrigação de vir a público e esclarecer: não sendo Bolsonaro passageiro do voo, quem autorizou sua presença para fazer proselitismo dentro do avião? Quem e por quê?

O comportamento da tripulação também deve ser apurado. O piloto estava sem máscara, todo serelepe, posando com o disseminador-geral da República. A Azul deve ter um departamento de *compliance*, código de ética etc. O que dizem os acionistas e dirigentes da empresa sobre o episódio? Concordam com o que aconteceu? Se não concordam, que providências irão tomar? Ou o tal setor de *compliance* é só para enfeitar o organograma? O dono de uma empresa pode ter suas preferências políticas. Mas não pode impô-las a seus clientes nem agir contra a lei.

A tragédia que vivemos não é obra apenas de Bolsonaro, mas de todos os que lhe dão condições de permanecer no cargo. A economia poderia estar muito melhor não fosse a incúria e a negligência criminosa do presidente contra o povo brasileiro. Empresários não entenderam que apoiá-lo é dar um tiro no pé. Seguem fiéis ao projeto do estado mínimo. Estado e país mínimo.

Se eu fosse passageira daquele voo, já teria entrado na Justiça contra a empresa por atentado à saúde pública. Como não estava lá, o que posso fazer é deixar de viajar pela Azul. É meu protesto solitário. Ou, talvez, nem tão solitário assim. Como lembrou-me um amigo outro dia, o oceano é formado por infinitas moléculas de água. E o universo inteiro é constituído por partículas subatômicas.

GUEDES E O ÓDIO AOS POBRES
19.06.2021

Paulo Guedes não falha. Sempre oferece variações sobre o mesmo tema, qual seja, sua aversão às pessoas pobres. Mas agora, ele se superou. Disse que as sobras e os excessos dos almoços da classe média e dos restaurantes podem ser utilizados para alimentar mendigos e desamparados.

Ele enunciou tamanho absurdo sem corar, muito à vontade, sabendo que expressa ponto de vista de setor bastante representativo da sociedade brasileira, do qual é porta-voz. É a mesma visão de mundo por trás da famigerada "farinata", ração feita com produtos próximos da data de vencimento e que o então prefeito João Doria tentou oferecer a famílias carentes.

É isso também que explica as pedras pontiagudas sob viadutos para afastar pessoas sem-teto para bem longe da vista, medida revista pela prefeitura paulistana. O incômodo com o pagamento de direitos trabalhistas às empregadas domésticas, o desgosto de ver pobres viajando de avião, expresso em redes sociais, tudo isso é ódio de classe. E encontra sua síntese em Paulo Guedes.

Incapaz de formular uma política pública de combate à fome e à insegurança alimentar de milhões de brasileiros, limita-se a oferecer-lhes migalhas. Para o ministro, quem sobrevive nas bordas da sociedade tem é que comer o resto da mesa abastada. Viajar para o exterior? Sonhar com filho na universidade? Viver "100 anos"? Ora, onde já se viu?

Guedes achava que um auxílio de R$ 200 por mês seria suficiente para as famílias enfrentarem a pandemia e não podia ser por muito tempo, "aí, ninguém trabalha (…) e o isolamento [social] vai ser de oito anos porque a vida está boa". A imunidade de rebanho que fizesse o resto. E fez. Neste fim de semana, chegamos aos 500 mil mortos. Essa marca inimaginável não é obra exclusiva do vírus. As políticas excludentes e de base eugenista da dupla Bolsonaro-Guedes também compõem a causa mortis desses brasileiros. Presidente e ministro assinam os atestados de óbito.

OFENSIVA ANTI-INDÍGENA EM BRASÍLIA
22.06.2021

Votação prevista para a Comissão de Constituição e Justiça da Câmara é a expressão concreta da boiada passando para extinguir direitos dos povos indígenas. O texto em votação (PL 490/2007) agrupa 14 projetos num saco de maldades avassalador.

Entre outras medidas, propõe transferir do governo federal para o Congresso a competência de demarcar terras indígenas, abre a possibilidade de anular demarcações já feitas, legaliza garimpos, permite a exploração econômica predatória e fragiliza a proteção de povos isolados. Indígenas estão acampados em Brasília para tentar impedir esse correntão.

Diante de tamanho ataque, adquire especial relevância a votação prevista para junho no STF que envolve disputa entre o governo de Santa Catarina e a terra indígena Ibirama-Laklãnõ, da etnia Xokleng[25]. A decisão terá repercussão geral, servindo de baliza para as demais instâncias judiciais.

No centro da controvérsia está a tese do chamado "marco temporal", sustentado pelos ruralistas. A tese considera que os indígenas só teriam direito às terras por eles ocupadas até a promulgação da Constituição, em 5 de outubro de 1988. A perversidade embutida nesse argumento é desconsiderar o histórico de expulsões e remoções forçadas a ferro e fogo.

Nesse sentido, a história dos Xokleng é exemplar. Conforme mostram estudos do antropólogo Silvio Coelho dos Santos (1938-2008), em pleno século 20, eram comuns as expedições de "bugreiros" para massacrar os Xokleng e tomar suas terras, a mando de oligarcas locais.

O depoimento de um desses "bugreiros", recolhido pelo antropólogo, é autoexplicativo: "Primeiro, disparavam-se uns tiros. Depois, passava-se o resto no fio do facão. O corpo é que nem bananeira, corta macio. Cortavam-se as orelhas. Cada par tinha preço". É preciso virar a página de violência contra os indígenas no Brasil, em definitivo. Espera-se que o STF confirme o direito dessas populações aos seus territórios e a viver em paz.

---

25 A questão do "marco temporal" não havia sido votada pelo STF até a publicação deste livro.

O "VACINAGATE" DE BOLSONARO
26.06.2021

A veloz evolução dos acontecimentos na CPI da Covid abalou os nervos do contaminador-geral da República. Suas explosões perante repórteres são o que lhe restam diante dos questionamentos sobre o que já pode ser chamado de escândalo da Covaxin ou o "vacinagate" de Bolsonaro.

O fio da meada foi puxado por reportagem da "Folha", que revelou o depoimento do servidor do Ministério da Saúde Luís Ricardo Miranda ao MPF sobre pressões para compra da Covaxin, do laboratório indiano Bharat Biotech. As tratativas ocorreram na gestão catastrófica do general Eduardo Pazuello no Ministério da Saúde e envolvem dirigentes da pasta indicados por ele. O irmão do servidor, deputado Luís Miranda (DEM-DF), disse que alertou Bolsonaro sobre o caso suspeito.

Nesse enredo, tudo cheira mal: a rapidez da negociação, o preço da vacina, as condições do contrato, a triangulação de empresas e os personagens da trama. O dono das empresas envolvidas, Francisco Maximiano, tem antecedente de negócios nebulosos com o Ministério da Saúde, na época em que o titular da pasta era Ricardo Barros, no governo Temer. O mesmo Ricardo Barros (PP-PR), agora líder do governo na Câmara, foi autor de uma alteração na medida provisória que facilitou o contrato com as empresas de Maximiano.

Sabe-se agora também, conforme publicou a revista "Veja", que o senador e filho 01, Flávio Bolsonaro, franqueou a Maximiano o acesso ao gabinete do presidente do BNDES, Gustavo Montezano, para tratar de outros negócios. O "vacinagate" está dentro do Palácio do Planalto. Bolsonaro sabe disso, daí seu descontrole.

Ficou famoso o conselho de Mark Felt, fonte dos repórteres Bob Woodward e Carl Bernstein, do jornal "The Washington Post", na cobertura do caso Watergate: "Follow the money" (siga o dinheiro). A orientação foi certeira. Como se sabe, o escândalo levou à renúncia do presidente Richard Nixon.

BARROS E A MORTE COMO NEGÓCIO
29.06.2021

Era um segredo de polichinelo a identidade do parlamentar mencionado na conversa entre Bolsonaro e o deputado federal Luis Miranda (DEM-DF) sobre "rolos" na compra da vacina Covaxin. O anonimato se mantinha havia horas na CPI quando o senador Alessandro Vieira (Cidadania-SE) furou o tumor: "Está lhe faltando coragem para falar o nome do deputado federal Ricardo Barros".

A pressão, com técnica de interrogatório, funcionou. Na inquirição seguinte, Miranda, já desestabilizado emocionalmente, capitulou diante da senadora Simone Tebet (MDB-MS). Esta é a revelação mais explosiva obtida pela CPI até agora. Indica uma quadrilha incrustada no Ministério da Saúde e aponta indícios de crimes cometidos por Bolsonaro e Ricardo Barros (PP-PR), líder do governo na Câmara e expoente do centrão.

Não é surpresa que Barros apareça no "vacinagate". Trago à memória caso revelado em 2017, quando ele era ministro da Saúde do governo Michel Temer. Naquele ano, fiz uma série de reportagens para o "Fantástico", mostrando que o ministério comprara um remédio produzido na China, sem comprovação de eficácia, para tratar um tipo de câncer muito agressivo que ataca principalmente crianças.

A alegação do ministério era o preço mais barato do medicamento chinês. O contrato estava repleto de irregularidades. Foi feito por meio de triangulação com uma empresa que tinha escritórios de fachada no Uruguai e no Brasil. Soa familiar? Barros defendeu o contrato e tentou desqualificar as reportagens.

Na época, quatro mil crianças estavam em tratamento. Médicos se mobilizaram para manter a importação de outro remédio, usado até então no Brasil e validado por estudos internacionais. A Justiça chegou a proibir o uso do produto chinês, mas o ministério manteve sua distribuição. Botar em risco a vida de crianças deveria ser crime hediondo. Não surpreende que o mesmo personagem apareça agora no morticínio comandado por Bolsonaro.

A CPI EM CAMPO MINADO
03.07.2021

A CPI da Covid acertou a mão em corrupção grossa no Ministério da Saúde e por isso foi alvo de uma tentativa de implosão por meio do policial militar Luiz Paulo Dominguetti. Nas horas vagas, ele fazia bico como vendedor de vacinas. Ao que parece, vendia vento para incautos.

Sua principal missão foi tentar tirar a credibilidade do deputado Luís Miranda (DEM-DF), que lançara no ventilador os nomes de Bolsonaro e de seu líder na Câmara, Ricardo Barros (PP-PR), ao juntá-los no caso Covaxin, que envolve também o empresário Francisco Maximiano. O mesmo que teve as portas do BNDES abertas pelo filho 01 e senador, Flávio Bolsonaro (Patriota-RJ).

É bem verdade que Luís Miranda tem seus interesses comerciais na área da saúde, o que merece a atenção da CPI. Mas isso não invalida a denúncia que fez junto com o irmão, o servidor do ministério Luís Ricardo Miranda.

Apesar da confusão que causou, Dominguetti também fez revelações sobre outro esquema, envolvendo militares e funcionários, entre eles Roberto Dias, há pouco exonerado. Dias é personagem-chave por aparecer nas duas denúncias, a da Covaxin e a de Dominguetti, e por ser ligado a Barros.

O que se viu até agora indica uma disputa de facções no Ministério da Saúde em torno da pilhagem do orçamento público. No reino animal, seria algo como hienas tentando participar de um banquete até então exclusivo para os leões da savana.

Antes de terminar, um registro sobre o não depoimento de Carlos Wizard. Esse sujeito é a cara dos endinheirados no Brasil. Para os pobres, cloroquina e morte. Para a família dele, o melhor tratamento nos EUA. Foi difícil segurar a náusea ao vê-lo arreganhar os dentes e zombar de quem morreu. Wizard é dono de várias empresas. Uma busca na internet mostra quais são. Sócios no genocídio devem ser atacados no único lugar onde têm alguma sensibilidade: o bolso. Boicote neles.

A VACINA CONTRA O GOLPE
06.07.2021

Botei duas máscaras no rosto e fui à manifestação contra Bolsonaro no Rio de Janeiro no sábado. Foi reconfortante ver amigos que não encontrava havia tempos, na Avenida Presidente Vargas, cheia, alegre e pacífica. Em São Paulo, ao que tudo indica, provocadores profissionais deram as caras. A coordenação dos atos precisa se esforçar para neutralizar tentativas de sabotagem.

O que estamos vendo é uma maré montante de gente na rua à medida que a CPI no Senado descobre as digitais do presidente em crimes contra a vida dos brasileiros. O superpedido de impeachment elenca 23 crimes de responsabilidade. E reportagem de Juliana Dal Piva, no UOL, revela que Bolsonaro comandou esquema de rachadinhas quando foi deputado federal.

Ao participar do protesto no Rio, não pude evitar a lembrança da campanha das Diretas Já. Naquele mesmo lugar, 37 anos atrás, muitos de nós ali estavam, no comício da Candelária, para pressionar o Congresso a votar a emenda que poderia restituir aos eleitores o direito de votar para presidente.

A emenda não foi aprovada, o que não significou a derrota do movimento. O povo na rua mostrava que a ditadura estava no fim. Nada que os generais fizessem seria capaz de amedrontar a sociedade organizada. Essa foi a grande vitória das Diretas Já.

É difícil saber no que vai dar a campanha "Fora Bolsonaro". Há muito cálculo político entre governistas, oposicionistas e os que se dizem nem uma coisa nem outra. Há dúvidas legítimas também sobre a banalização do impeachment e os riscos de transferir o poder a Mourão.

O afastamento do "serial killer" do Planalto tornou-se um imperativo ético, humanitário e político. Purgado pelo impeachment, o genocida teria os direitos políticos cassados por oito anos. Sem poder parasitar a máquina pública, o bolsonarismo perde oxigênio. A presença constante e maciça de gente na rua até 2022 é a melhor vacina contra a ruína da democracia e o golpe, que Bolsonaro não para de fomentar.

BAIXEM O TOM, FARDADOS!
10.07.2021

Generais, brigadeiros e almirantes deveriam ser os primeiros a querer esclarecer as gravíssimas denúncias de corrupção, reveladas pela CPI da Covid, que batem à porta de Bolsonaro e de uma penca de fardados. Mas o que estamos vendo é bem o contrário.

Como em outros momentos da nossa História, a cúpula das Forças Armadas e o Ministério da Defesa preferem esconder a sujeira embaixo do tapete e peitar as instituições democráticas, afrontar a Constituição e a sociedade civil. É esse o sentido da nota assinada pelo ministro Braga Netto e pelos três comandantes militares após a declaração do presidente da CPI, Omar Aziz (PSD-AM), de que há um "lado podre das Forças Armadas envolvido com falcatrua dentro do governo".

Alguém duvida disso? A pior gestão da pandemia no mundo foi a de um militar brasileiro, o general da ativa Eduardo Pazuello. Agora, sabemos também que a alta hierarquia do ministério na gestão dele, toda fardada, aparece no "vacinagate", notadamente seu ex-secretário-executivo, o coronel da reserva Elcio Franco.

Depois de tantos anos restritos aos quartéis e às suas atribuições profissionais, os militares voltaram ao poder de braços dados com um sujeito desqualificado, medíocre, notoriamente ligado a esquemas criminosos, que vão de rachadinhas a milicianos, e que é sustentado no Congresso pelo centrão.

Cúmplices e agentes ativos de tudo isso, os militares vêm cantar de galo, atribuindo-se o status de "fator essencial de estabilidade do país". Ora, é exatamente o contrário. Senhores fardados, vocês deixarão uma herança de morte, doença, fome e corrupção. Querem enganar quem? Acham que estão em 1964?

Baixem o tom, senhores. O Brasil não tem medo de suas carrancas, de seus coturnos e de seus tanques. Generais, vistam o pijama e, quando a pandemia passar, organizem um campeonato de gamão na orla de Copacabana. É o melhor que podem fazer pelo país.

DETRITOS PRESIDENCIAIS
13.07.2021

Nos últimos dias, o motoqueiro aloprado do Palácio do Planalto amplificou a pregação golpista e as ofensas contra as instituições democráticas e figuras que as representam. Os alvos preferenciais de sua incivilidade foram os senadores da CPI da Covid e o presidente do Tribunal Superior Eleitoral, Luís Roberto Barroso.

Os detritos do linguajar presidencial são inadmissíveis. Só num país com instituições debilitadas é que eles ficam por isso mesmo. Dão em nada e somos obrigados a conviver com o vocabulário coprolálico do delinquente, que nos intoxica socialmente. As agressões ultrapassam a esfera pessoal. Ofendem a democracia, o Brasil e os brasileiros.

Bolsonaro tenta minar a confiança na urna eletrônica, sistema pelo qual ele e seus filhos vêm sendo eleitos e reeleitos há décadas, porque sua queda nas pesquisas de opinião é evidente. Não só por sua política genocida na pandemia, mas porque a CPI da Covid tocou num nervo exposto da construção de crenças do bolsonarismo, o suposto combate à corrupção.

O presidente não consegue responder às denúncias do "vacinagate" nem à suspeita de prevaricação que o atinge pessoalmente, a partir da conversa revelada pelo deputado Luís Miranda (DEM-DF), e que será investigada pela Polícia Federal.

Tudo indica que dois grandes esquemas entraram em choque no Ministério da Saúde. Um, mais antigo e azeitado, liderado por Ricardo Barros (PP-PR), do centrão. O outro, mais recente, era controlado por gente do "lado podre" das Forças Armadas, como bem definiu o presidente da CPI, Omar Aziz (PSD-AM), e que provocou reações despropositadas da Defesa e dos comandantes militares.

Os chiliques presidenciais contra o voto eletrônico têm zero de fundamentação. Só convencem seguidores fanáticos e setores radicalizados das Forças Armadas e do sistema de segurança (polícias militares e civis dos estados, PF, PRF). É com eles que Bolsonaro pretende investir na turbulência social e política até 2022.

O VOTO EVANGÉLICO E O STF
17.07.2021

Na sessão de abril passado em que o Supremo Tribunal Federal, acertadamente, manteve o fechamento temporário de templos religiosos, o Brasil estava no pior momento da pandemia. Apesar disso, o advogado-geral da União, André Mendonça, que é pastor evangélico, defendeu a reabertura das igrejas em nome da liberdade de religião.

O argumento era uma falsidade. O que estava em questão era a defesa da vida e da saúde dos brasileiros. Assistindo à sua arguição, tive a impressão de estar em uma teocracia. Em 15 minutos, ele falou mais de 40 vezes em Deus, cristãos, cristianismo e termos afins.

Com a indicação de Mendonça ao Supremo, Bolsonaro atende a um setor que foi decisivo para sua eleição em 2018 e que não para de crescer. Segundo projeções do doutor em demografia José Eustáquio Diniz Alves, o Brasil vive um momento de "transição religiosa", com o declínio de católicos e a ascensão de evangélicos se acentuando.

Até o ano que vem, os católicos cairão para menos da metade da população, 49,9%, e os evangélicos serão 31,8%. Em 2032, estes serão 39,8% dos brasileiros, suplantando pela primeira vez os católicos, que representarão 38,6%. Com tal envergadura, é claro que os evangélicos entram em todos os cálculos políticos, inclusive nos dos senadores que irão decidir sobre Mendonça.

Também é preciso dizer que, quando ministro da Justiça, Mendonça esmerou-se na bajulação ao chefe, perseguindo opositores do governo. A indicação do AGU por ser "terrivelmente evangélico" já é um precedente muito perigoso. Se os senadores o aprovarem, serão partícipes de uma violação do Estado laico e dos princípios republicanos.

Religião não pode ser critério para ocupação de nenhuma função pública. Nesse quesito, estou com a canção de Gilberto Gil que diz: "Se eu quiser falar com Deus, tenho que ficar a sós". Aliás, em respeito à laicidade do Estado, bem que o STF poderia tirar o crucifixo da parede do plenário da corte.

PAZUELLO E O "RACHADÃO" DA VACINA
20.07.2021

Num vídeo que registrou a troca de comando no Ministério da Saúde, em março, o ministro que estava de saída, general Eduardo Pazuello, aparece dizendo que não recebeu empresários nem lobistas enquanto esteve no cargo. Segundo ele, a atitude teria contrariado prática corrente no ministério e contribuído para sua queda.

Quando esteve na CPI, cobrado pela falta de empenho em responder à oferta de vacinas da Pfizer, o general disse que, como "decisor", não cabia a ele negociar com a farmacêutica. "O ministro não pode receber as empresas (...) não pode fazer negociações com empresa", respondeu.

O esforço para construir imagem de gestor probo se liquefaz com o vídeo, revelado pela "Folha", em que Pazuello, ainda ministro, se mostra muito à vontade com representantes de uma empresa que prometia intermediar a compra de 30 milhões de doses da Coronavac. O preço era quase o triplo do cobrado pelo Instituto Butantan, vinculado ao governo de São Paulo, pela mesma vacina.

Quem conhece um pouco das formalidades que regem a burocracia de Brasília sabe que a versão de Pazuello para o vídeo não é minimamente crível. Em flagrante contradição com o que afirmou nas ocasiões anteriores, o general diz, agora, que fora cumprimentar os representantes da empresa. O detalhe é que isso ocorreu fora da agenda e no gabinete de um subordinado, no caso, o onipresente secretário-executivo de Pazuello, coronel Elcio Franco.

A CPI já tem evidências suficientes de que o governo Bolsonaro só demonstrou interesse nas vacinas mais caras e/ou oferecidas por espertalhões em esquemas suspeitos. Era o "rachadão" da vacina. Tudo operado por uma corriola de coronéis na gestão do general.

Este senhor já deveria ter sido julgado pela Justiça comum e preso. No Brasil anômalo em que estamos vivendo, ele segue acobertado e muito bem protegido em um gabinete no valhacouto do Planalto depois de ter ajudado a mandar 542 mil brasileiros para o cemitério.

GOLPE? QUE GOLPE?
24.07.2021

Vai ter golpe? Não. Já teve. Não sei se você lembra, mas foi em 2016, contra Dilma Rousseff. Como o espaço é curto, eu vou resumir. Teve o tuíte golpista do general Villas Bôas ao Supremo, Lula foi preso, não pôde participar da eleição e Bolsonaro foi eleito, enquanto as instituições, claro, funcionavam normalmente. Sim, teve o Moro, hoje, sabe-se, um juiz suspeito.

Tudo ia muito bem para essa gente. Mas, no meio do caminho, tinha uma pandemia. Demorou, demorou, mas, ufa, finalmente, as instituições se mexeram e foi criada a CPI da Covid. Eis que os senadores descobrem fortes indícios de corrupção na negociação para comprar vacinas! As suspeitas envolvem coronéis e o general da ativa que foi ministro e também encostam em Bolsonaro.

Ele despenca nas pesquisas. O que faz, então, o presidente enfraquecido? O arauto do caos intensificou a pregação golpista contra a urna eletrônica e as eleições, contando, agora, com o reforço escancarado do ministro da Defesa, Braga Netto, conforme revelou o jornal "O Estado de S. Paulo". A ameaça do general foi direcionada ao presidente da Câmara, Arthur Lira (PP-AL), o mesmo que com seus poderes hipertrofiados se recusa a analisar os pedidos de impeachment do presidente.

Ocorre que Bolsonaro foi buscar apoio justamente no centrão de Lira. Na rapina do dinheiro público, a turma de Lira faz assim: escalpela, dilacera as vísceras e termina o repasto triturando os ossos até o tutano. O híbrido de governo miliciano, centrão, liberais defensores do estado esquelético e militares saudosos da ditadura ainda vai produzir muitos sobressaltos.

Mas o Brasil que irá às urnas em 2022 é muito diferente daquele que votou com ódio em 2018. E tudo que os generais herdeiros de Ustra conseguirão com seus arreganhos é se parecer cada vez mais com um bando de "maria fofoca", metidos num disse me disse de golpe. Generais, vistam o pijama e devolvam-nos o país que vocês destruíram. Não estão satisfeitos com 550 mil mortos?

CERCO A CONRADO HÜBNER MENDES
27.07.2021

Às vésperas da Páscoa, o vírus se espalhava com fúria entre nós. Março havia fechado com 320 mil brasileiros mortos, quase quatro mil por dia. E o que fez o ministro do Supremo Tribunal Federal Kassio Nunes Marques? No Sábado de Aleluia, atendeu ao pedido de uma associação de juristas evangélicos e liberou a presença dos fiéis em templos. Dias depois, o plenário derrubou a liminar.

Na época, a decisão do ministro foi criticada em artigo de Conrado Hübner Mendes, professor de direito constitucional da Universidade de São Paulo (USP) e colunista da "Folha". Hübner Mendes tem sido observador atento de desvios e falhas do Judiciário, em especial do STF, prestando serviço inestimável aos leitores, ajudando-nos a entender o funcionamento do mais opaco dos Poderes.

Sabe-se agora que sua excelência não gostou do texto e pediu investigação criminal ao procurador-geral da República, Augusto Aras, que já persegue Hübner Mendes por contrariedade com outras publicações do colunista, inclusive postagens em rede social. Aras entrou com ação na Justiça Federal e com representação no Conselho de Ética da USP. A truculência é coordenada e tem o propósito de intimidação e censura.

Autoridades deveriam entender que a submissão ao escrutínio público é inseparável do exercício do poder. Não é o caso, obviamente, do ministro e do procurador-geral, que agem como instrumentos do bolsonarismo. Ambos desconhecem — ou fingem desconhecer — que a liberdade de expressão é direito consagrado na Constituição e reafirmado pelo Supremo.

O cerco a Conrado Hübner Mendes fere também a autonomia universitária. A representação contra ele está parada no âmbito da Reitoria da USP. Investidas autoritárias têm que ser enfrentadas sem medo e hesitação. O corpo docente precisa ter a certeza de que a universidade está do seu lado contra qualquer tentativa de silenciamento.

BOLSONARO E AS CINZAS DO BRASIL
31.07.2021

O incêndio no depósito da Cinemateca Brasileira, em São Paulo, é uma metáfora dramática do Brasil sob Bolsonaro, sufocado por uma nuvem tóxica de cinzas e escuridão. Cultura, arte, passado, presente e futuro devorados na fogueira da ignorância e da vulgaridade que tomou o país de assalto.

O bolsonarismo é mais destruidor que os cupins. Mas a comparação é até injusta com os insetos. Cupins têm papel fundamental nos ciclos ecológicos. Bolsonaro é praga de elevado potencial devastador, com seu cortejo tenebroso de generais, milicianos, pastores de araque, trambiqueiros de vacina, adoradores do nazifascismo, capitães do mato, jagunços no parlamento, capangas infiltrados nas instituições e aduladores do deus "mercado".

Bolsonaro odeia o Brasil. Por isso essa guerra sem trégua. Censo para conhecer o país e suas necessidades, educação e esporte, estímulo à produção científica, arte e cultura, meio ambiente saudável? Tudo que reafirma nossa dignidade como povo e que nos dá possibilidades de futuro é objeto da violência de terra arrasada, tragicamente representada nos mais de 550 mil mortos na pandemia.

Já fora um prenúncio sua reação ao incêndio do Museu Nacional, no Rio de Janeiro, em setembro de 2018. "Já está feito, já pegou fogo, quer que faça o quê?". Quantas vezes Bolsonaro reagiu com a mesma indiferença à escalada de mortes na pandemia? "E daí?".

O fogo na Cinemateca tem a mesma força simbólica dos ossos que os desesperados de barriga vazia recolhem na fila do açougue, na capital do agronegócio, Cuiabá. Morte, fome, doença e tentativa de extermínio da memória nacional são resultados de uma guerra anunciada.

Assistindo ao incêndio na TV, uma amiga mandou-me mensagem, angustiada: "O que vai sobrar deste país?". Lembrei do samba de Nelson Cavaquinho e Élcio Soares: "O sol há de brilhar mais uma vez…". Lembrei de Rayssa e Rebeca, em Tóquio. E disse a ela: "Nós. Nós estaremos aqui e vamos construir tudo de novo".

O MANUAL DO GOLPISTA
03.08.2021

Bolsonaro não vai parar de sabotar as eleições e a democracia. Seu método preferido tem sido tentar minar a confiança do eleitor na urna eletrônica. Mas o velho manual dos golpistas mostra, com abundância de exemplos ao longo da História do Brasil, que são muitos os recursos disponíveis para arruinar a democracia e a legalidade.

Tentar impedir a posse de um presidente eleito é um deles, como na conspiração de Carlos Lacerda contra Juscelino Kubitschek. A articulação em marcha levou ao contragolpe liderado pelo marechal Henrique Lott, então ministro da Guerra, em novembro de 1955, que garantiu a posse de JK.

Os tempos são outros, o Brasil também. Mas a atmosfera golpista é a mesma, agora, amplificada pelo submundo digital. A incitação inclui atacar as autoridades responsáveis pelas eleições, como Bolsonaro tem feito, principalmente, com o presidente do Tribunal Superior Eleitoral, Luís Roberto Barroso. Daí para tentar impedir a posse do próximo presidente — caso não se reeleja — é um passo.

Bolsonaro sabe que vai perder e já decidiu melar as eleições. Se não tem provas de fraude na votação eletrônica — e não tem mesmo —, tem que ser confrontado com a realidade e processado. Suas ameaças são crimes de responsabilidade e têm posto as instituições à prova.

Notas e discursos não são capazes de contê-lo. As instituições brasileiras têm instrumentos políticos e jurídicos para isso. Mas instituições são formadas por pessoas. A conivência do presidente da Câmara, Arthur Lira (PP-AL), é obscena. A cumplicidade do procurador-geral da República, Augusto Aras, humilha o Ministério Público. O discurso do presidente do Supremo Tribunal Federal, Luiz Fux, na volta do recesso, soou tardio e vazio.

Pressionado pela CPI da Covid e pela queda nas pesquisas, Bolsonaro irá apelar cada vez mais a delírios persecutórios enquanto sonha com o seu "Capitólio". Sabe que não precisa nem manchar as mãos porque tem gente disposta a fazer o serviço sujo por ele.

OS "FACILITADORES" NO GOVERNO BOLSONARO
07.08.2021

A maior concentração de vigaristas por metro quadrado da Esplanada gravitou (gravita?) em volta do Ministério da Saúde no momento em que mais precisávamos de gente séria e especializada para salvar as nossas vidas e as de nossos parentes e amigos.

Os holofotes da CPI da Covid no Senado jogaram luz sobre novos personagens, mostrando como se conectam as engrenagens de um submundo de crimes e trambiques em torno das grandes compras e aquisições do governo Bolsonaro. Constata-se que havia um ministério subterrâneo, operado por "facilitadores", autodefinição de Airton Soligo, assessor do então ministro Eduardo Pazuello.

Soligo — que tem o sugestivo apelido de Cascavel — atuou durante dois meses sem nomeação oficial, sem agenda pública, sem assinatura de atos. Uma atuação clandestina e muito conveniente para quem não quer deixar rastro nem prestar contas a ninguém, a não ser ao chefe.

Outro "facilitador" é o reverendo Amilton Gomes de Paula, que abria portas com impressionante facilidade e rapidez para negociar vacinas de vento. O repórter Lúcio de Castro, da agência de jornalismo SportLight, mostrou que Amilton tem conexões com uma complexa rede de entidades fantasmas.

Uma delas, aberta na Flórida, nos EUA, registrou como diretores Bolsonaro, seu vice, Hamilton Mourão, o ex-ministro da Defesa Fernando Azevedo e Silva e um certo tenente-coronel capelão Roberto Cohen. Tem todo jeito de ser picaretagem. A presidência deve explicações, mas até agora não se manifestou.

O enredo de terror tem ainda mais um militar, o coronel Marcelo Blanco, que deixou o ministério, criou uma empresa de representação na área médica e também facilitou um atalho para o notório cabo Dominguetti. Tais personagens ajudam a explicar como chegamos a ter quatro mil brasileiros mortos por dia de Covid. Hoje, ainda choramos mil mortes diárias. É como se quatro aviões caíssem todos os dias. Sem nenhum sobrevivente.

A MARCHA DA INSENSATEZ
10.08.2021

Bolsonaro vai dar um golpe? Quando? Como será? Ninguém tem respostas exatas a essas questões por uma razão muito simples: o fator militar. É difícil avaliar a extensão do respaldo fardado a Bolsonaro porque pouco se sabe sobre o que acontece nos quartéis. Nem ele sabe ao certo. Se estivesse seguro quanto a uma eventual retaguarda, talvez já tivesse arriscado um lance mais ousado, que desse concretude à sua obsessão golpista.

Quando os fardados falam, por meio da imprensa, é essencial distinguir informação de contrainformação ou, simplesmente, blefe. Quase sempre, protegidos pelo *off the record*, produzem versões e teorias da conspiração à vontade. Contribuem mais para adensar o nevoeiro do que para dissipá-lo. A bem da verdade, são treinados para isso.

Que algum suporte existe, é fato. Mal qual seria o grau de participação e/ou de adesão de comandantes e comandados a uma ruptura da legalidade? O bolsonarismo contaminou bolsões radicalizados ou já tornou-se metástase fora de controle?

Dúvidas semelhantes se aplicam ao conjunto das forças de segurança do país: polícias militares e civis dos estados, Polícia Federal, Força Nacional, Polícia Rodoviária Federal. Para turvar ainda mais o cenário, há as milícias, cevadas pela facilidade de acesso às armas, e que, no Rio de Janeiro, travam sangrenta disputa por territórios.

Mesmo sem um quadro nítido do apoio armado a Bolsonaro, o que parece certo é que ele não precisa do apoio majoritário, mas apenas de setores dessas forças dispostos a fomentar ambiente de turbulência e desordem pública que justifique medidas de força e exceção. Daí para a quebra institucional, é uma canetada.

Militares não dão golpe sozinhos. O presidente da Câmara, Arthur Lira (PP-AL), contribuiu com a marcha da insensatez, ao prolongar a discussão sobre o voto impresso, levando-a para o plenário[26]. Deu de presente a Bolsonaro mais uma oportunidade de esticar a corda, desta vez, ameaçando com desfile de tanques de guerra em Brasília.

---

26 Em agosto de 2021, a Câmara rejeitou e arquivou proposta de emenda constitucional (PEC) que propunha o voto impresso nas eleições.

O PLANETA DOS EXTREMOS
14.08.2021

O Painel Intergovernamental de Mudança do Clima da ONU (IPCC) reforçou de modo contundente os alertas que vem fazendo sobre o efeito das atividades humanas no desequilíbrio climático. O novo estudo é um apelo à ação antes que as oportunidades de evitar a catástrofe sejam desperdiçadas.

A omissão nos custará caro. Vamos viver (?) no planeta dos extremos: aumentos de temperatura, ondas de calor, tempestades, enchentes. Aquecimento dos oceanos, derretimento das geleiras, elevação do nível do mar. Secas, incêndios, perda de colheitas. Fome, guerras pela água, refugiados do clima. Um mundo hostil e inimigo da vida humana.

Como sempre, os pobres e as nações menos desenvolvidas sofrerão os impactos antes e com mais intensidade. Mas a conta chegará também para os ricos. O planeta é um só. Assento nas espaçonaves de Jeff Bezos ou de Richard Branson? Colônias na lua? Vã ilusão. A vida é aqui e agora.

Sem os governos mais influentes e as empresas mais poderosas, nenhum acordo para redução das emissões de carbono vai se tornar realidade. É preciso mudar a chave da economia global, baseada na queima de combustíveis fósseis. Mudanças de tal envergadura requerem visão de longo prazo e compromisso humanitário. Governos e corporações estarão à altura?

E onde entramos nós, brasileiros, em processo de involução civilizatória? Há décadas, o Brasil vinha articulando esforços colaborativos para superar a falsa dicotomia entre desenvolvimento e proteção ambiental. Marco importante foi a Política Nacional do Meio Ambiente (que completa 40 anos), comando legal fortalecido pela Constituição de 1988.

Rio 92, Rio+20 e todas as outras conferências do clima em que o Brasil foi voz ativa firmaram nossas obrigações perante o mundo. O atual governo representa uma ruptura nessa rota. Mas voltaremos a ela porque o Brasil é maior e melhor. O momento histórico nos cobra duas imensas responsabilidades: proteger nosso futuro como espécie e lutar pela nossa democracia.

O CAPANEMA É DOS BRASILEIROS
17.08.2021

O amigo Rubem Braga estava na Itália, como correspondente de guerra, e Vinicius de Moraes escreveu-lhe em carta: "… está no tempo de caju e abacaxi, e nas ruas já se perfumam os jasmineiros. Digam-lhe que tem havido poucos crimes passionais em proporção ao grande número de paixões à solta. Digam-lhe especialmente do azul da tarde carioca, recortado entre o Ministério da Educação e a ABI [Associação Brasileira de Imprensa]. Não creio que haja igual mesmo em Capri".

O poeta falava da sede do Ministério da Educação, o Palácio Capanema, que foi — e ainda é — um manifesto de modernidade ética e estética num país arcaico. A construção é uma síntese do talento brasileiro e condensa um projeto de futuro, saído das mentes brilhantes dos arquitetos Lúcio Costa, Oscar Niemeyer, Affonso Eduardo Reidy, Carlos Leão, Jorge Machado Moreira e Ernani Vasconcellos. Tem jardins de Burle Marx, painéis de azulejos e afrescos de Cândido Portinari, esculturas de Bruno Giorgi e Celso Antônio de Menezes.

Carlos Drummond de Andrade, chefe de gabinete do ministro Gustavo Capanema, que encomendara o prédio, registrou as qualidades da obra: "Dias de adaptação à luz intensa, natural, que substitui as lâmpadas acesas durante o dia; (…) Das amplas vidraças do 10º andar descortina-se a Baía vencendo a massa cinzenta dos edifícios. Lá embaixo, no jardim suspenso do Ministério, a estátua de mulher nua de Celso Antônio, reclinada, conserva entre o ventre e as coxas um pouco da água da última chuva, que os passarinhos vêm beber, e é uma graça a conversão do sexo de granito em fonte natural. Utilidade imprevista das obras de arte".

Paulo Guedes pretende leiloar o Capanema, que, aliás, é tombado desde 1948. Seu plano estúpido e obscurantista é fazer do Brasil um país que não mais se reconheça, banido do seu próprio rosto, sem memória nem medida da nossa singularidade criativa. Que o simples, belo e elegante Capanema seja o símbolo da nossa resistência e da nossa sobrevivência.

QUE FORÇAS ARMADAS QUEREMOS?
24.08.2021

Além de golpistas e vocacionados para o ridículo — como foi demonstrado no desfile de tanques fumacentos e no treinamento em Formosa (GO) —, generais bolsonaristas são também rematados mentirosos. Braga Netto, ministro da Defesa, e Luiz Eduardo Ramos, da Secretaria-Geral da Presidência, confirmaram isso mais uma vez em depoimentos na Câmara dos Deputados.

Ambos mentiram ao negar a ditadura instaurada em 1964. O primeiro disse que houve um "regime forte". "Se houvesse ditadura, talvez muitas pessoas não estariam aqui". Braga Netto não consegue articular um raciocínio sem que nele esteja embutida uma ameaça. É um golpista raiz. Ramos disse que houve um "regime militar de exceção, muito forte" e que tudo é uma questão "semântica".

A ditadura matou, torturou, escondeu corpos, estuprou, perseguiu opositores, cassou mandatos, fechou o Congresso. Negar que houve ditadura ofende a honra e a memória de quem lutou pela democracia, os que sobreviveram e os que foram assassinados. Isso não é "semântica" nem "narrativa". São fatos. É verdade histórica.

Completa o trio de mitômanos o general Augusto Heleno, da Segurança Institucional, pregoeiro do "papel moderador" das Forças Armadas em situação de crise entre os Poderes, como disse em entrevista. Papel moderador é outra mentira que só existe nas mentes delirantes desses generais que exalam naftalina de seus ternos mal-ajambrados.

O general disse ainda outra frase, mais preocupante, ao comentar o ferro-velho apresentado na Esplanada: "Para atuar na garantia da lei e da ordem, é um material perfeitamente compatível". Ou seja, o equipamento é para ser usado internamente, nas controversas operações de Garantia da Lei e da Ordem (GLO), pois o inimigo está aqui dentro.

Declarações como essa reafirmam a origem, tradição e síndrome de capataz do Exército brasileiro. Mais de 30 anos depois do fim da ditadura, os fardados não encontraram seu lugar na democracia. Essa reflexão precisa ser feita pelo poder civil: que Forças Armadas queremos?

PROGRESSISTAS, ACORDEM!
28.08.2021

Eleito no embalo do golpe de 2016, do lavajatismo e da insânia bolsonarista, o Congresso atual é o pior do período pós-redemocratização. Exceção deve ser feita a uma minoria atuante, porém insuficiente para se contrapor às pautas que destroem o Estado brasileiro e aprofundam as desigualdades e injustiças na nossa sociedade.

A Câmara foi sequestrada pela perversa aliança do centrão com a extrema-direita, o que garante a permanência do arruaceiro no Palácio do Planalto e rebaixa o parlamento. Qualquer novo governo comprometido com princípios civilizatórios elementares terá muita dificuldade de reverter o dano sem uma maioria progressista de deputados e senadores.

Em setores da oposição ao fascismo, porém, prevalece aparente falta de estratégia e/ou predominância de projetos pessoais. Em que pese a legitimidade dessas ambições, é hora de reocupar o Congresso. Todos com potencial de puxar votos para eleger bancadas expressivas têm que ser chamados para ajudar a restabelecer a normalidade institucional.

O estrago feito por talibans de gravata, como Eduardo Cunha e Arthur Lira (PP-AL), é autoexplicativo. Além de reeleger os progressistas que já estão lá, é importante levar para o Congresso figuras públicas como Marina Silva, Flávio Dino, Miro Teixeira, Cristovam Buarque, Manuela D'Ávila, Eduardo Suplicy, Nelson Jobim, Fernando Haddad, Guilherme Boulos e muitos outros que poderão, inclusive, atrair novas lideranças para a política.

É imperativo que a oposição progressista repense candidaturas estaduais. De que adiantará ter presidente e governadores democratas se o centrão, fundamentalistas do mercado e bancadas BBB (boi, bala e bíblia) mantiverem seu poder de chantagem? Ganhar a presidência não será fácil, tampouco suficiente. Ou se retoma a civilidade no Congresso Nacional ou o país levará décadas para se recuperar da desgraça que a atual legislatura e esse desgoverno genocida estão executando com alguma competência.

VIOLÊNCIA CONTRA OS INDÍGENAS
31.08.2021

O Supremo Tribunal Federal retoma, finalmente (!), o julgamento de controvérsia que precisa ser pacificada para que os povos indígenas tenham segurança jurídica sobre a posse de seus territórios.

O cerne da discussão é o chamado "marco temporal", conceito que reconhece apenas o direito às terras ocupadas pelos indígenas até a data da promulgação da Constituição, em 5 de outubro de 1988. O "marco temporal" distorce o texto constitucional e ignora histórico secular de agressões contra os povos originários, banidos de suas terras, caçados e mortos como animais.

No livro "Subvertendo a gramática e outras crônicas socioambientais", Márcio Santilli, ex-presidente da Funai e ativo participante do processo constituinte, conta como se chegou à expressão consagrada no "Capítulo dos Índios". Sob pressão de lobbies pesados, como o das mineradoras, os constituintes não saíam do impasse sobre a definição do direito dos indígenas à terra. Alguns defendiam "terras ocupadas". Outros preferiam "terras permanentemente ocupadas".

Santilli procurou o então senador Jarbas Passarinho, ex-ministro da ditadura e líder da direita na constituinte. Foi ele que resolveu o dilema, ao criar a fórmula de "terras tradicionalmente ocupadas". "A ambiguidade da palavra 'tradicionalmente' foi um ovo de Colombo, admitindo uma leitura antropológica — 'conforme a tradição' — e outra cronológica — 'por tempo suficiente para serem tradicionais'", analisa Santilli. Era um tempo em que adversários construíam consensos com um mínimo de lealdade para que o país avançasse.

A tese do "marco temporal" é retrocesso civilizacional, que só beneficia criminosos: grileiros, desmatadores, garimpeiros, o agronegócio predatório. Contra o poder econômico de megacorporações, os indígenas estão mais uma vez em Brasília, em vigília de resistência. A admissão do "marco temporal" seria uma violência contra eles e uma desonra para quem ainda acredita que o Brasil pode ser um país decente.

A DEMÊNCIA GOLPISTA DE BOLSONARO
04.09.2021

Já chamei Bolsonaro de muita coisa: genocida, ecocida, sabotador-geral da República, agente de infecção, parceiro do vírus, arruaceiro. De fato, ele é tudo isso. Mas o qualificativo que melhor o define é terrorista. Sabemos disso desde 1987, quando a revista "Veja" publicou plano elaborado por ele para explodir bombas em quartéis em protesto contra os baixos salários da tropa.

Terrorismo e golpismo andam juntos. Não é coincidência que um de seus conselheiros, o general Augusto Heleno, tenha sido ajudante de ordens de Sylvio Frota, ministro do Exército do ditador Geisel, nos anos 1970. Linha-dura, como se dizia na época, Frota, um sujeito de mente delirante, tentou dar um golpe dentro do golpe contra Geisel, por considerar que o comunismo estava tomando conta do governo.

Frota não teve sucesso, mas a linha-dura continuaria articulada nas sombras, promovendo uma série de atentados a bomba contra alvos civis nos anos finais da ditadura. O terrorismo e o golpismo estão no DNA deste governo de gente bandida, criminosa, disposta a ir para o tudo ou nada, como Bolsonaro ameaça o tempo todo.

Isso não significa que as Forças Armadas estejam preparando uma quartelada. Não há coesão para isso nem entre os fardados nem entre a direita civil que apoiou Bolsonaro alegremente em 2018. Agora, ele aposta, sobretudo, em setores extremistas das polícias militares.

Em recente debate sobre a conjuntura atual, o cientista político Luiz Eduardo Soares, estudioso de segurança pública, definiu muito bem o alinhamento das PMs com o presidente: "As polícias são bolsonaristas antes de Bolsonaro". Nele encontraram o escoadouro natural da violência e da cultura dos porões.

Dito isso, o que vai acontecer no 7 de Setembro? Bolsonaro quer soltar seus cães raivosos e promover uma explosão de ódio no que mais parece um ato de desespero. Com sua base de apoio derretendo, melhor faria a oposição se o deixasse latindo sozinho neste feriado.

RÉQUIEM PARA O 7 DE SETEMBRO
07.09.2021

Com quem Bolsonaro vai desfilar neste 7 de Setembro enevoado de ameaças? Suas legiões são formadas por violadores da Constituição, sabotadores de eleições, predadores da democracia e um tropel de sequestradores de esperança.

São mercadores da morte, dispersores do vírus, charlatães com diploma de medicina, atravessadores de vacinas, os que roubaram o ar e o último fio de vida de quem agonizava numa cama de hospital em Manaus. Os que deixaram faltar anestésicos para intubação e que obrigaram médicos e enfermeiros a amarrar pacientes como animais desesperados de dor. Os que riram de tudo isso. Os que celebraram um suicídio. Os que ajudaram a matar 580 mil brasileiros.

Os assassinos de indígenas, os incendiários de floresta, os que passam as boiadas, os que contaminam as águas, os que espalham venenos nos campos. Fabricantes de escombros sobre a ruína e as cinzas de árvores seculares. Vassalos do mercado, que subtraem a comida da mesa de pais e filhos, sanguessugas do dinheiro público, especuladores do desespero das famílias pobres, sem emprego e sem horizonte. Exterminadores do futuro.

Militares com seus uniformes cobertos de mofo e seus galardões de sangue, herdeiros da bestialidade dos porões, de Ustra e dos que explodiram bombas no Riocentro, na OAB e na ABI. Golpistas, sim. Terroristas, sim. E também argentários, aproveitadores da boquinha, farsantes do combate à corrupção. Amigos de milicianos e de operadores de rachadinhas e rachadões. Rambos excitados com um fuzil na mão. Criminosos do submundo digital, cantores sertanejos decadentes.

Traficantes da fé dos aflitos, pastores chantagistas de almas desalentadas, talibans da cultura, dos livros, da ciência, que tentam nos arrastar para a penumbra de séculos passados, que só enxergam o mundo em rosa e azul. Devo ter esquecido alguém. Completem à vontade. Foi com essa gente que Bolsonaro atravessou o Rubicão. E faz tempo. Só não viu quem não quis.

TEMER E A PROTEÇÃO A BOLSONARO
11.09.2021

O país parou com medo de um golpe no 7 de Setembro. Sob o comando do líder ensandecido da seita e com patrocínio do agronegócio, caminhões e tratores reluzentes substituiriam tanques. Caminhoneiros estariam no lugar de "um soldado e um cabo". Eis que no fim do feriado um cheiro de impeachment exalou de redutos até então considerados seguros e o alarme tocou.

Foi a deixa para Michel Temer voltar aos holofotes com seus trejeitos de ilusionista e artifícios de golpista. Como já escrevi aqui, o golpe foi em 2016, contra Dilma Rousseff. Desdobrou-se em 2018 e agora assistimos a uma nova reacomodação de tensões entre as mesmas forças que disputam o butim desde a ruptura travestida de legalidade cinco anos atrás.

Não é a primeira vez que Temer vem em socorro de Bolsonaro. O jornalista Octavio Guedes, do G1, bem lembrou episódio que desonra a Câmara dos Deputados. Em 1999, Bolsonaro pregou o fechamento do Congresso e o fuzilamento do então presidente Fernando Henrique Cardoso. Deveria ter tido o mandato cassado. Mas pediu desculpas pelos "excessos" e ficou por isso mesmo. Quem era o presidente da Câmara na ocasião? Ele mesmo, o missivista das mesóclises.

A carta de agora garante proteção a Bolsonaro, que vai continuar latindo aqui e ali porque é o que sabe fazer. O importante a registrar de toda a confusão dos últimos dias é que a fervura baixou e as pequenas frestas abertas, para o que já era uma remota possibilidade de impeachment, foram vedadas. Os articuladores do golpe de 2016 mostram que ainda têm as rédeas do processo.

A Faria Lima respira aliviada. Lira e Pacheco tocam o jogo, em cumplicidade que aprofunda o abismo. O comando do Congresso tornou-se parte do problema tanto quanto o chefe do Executivo. Essa gente deve estar achando que 600 mil brasileiros nos cemitérios são um preço pequeno demais. O custo que Bolsonaro impõe ao país é desmesurado, e teremos que lidar com ele por muitas gerações.

LUIZ FUX, O GUITARRISTA SUPREMO
14.09.2021

Era novembro de 2012, numa festa em homenagem ao recém-empossado presidente do Supremo Tribunal Federal, Joaquim Barbosa. Lá pelas tantas, o ministro Luiz Fux subiu ao palco e submeteu os presentes a uma exibição dos seus dotes de guitarrista e cantor. Escolheu "Um dia de domingo", do repertório de Tim Maia.

O talento musical não é o forte de Fux, hoje presidente da corte. O decoro que o cargo exige também não. Soube-se pela "Folha" que ele participou de um rega-bofe com 20 empresários, em São Paulo, na semana passada. Alguns dos convivas declaram-se abertamente apoiadores de Bolsonaro, agressor da democracia, da legalidade e da Constituição, que o Supremo tem por obrigação defender. Consta que o ambiente estava tão descontraído que Fux cantarolou para deleite dos comensais.

Que a autoridade máxima do Judiciário almoce com empresários, em círculo restrito, já é bastante complicado. Que alguns convidados sejam apoiadores do chefe do Executivo que acabara de ensaiar um golpe, tendo como mote a invasão e o fechamento do STF, é simplesmente inexplicável.

Em que outro país isso seria considerado normal? Percorri mentalmente os que são citados com frequência nas sessões do STF pelo arcabouço jurídico que conseguiram construir e pelos juristas que são referências para seus pares aqui: EUA, Alemanha, França, Itália, Reino Unido. Alguém consegue imaginar o presidente do Judiciário de algum desses países em animado convescote com empresários adeptos de um golpista e, vai saber, todos se balançando ao ritmo dos trinados supremos?

Numa sociedade em convulsão, como a brasileira no momento atual, canais de diálogo entre os Poderes e a sociedade podem e devem ser desobstruídos. Mas isso deve ser feito de maneira institucional, transparente e com sobriedade. Caso contrário, fica difícil não ouvir o eco da frase premonitória do ex-senador Romero Jucá, no fatídico 2016: "Com o Supremo, com tudo".

RIEM DO QUE, SENHORES?
18.09.2021

O vídeo do recente jantar em homenagem a Michel Temer lembrou-me uma cena do filme "O poderoso chefão 3", o último sobre a saga da família Corleone, dirigido por Francis Ford Coppola e estrelado por Al Pacino. A ficção mostra um encontro de mafiosos num ambiente cafona e decadente em cada detalhe da decoração: cristais, pratarias, taças, lustres.

Semelhante também é a disposição dos personagens na cena: senhores cheirando a naftalina, em torno de uma grande mesa para tratar de negócios. No caso, aqui, para celebrar o *business as usual*, depois que Temer afivelou uma focinheira em Bolsonaro e deixou claro quem controla as rédeas do processo golpista que se desdobra desde 2016.

No vídeo, a anormalidade institucional do país, os ataques de Bolsonaro à democracia, à legalidade e ao STF, enfim, tudo o que joga o país no chão é tratado com chocante naturalidade. Na imitação que faz do presidente, um animador de auditório fala em instrumentos de tortura usados na escravidão, como a chibata e o pau de arara, símbolo da violência na ditadura. Seguem-se risadas e aplausos.

É emblemático que o jantar tenha sido na casa de Naji Nahas, megaespeculador que chegou a ser condenado por golpes contra o sistema financeiro, décadas atrás. Entre os comensais, outros arquétipos da elite brasileira. Gilberto Kassab, dono do PSD, o partido que "não é de direita, nem de esquerda, nem de centro". Poderosos da mídia, juristas, um médico e um suplente de senador completam a confraria. Na ficção, a reunião de mafiosos termina mal. Na vida real, Temer e seus convidados divertem-se a valer.

Nunca um presidente cometeu tantos crimes de responsabilidade contra o povo. Estamos chegando a 600 mil mortos pela Covid. Doença, desemprego e fome dilaceram os sonhos de milhões de brasileiros, lançados ao desespero pelo governo que essa gente ajuda a manter no Palácio do Planalto. Ainda que mal pergunte, riem do que, senhores?

O MEU, O SEU, O NOSSO DINHEIRO
21.09.2021

Em abril de 2009, uma série de reportagens do site Congresso em Foco abalou o Congresso Nacional ao revelar que parlamentares faziam turismo com dinheiro público. A verba era de uma generosa cota para compra de passagens aéreas relacionadas às atividades do mandato.

Na prática, porém, cada congressista gastava o dinheiro ao seu bel-prazer e sem dar satisfações a ninguém. Deputados e senadores ainda levavam a tiracolo parentes, amigos e cupinchas para destinos turísticos no Brasil e no exterior, como Nova York, Miami, Londres, Paris, Milão, Madri. Uma farra!

Doze anos depois, os repórteres Eduardo Militão, Eumano Silva, Edson Sardinha e Lúcio Lambranho revisitam o escândalo e trazem mais novidades no livro "Nas asas da mamata", recém-publicado. Eles descobriram agora, por exemplo, que o contribuinte bancou as passagens de Jair e Michele Bolsonaro para a lua de mel em Foz do Iguaçu, em 2007.

A gastança era possível graças a regras extremamente permissivas adotadas por Michel Temer e Aécio Neves, quando exerceram a presidência da Câmara. No Senado, com José Sarney no comando, não era diferente. A falta de controle era de tal ordem que a cota aérea de dois senadores foi gasta depois da morte deles. Ao todo, 560 parlamentares foram investigados e os gastos, em valores de hoje, seriam de R$ 105 milhões.

Para não esvaziar a surpresa da leitura, acrescento apenas que os autores reconstituíram as investigações oficiais para traçar a teia de impunidade que resultou em mais um crime sem castigo. O que fizeram Corregedoria, Conselho de Ética, Câmara, Senado, Polícia, Ministério Público, Judiciário? Está tudo no livro, com nomes, datas, decisões.

Esse belo trabalho jornalístico põe em evidência um dos aspectos mais nefastos da mentalidade e da prática política no Brasil: o de que autoridades em geral não querem entender que têm a obrigação de prestar contas de cada centavo gasto do meu, do seu, do dinheiro suado dos nossos impostos.

SOBRE MÉDICOS E MONSTROS NA PREVENT SENIOR
25.09.2021

São estarrecedoras, mas não exatamente surpreendentes, as denúncias envolvendo a operadora de planos de saúde Prevent Senior. A suspeita de que há algo de podre na rede de hospitais da empresa abriu nova e necessária frente de investigação na CPI da Covid.

Entre as irregularidades, estariam a prescrição abusiva de medicamentos e tratamentos ineficazes, sem que os pacientes e seus parentes tivessem sido consultados. As ilicitudes apontadas incluem ainda ameaçar os médicos de demissão, para que receitassem esses remédios, e também fraude de suposta pesquisa científica, prontuários e atestados de óbito, o que resultaria em subnotificação de casos de Covid.

Tudo isso é grave, criminoso e cruel, mas se encaixa na lógica do modelo de negócio dos planos de saúde. Para capturar incautos, prometem mundos e fundos. Na prática, dificultam o acesso aos serviços, sobretudo se o paciente precisar de uma internação, um dos itens mais caros do setor.

Mal ou bem, é assim que funciona. Mais mal do que bem, tanto que os consumidores frequentemente têm que recorrer à Justiça para que muitas dessas arapucas cumpram o que já está nos contratos. Aí vem uma pandemia e o tal modelo de negócio implode porque, de uma hora para outra, milhares de clientes precisam dos leitos mais caros, em UTIs, e por muito tempo.

No caso da Prevent Senior, voltada para o público idoso, o mais afetado nos primeiros meses da pandemia, não é difícil imaginar o estrago na margem de lucro. Daí para empurrar cloroquina goela abaixo dos pacientes e vender a ilusão de que eles poderiam se tratar em casa é um pulo.

Esse caso nos faz refletir sobre médicos e monstros e nos mostra que saúde não pode ser tratada como negócio. A alternativa, nós já temos. É preciso fortalecer e aumentar o investimento no Sistema Único de Saúde, o nosso SUS, porque saúde é direito humano e coletivo.

UMA CPI PARA A HISTÓRIA
23.10.2021

As descobertas da CPI da Covid no Senado trazem fortes elementos a indicar a duração do bolsonarismo entre nós. Que outro presidente foi acusado de crimes contra a humanidade no exercício do cargo, sem estar em guerra com outros países ou em guerra civil e, ainda assim, permaneceu no poder e com base social de apoio significativa, como mostram as pesquisas?

A gargalhada de Flávio Bolsonaro ao tomar conhecimento do relatório também é um lembrete sinistro de que o bolsonarismo terá muitos herdeiros, mesmo que Bolsonaro não se reeleja, fique sem mandato, seja processado e preso. Infelizmente, essa corrente política veio para ficar. Por quanto tempo? Difícil saber, mas é certo que não vai se desintegrar como poeira cósmica porque se ampara em traços fundadores da sociedade brasileira: a violência, o desapreço à vida, a banalização da morte.

O documento nos confronta com o horror que seres humanos são capazes de produzir. E isso é o mais perturbador. O mal em grande escala foi produzido por seres humanos, não por monstros. São pessoas de índole monstruosa, mas são pessoas, de carne e osso, como eu e você.

Que bom seria se o mal fosse produzido apenas por monstros do cinema. Mas, repito, o mal em quantidade industrial foi perpetrado por pessoas. O presidente do país, ministros, autoridades, políticos, servidores públicos, sabujos e capachos em geral, empresários, médicos... Além de terem contribuído para a mortandade, zombam dela. Zombaram no começo da "gripezinha", zombaram da asfixia em massa, zombaram de um suicídio, zombarão sempre porque é da sua natureza fazer e propagar o mal.

O relatório da CPI da Covid vai estarrecer historiadores e as gerações futuras. Eles irão se perguntar: como o Brasil elegeu Bolsonaro? A pergunta mais difícil e incômoda de responder, porém, será: como os brasileiros o mantiveram no poder mesmo depois de tudo o que fez e/ou deixou de fazer? Carregaremos esse horror para o resto das nossas vidas.

UM BANQUEIRO E DOIS GOLPES
26.10.2021

O portal de notícias Brasil 247 publicou o áudio de animada conversa entre o banqueiro André Esteves e um grupo de clientes. É uma aula sobre os donos do poder no Brasil, entrecortada por risadas típicas de quem está ganhando muito dinheiro, ainda que o país esteja uma desgraça.

O banqueiro faz questão de exibir sua influência junto às mais altas instâncias do poder político, com uma mistura de cinismo e boçalidade envernizada, própria de quem se acha educado só porque sabe usar os talheres. Esteves jacta-se de seu prestígio junto ao presidente da Câmara, Arthur Lira. Gaba-se do acesso ao presidente do Banco Central, Roberto Campos Neto, a ponto deste tê-lo consultado sobre o nível da taxa de juros, atitude que é um escândalo de relações carnais entre o público e o privado.

Vangloria-se de ter influenciado a decisão do STF favorável à independência do Banco Central, informando ter conversado com alguns ministros antes do julgamento. Só não revelou quais. E expõe o motivo de tanto empenho. Se Lula for eleito, "vamos ter dois anos de Roberto Campos". Esteves considera que Bolsonaro, se "ficar calado" e trouxer "tranquilidade institucional para o establishment empresarial", será o "favorito" em 2022.

Em tortuosa análise sobre o Brasil, Esteves compara o impeachment de Dilma Rousseff ao golpe de 1964: "Dia 31 de março de 64 não teve nenhum tiro, ninguém foi preso, as crianças foram pra escola, o mercado funcionou. Foi [como] o impeachment da Dilma, com simbolismos, linguagens, personagens da época, mas a melhor analogia é o impeachment da Dilma".

A comparação é um insulto aos milhares de presos, perseguidos, torturados e assassinados na ditadura, mas o raciocínio de Esteves faz sentido ao aproximar (talvez sem querer) as duas datas infames: 1964 e 2016 foram golpes. A conversa desinibida do banqueiro desnuda, de maneira explícita, um país refém de meia dúzia de espertalhões do mercado financeiro.

COP, BOLSONARO E RUÍNA AMBIENTAL
30.10.2021

O que o governo brasileiro tem a apresentar na Conferência da ONU sobre Mudanças Climáticas (COP 26), em Glasgow (Escócia), para conter o aumento da temperatura no planeta? Nada além de um pacote verde de mofo, sem nenhum compromisso com o que deveria ser nossa maior contribuição: conter o desmatamento.

Bolsonaro empreende uma política de extermínio ambiental que só encontra paralelo em intensidade com o morticínio de brasileiros na pandemia, resultado de conduta igualmente criminosa. Sua guerra contra o meio ambiente é guiada por mentalidade colonizadora, que combina usurpação da terra, assassinato de seus donos originais e destruição de ecossistemas.

O Brasil que chega a Glasgow é um cemitério de defensores da floresta. O Conselho Indigenista Missionário (Cimi) registrou aumento de 61% no assassinato de indígenas, que subiu de 113, em 2019, para 182 em 2020. O maior campo de batalha dessa guerra (mas não o único) é a Amazônia, última e maior fronteira de recursos naturais do planeta. Como proteger esse imenso acervo de informação genética ainda desconhecida pela ciência quando o maior agente da devastação é o presidente?

Bolsonaro enfraqueceu a proteção ambiental, espremeu o orçamento, ameaçou servidores, dificultou a aplicação de multas. Suas ações e seu discurso de estímulo à ilegalidade (como o garimpo em terra indígena) são o combustível mais incendiário da violência contra a floresta e contra quem tenta mantê-la em pé.

As mudanças climáticas são o maior desafio da humanidade neste século, depois da pandemia de Covid. O Brasil já foi um negociador estratégico em todos os fóruns internacionais. Hoje, porém, se orgulha em ser visto como nanico ambiental e diplomático. Tudo o que Bolsonaro tem a oferecer é pilhagem, saque e florestas reduzidas a cinzas, porque tudo que floresce — seja gente ou mata — lhe é estranho. O Brasil de Bolsonaro é ruína de terreno baldio.

O FIM DO BOLSA FAMÍLIA
02.11.2021

Nos anos 1970, o economista Edmar Bacha cunhou o termo "Belíndia", que passou a ser usado como sinônimo do abismo entre dois "brasis": a Bélgica dos mais ricos e a Índia dos miseráveis. Em 2009, Bacha disse em entrevista que o conceito não era mais adequado. Em resumo, argumentou que a desigualdade ainda era forte, mas que o crescimento econômico, com aumento de renda e programas sociais, havia melhorado muito a parte "Índia" do Brasil.

Mais de uma década depois, uma pandemia e três anos de um governo que odeia as pessoas pobres, a porção "Índia" está aí, e muito piorada, para qualquer um que tenha os olhos abertos: dorme sob marquises, cata ossos e carcaças, vasculha restos no lixo.

O bolsoguedismo (síntese precisa que li num artigo do professor Silvio Almeida) é uma máquina de produzir desigualdades e o símbolo mais inequívoco disso é o fim do Bolsa Família e sua substituição por outro auxílio que ainda nem tem fonte de recursos assegurada. Mais uma evidência da força destrutiva do bolsoguedismo e de sua base de apoio.

Criado no primeiro governo Lula, o Bolsa Família agrupou programas assistenciais já existentes, ampliou a população atendida e vinculou os pagamentos a uma série de condições a serem cumpridas pelas famílias, tais como vacinar as crianças e mantê-las na escola. Um dos aspectos mais importantes foi pagar o benefício, preferencialmente, às mulheres. Milhares de estudos mostram que o programa ajudou a reduzir a extrema pobreza e a tirar o Brasil do mapa da fome, para onde voltamos, desgraçadamente.

O Brasil de Bolsonaro nos faz retornar a um tempo de brutalidade e indiferença. Em 1947, o poeta Manuel Bandeira escreveu o poema "O bicho". Diz assim: "Vi ontem um bicho/ Na imundície do pátio/ Catando comida entre os detritos/ Quando achava alguma coisa/ Não examinava nem cheirava/ Engolia com voracidade/ O bicho não era um cão/ Não era um gato/ Não era um rato/ O bicho, meu Deus, era um homem".

AOS AMIGOS DO REI, AS EMENDAS
09.11.2021

Recente decisão liminar da ministra Rosa Weber botou freio temporário no escândalo da compra de votos por meio das emendas de relator, na Câmara dos Deputados. Trata-se de patifaria que também atende pelo nome de orçamento secreto para favorecer os amigos do rei.

Já se vão 30 anos do caso que levou à criação da CPI dos Anões do Orçamento, referência à baixa estatura dos deputados implicados. Um deles, João Alves, ficou famoso por atribuir seu patrimônio à sorte na loteria e à benevolência divina. "Deus me ajudou e eu ganhei muito dinheiro", disse à CPI, com a cara de pau, isso sim, que Deus lhe deu.

Uma linha do tempo une João Alves, anões do orçamento, orçamento secreto e o presidente da Câmara, Arthur Lira (PP-AL). O PPR de Alves viria a ser um dos partidos que, várias fusões depois, daria origem ao PP de Lira. As trocas de pele nunca mudaram a essência fisiológica da facção, que teve em suas fileiras o então deputado Bolsonaro e o notório Paulo Maluf.

Recuo ainda maior mostra que a Arena, partido de sustentação da ditadura, foi a matriz da "turma que flutua pelo centro" e que merece o "respeito" do banqueiro André Esteves, conforme ele afirmou recentemente. "Não tenho dúvida [de que], durante cem anos de História, esse centro nos manteve republicanos", pontificou. A aliança é antiga e nos faz andar sem sair do lugar.

As emendas parlamentares são um instrumento bastante discutível de aplicação do dinheiro do contribuinte. Prestam-se a interesses eleitoreiros e ao toma lá dá cá em todos os governos. Ninguém no Congresso parece, de fato, interessado em discuti-las a fundo, muito menos extingui-las.

O orçamento secreto, contudo, é mecanismo de operação de máfia, que rebaixa e degrada a atuação parlamentar e institucionaliza o balcão de negócios. Não seria o caso de uma CPI? Ao decidir sobre o assunto, espera-se que com celeridade, o plenário do STF[27] terá a chance de travar engrenagem perniciosa de corrupção que fere de morte a democracia.

---

27 Em 19/12/2022, o orçamento secreto foi derrubado pelo plenário do STF que, por maioria, decidiu pela inconstitucionalidade do mecanismo.

MORO, A FRAUDE
16.11.2021

Eis que Sérgio Moro reaparece, com o messianismo e o discurso justiceiro de sempre, transbordantes no seu retorno aos holofotes. Moro exercitou as cordas vocais e estudou pausas teatrais, tentando dar alguma credibilidade ao estilo "corvo" moralista, atualizado para o século 21, só que sem a capacidade retórica do modelo original, o udenista Carlos Lacerda.

O erro de Moro é achar que o Brasil ainda está em 2018 e que vai votar em 2022 movido pelo ódio, por ele estimulado quando conduziu a Lava Jato. No processo que levou à condenação do ex-presidente Lula, o então juiz rasgou o devido processo legal e a Constituição. Isso não é versão nem narrativa. É o entendimento consagrado pelo STF, que o considerou um juiz suspeito.

Este é o fato mais importante da biografia do agora candidato e não pode ser naturalizado como página virada. Isso revela a essência de Moro. Ele grampeou advogados de Lula (tendo acesso, portanto, às estratégias de defesa do réu); determinou condução coercitiva espetacularizada; divulgou áudio ilegal e seletivo envolvendo a presidente Dilma; vazou delações.

O vale-tudo processual deu caráter de justiçamento à Lava Jato, feriu o Judiciário, a democracia e o país. Tudo com a complacência da mídia, a mesma que agora parece ver no ex-juiz o nome que procura para a terceira via como quem busca o Santo Graal.

Moro nunca demonstrou o menor constrangimento em servir a um presidente adepto da tortura e com notórias conexões criminosas. Tentou dar a policiais esdrúxula licença para matar sob forte emoção. Como quem fareja carniça, quando deixou o governo, foi ganhar dinheiro no processo de recuperação de uma das empresas que ajudou a esfolar.

Agora, Moro se apresenta como democrata. É uma fraude. Ele e Bolsonaro se igualam na mesma inclinação totalitária. As semelhanças, aliás, foram ressaltadas por pessoa insuspeita. Foi a senhora Moro quem disse, quando este ainda era ministro, que via o marido e o presidente como "uma coisa só".

CRIME CONTRA O ENEM
20.11.2021

Milhões de jovens brasileiros começam as provas do Enem neste fim de semana em busca de uma vaga no ensino superior, sonho que o governo Bolsonaro tem se esmerado em tornar cada vez mais difícil de alcançar.

São muitos os problemas neste ano: pedido de exoneração de 37 servidores do Inep (responsável pelo exame), denúncias de assédio moral e de censura ideológica, e a quase confissão de um crime, quando Bolsonaro disse que a prova começa a ter "a cara do governo".

Tudo isso fomenta desconfianças e cria um ambiente de incertezas para os estudantes, sobretudo aqueles já tão sacrificados pelo aprofundamento de desigualdades em dois anos de pandemia e aulas remotas.

O que acontece com o Enem não é um acidente isolado. Faz parte de um projeto de demolição de esperanças, claramente expresso pelo ministro da Educação, Milton Ribeiro: "Universidade, na verdade, deveria ser para poucos". Entre esses poucos, não está o filho do porteiro, completaria Paulo Guedes.

Políticas articuladas e complementares, como o Enem, Prouni, Sisu, Fies e as cotas (sociais e raciais), permitem uma seleção mais justa para as vagas e dão aos alunos condições para que possam concluir sua graduação. Isso transformou as universidades, deixou-as mais parecidas com a cara do Brasil. Não é outro o motivo pelo qual o bolsonarismo trata de dilapidar esse conjunto de iniciativas e, junto com ele, as aspirações de tantos rapazes e moças que têm na formação superior uma chance de ascensão social.

O crime contra a educação extrapola o Enem. Reportagem de Thais Carrança, na BBC Brasil, mostra uma realidade dilacerante em escolas do ensino básico de bairros pobres. Segundo os professores, cada vez mais crianças estão desmaiando de fome na sala de aula. Por tudo isso, ou, apesar de tudo isso, deixo um pedido aos jovens que farão o Enem: não desistam dos seus sonhos, não desistam de vocês, não desistam de nós. Este tempo ruim vai passar. Boas provas e boa sorte!

MÁQUINA DE MOER GENTE
23.11.2021

Está em processo de incubação na Câmara dos Deputados, em um grupo de trabalho criado por Arthur Lira, o projeto de alteração no Código de Mineração. O relatório da deputada Greyce Elias (Avante-MG), que está para ser votado, propõe que a mineração seja considerada atividade de "utilidade pública", de "interesse social" e "essencial à vida humana".

Sim, você leu direito. No país em que quase 300 pessoas morreram em dois recentes desastres no setor, a mineração passaria a ser considerada "essencial à vida humana". A essência do relatório é reduzir o papel regulador e fiscalizador do Estado, transformando-o em um mero bedel dos interesses das companhias mineradoras.

A proposta também diminui o poder de estados e municípios, subordinando-os às decisões da Agência Nacional de Mineração (ANM). Planos de expansão urbana e criação de unidades de conservação, por exemplo, ficariam condicionados à prioridade dos empreendimentos. O relatório enfraquece mecanismos de proteção ambiental e apressa prazos para o poder público decidir sobre demandas das empresas. Cria a estranha figura da "aprovação tácita", caso a ANM não decida sobre licenças em 180 dias.

A proposta na Câmara é um beneplácito injustificado a um setor que tem demonstrado ser inimigo do meio ambiente e uma máquina de moer gente no Brasil. Nosso problema não é a falta de boas leis. No que se refere ao poder público, Mariana e Brumadinho mostraram a necessidade de fortalecer os órgãos fiscalizadores e de criar regras mais rígidas de controle social e transparência.

A mudança do Código de Mineração[28] se soma a outros projetos pró-mineradoras, como o que libera a atividade em terras indígenas. Levantamento do Instituto Socioambiental, de 2019, nos registros da ANM, mostrou que havia mais de 500 pedidos de pesquisa do subsolo na terra dos Yanomami. Não surpreende que esteja em curso o genocídio deste povo, à vista de todos nós.

---

28 Em dezembro de 2022, o grupo de trabalho apresentou um projeto para o novo Código da Mineração, com uma série de facilidades para o garimpo. Até a publicação desse livro, o projeto não havia sido votado em definitivo.

MÁQUINA DE MOER GENTE 2
27.11.2021

Volto ao tema do Código de Mineração, em discussão na Câmara dos Deputados. Para quem não acompanha o assunto, um breve resumo: o projeto da relatora Greyce Elias (Avante-MG) propõe que a mineração seja considerada "essencial à vida humana" e de "utilidade pública". Se é tão essencial, o projeto deveria aperfeiçoar o controle por parte do Estado e não afrouxá-lo, como sugere.

Uma teia de conexões talvez ajude a explicar a benevolência com o setor. O marido de Elias, Pablo César de Souza, ex-vereador, conhecido como Pablito, consta na Receita Federal como sócio em três empresas de mineração. Uma delas, a Mina Rica, tem sociedade com outra empresa, detentora de requerimentos de lavra e pesquisa na Agência Nacional de Mineração (ANM) para exploração de ouro e outros minerais.

Em 2017, Pablito foi nomeado superintendente do antigo Departamento Nacional de Produção Mineral (DNPM), em Minas Gerais, no governo Michel Temer. O DNPM foi substituído pela ANM. Procurei Pablito e a deputada Greyce Elias para ouvi-los a respeito do que me parece ser um claro conflito ético. A deputada disse que não vê tal problema e que o projeto está sendo construído com "integral transparência". Pablito disse que deixou as empresas há seis meses, embora seu nome conste nos registros.

O exercício de funções institucionais no Brasil virou um vale-tudo. O debate sobre o código não tem legitimidade sem a voz dos parentes dos quase 300 mortos em Mariana e Brumadinho. Como considerar "essencial à vida humana" uma atividade privada, dominada por corporações globais preocupadas com a geração de lucros para seus acionistas?

Para terminar, um registro: se a vida de Pablito como empresário foi breve, como afirma, ele não ficou desamparado. Com salário de R$ 22.943,73, é assessor no gabinete do senador Rodrigo Pacheco (PSD-MG), presidente do Congresso e pré-candidato à Presidência da República.

BOLSONARO EM NECROSE ELEITORAL
30.11.2021

O mundo se apavora diante do recrudescimento da pandemia na Europa e do surgimento de outra variante do vírus, identificada na África do Sul, país castigado pela escassez de vacinas, como quase todo o continente. A ômicron já se espalha pelo planeta, agravando temores e incertezas.

E o que faz Bolsonaro? Dá de ombros e diz que temos que "aprender a conviver com o vírus". É uma nova cepa do palavreado hostil de sempre, o "E daí? Quer que eu faça o quê?". Ele também menospreza medidas simples e eficazes de controle, como a exigência do passaporte da vacina para os viajantes. Estende o tapete vermelho para a peste.

É verdade que temos feito um esforço para "conviver" com o vírus, mas não no sentido do mau conselho de Bolsonaro, para quem tanto faz que ainda esteja caindo um Boeing por dia no Brasil. Apesar dele, aprendemos a sobreviver ao vírus com vacina e máscara, cuidando da gente e dos outros. Se a situação de hoje nos permite o mínimo de normalidade, essa é uma vitória da sociedade e do SUS, à medida que é uma derrota do genocida.

"Aprender a conviver" com o ser que infecta o Planalto, porém, é impossível, incluindo no pacote sua tropa de assalto: Lira e Pacheco com o butim do orçamento secreto, Aras e sua embromação de jurista mequetrefe, a Faria Lima espumando para esquartejar o Estado enquanto brasileiros buscam o que comer no lixo. Graças a eles, Bolsonaro ainda tem um ano para nos atazanar e decompor a democracia, com tentativas afrontosas de interferir no Judiciário.

Por pior que seja aturar tudo isso, a contagem regressiva já começou. As pesquisas indicam que Bolsonaro está em processo de necrose eleitoral. A propósito, é muito simbólica a fotografia que mostra uma escultura do presidente no chão de um depósito do Detran, em Passo Fundo (RS). Consta que foi instalada no centro da cidade no furor do 7 de Setembro golpista, gerou protestos e sumiu. Reaparece agora como sucata. É como diz o ditado: uma imagem vale mais que mil palavras.

ANDRÉ MENDONÇA APEQUENA O STF
04.12.2021

A aprovação do reverendo André Mendonça para o STF viola a laicidade do Estado e a corte constitucional. O simples fato de Bolsonaro ter usado a religião como critério de escolha deveria ter ensejado a rejeição do nome de seu ex-ministro. A separação entre Igreja e Estado é esteio civilizatório. O Senado da República não poderia ter sido coautor da violação de tal princípio. Um perigoso limiar foi ultrapassado.

No Executivo, Mendonça ajudou o chefe a degradar a democracia, perseguindo críticos do governo, atacando esforços de governadores e prefeitos no combate à pandemia. Como AGU, fez inflamada defesa da abertura de templos e igrejas enquanto o vírus matava quatro mil brasileiros por dia.

Quando delinquentes atacaram o STF com fogos de artifício, um compassivo Mendonça pediu compreensão para a "manifestação". Para ele, Bolsonaro é um "profeta no combate à criminalidade". Não dá nem para ironizar porque tudo é muito sério e grave.

Nos últimos anos, foi o Supremo, mais do que o Congresso, que fez avançar a agenda da cidadania. A liberação de pesquisas científicas com células-tronco embrionárias, a permissão para o aborto de fetos anencéfalos e a constitucionalidade das cotas sociais e raciais nas universidades são alguns exemplos.

A pauta que o Supremo tem pela frente será decisiva para nos moldar como sociedade. Direito ao aborto, posse de armas, "marco temporal" para as terras indígenas, drogas para uso pessoal são temas à espera do discernimento e da decisão de suas excelências.

Perdas e danos no Executivo e no Legislativo podem ser corrigidos de quatro em quatro anos. No Judiciário, erosões democráticas têm efeito bem mais longevo. André Mendonça e Kassio Nunes Marques dão ao bolsonarismo o poder de desequilibrar o jogo a favor da agenda obscurantista. As consequências poderão alcançar gerações. O STF se apequena. O país retrocede. Perdemos todos.

CURIÓ, HELENO E BOLSONARO
07.12.2021

Quem é mais velho lembra, quem não lembra basta digitar "Serra Pelada" para encontrar imagens do que um dia foi o maior garimpo a céu aberto do mundo, nos anos 1980, no sul do Pará. Fotografias de Sebastião Salgado mostram homens cobertos de lama, arqueados sob o peso dos detritos que tiravam das entranhas da terra, na esperança de enriquecer.

Pouquíssimos ficaram ricos com o ouro. A maioria adoeceu ou morreu de tiro, faca ou foi soterrada. No lugar, restou uma imensa cratera e um lago de mercúrio. Esse inferno foi controlado com mão de ferro por um militar do Exército, o Major Curió, que participara da repressão à Guerrilha do Araguaia, nos anos 1970. Em denúncias do Ministério Público Federal, Curió é acusado de tortura e assassinato. Não por acaso, é amigo de quem? Sim, Bolsonaro.

Lembrei de tudo isso ao ler a reportagem de Vinicius Sassine, na "Folha", mostrando a rapidez do ministro da Segurança Institucional, general Augusto Heleno, o decrépito, em autorizar projetos de pesquisa de ouro, em São Gabriel da Cachoeira, no oeste da Amazônia.

Alguns dos empresários beneficiados são infratores ambientais, com histórico de problemas com o Ibama. E é a primeira vez que empresas recebem autorizações para pesquisar ouro nessa região, bem preservada e com várias terras indígenas.

O buraco que ficou em Serra Pelada é a metáfora perfeita do Brasil que une na mesma linha do tempo Curió, Bolsonaro e Heleno. Gente, terra, meio ambiente, Amazônia, tudo aniquilado para o proveito de poucos. Bolsonaro sabe que 2022 será seu último ano no poder, então vai correr para fazer (ou desfazer) tudo que não conseguiu até agora.

Movimentos do Executivo e do Congresso andam juntos. A Câmara pode dar um "liberou geral" para as mineradoras aprovarem o novo Código de Mineração. Ficaria faltando o projeto que permite mineração em terras indígenas. Por enquanto, tal vilania encontrou resistência. A sensação é de que o Brasil só sai do lugar se for para dar um passo atrás.

LULA, ALCKMIN... E O QUE MAIS?
11.12.2021

O Brasil vive o pior momento de sua História recente com um genocida/miliciano entrincheirado no Planalto. Tirá-lo de lá vai exigir os melhores esforços das forças democráticas. Por isso, não deixa de ser notável a disposição para o diálogo entre adversários, como Lula e Alckmin.

Pelo que vazou até agora, as conversas envolvem a possibilidade de Alckmin ser o vice de Lula, aliança que dependeria do ingresso do ainda tucano no PSB, além de acordos regionais entre socialistas e petistas, aliados naturais. Uma composição como essa envolve o compromisso e o equilíbrio de concessões e vantagens para todos os envolvidos, algo bastante complexo mesmo para os políticos mais habilidosos.

Eleitor não vota em vice, mas o vice tem importância estratégica. O golpe de 2016 está aí para provar. Há exemplos de outra natureza. A dupla FHC-Marco Maciel selou a aliança preferencial dos tucanos com a direita. O empresário José Alencar serviu para quebrar resistências contra um suposto radicalismo de Lula.

Que capital político Alckmin traria para Lula, já tão bem posicionado na largada? Se trouxesse seu partido, ou, pelo menos, lideranças do PSDB original, como FHC e Tasso Jereissati, poderia se falar em frente ampla. Mas Alckmin está de saída por falta de espaço numa legenda que se tornou linha auxiliar do bolsonarismo no Congresso.

Uma convivência que não é de todo estranha. Quando governador de São Paulo, Alckmin teve como secretário particular e de meio ambiente ninguém menos do que Ricardo Salles, que viria a ser ministro de Bolsonaro e que deixou o cargo com alentada ficha criminal. Alckmin cabe numa frente democrática contra Bolsonaro? Sem dúvida. Mas precisa ser o vice?

Por que não Flávio Dino, que derrotou o clã Sarney no Maranhão duas vezes? Convenhamos, uma façanha. Ou Celso Amorim, diplomata de carreira irretocável, num momento em que o Brasil terá que refazer pontes em cenário externo desafiador? São só dois exemplos. Há outros bons nomes por aí.

TRÊS MENINOS DO BRASIL
14.12.2021

Eles se chamavam Lucas, Alexandre e Fernando Henrique, tinham entre 8 e 11 anos de idade e moravam em Belford Roxo, Baixada Fluminense. No fim de 2020, saíram de casa para jogar bola. Nunca mais voltaram. Quase um ano depois, a polícia informa que eles foram torturados e assassinados por terem furtado dois passarinhos do tio de um traficante.

A história dos três meninos é de um grau tão desmedido de barbárie que é até difícil pensar e escrever sobre ela. Porque dói pensar sobre o Brasil em que Lucas, Alexandre e Fernando Henrique viviam. A brutalidade interrompeu a vida deles num cruzamento entre miséria, desigualdade, violência, crime, abandono, indiferença e tudo o mais que compõe o cenário onde parte da sociedade brasileira, majoritariamente pobre e negra, é largada aos deus-dará. "E se Deus não dá?", pergunta a canção de Chico Buarque.

Ficar tudo como está, aliás, piora muito. Lá pelos idos dos anos 1970, ainda distrito de Nova Iguaçu, Belford Roxo era tido como o lugar mais violento do mundo. Em 1990, foi emancipado, e uma campanha tentou associar o lugar ao epíteto impossível de "cidade do amor". Como sabemos, o marketing não muda a realidade. Entrou governo, saiu governo (municipal, estadual e federal), Belford Roxo continuou sendo um inferno para se viver e criar filhos.

Segundo dados da plataforma Fogo Cruzado (julho/2021), Belford Roxo é o município da Baixada com o maior número de tiroteios e por motivos variados: operações policiais, homicídios, roubos e disputa por controle de territórios entre traficantes e milicianos. Não bastasse a ausência do Estado, as balas perdidas, as chacinas sem culpados identificados, agora temos o tribunal do tráfico que condena crianças à morte, supostamente, por causa de dois passarinhos.

Importante assinalar que as mães dos meninos contestam a versão do furto. Um país que não protege suas crianças morre com elas. Lucas, Alexandre, Fernando Henrique, Rebeca, Emily, João Pedro, Ágatha, Marcos Vinicius... Quantos mais? Até quando?

CINQUENTA TONS DE GOLPISMO
18.12.2021

Foi recebida com chocante naturalidade e, de certa forma, foi até comemorada por muita gente a notícia de que o ex-ministro da Defesa, Fernando Azevedo e Silva, assumirá em breve o cargo de diretor-geral do TSE[29]. Nessa função, será o responsável pela organização da eleição de 2022, com sistema eletrônico de votação, alvo reiterado de ataques do presidente ao qual serviu não faz muito tempo.

Quem gostou da notícia argumentou que o general da reserva será um avalista da lisura do processo eleitoral e um muro de contenção contra a declarada intenção de Bolsonaro de não aceitar outro resultado que não seja a sua vitória. Se a democracia brasileira precisa da chancela de um general para se garantir contra ameaças golpistas, isso só mostra o tamanho da nossa barafunda institucional.

Quais são as credenciais democráticas de Azevedo? Só para lembrar, ele é próximo do general Villas Bôas, o tuiteiro que ameaçou o Supremo na votação do habeas corpus de Lula, em 2018. Como se sabe, Lula perdeu, foi preso e ficou fora da eleição. Por indicação do mesmo tuiteiro, Azevedo tornou-se assessor do então presidente do Supremo, Dias Toffoli.

Com a vitória de Bolsonaro, pulou do STF para a Defesa. Nesse cargo, celebrou o golpe de 1964, um "marco da democracia brasileira", e esteve com o chefe em manifestação que pedia intervenção militar. Atravessou o primeiro ano da pandemia impassível enquanto brasileiros morriam como moscas.

Ao ser defenestrado, Azevedo afirmou ter preservado as Forças Armadas como "instituições de Estado". Como não nasceu ontem, não dou a Azevedo o direito à ingenuidade. É cinismo mesmo. Parcela significativa dos militares não tem feito outra coisa nos últimos anos que não seja política, embora o golpismo deles tenha, de fato, nuances. O de Azevedo foi até onde ele conseguiu vergar sua coluna vertebral. Isso, porém, não faz dele um democrata. Como já disse aqui uma vez, tutela militar — ou a simples percepção dela — é anomalia a ser evitada a todo custo.

---

29 Azevedo e Silva desistiu de ocupar o cargo em fevereiro de 2022, alegando questões de saúde.

MÁQUINA MORTÍFERA NO PLANALTO
21.12.2021

Enquanto políticos, juristas e analistas em geral discutem se o que Bolsonaro comanda é genocídio, extermínio, mortandade ou carnificina, o criminoso ri da discussão semântica, dobra a aposta e ataca outra vez. Agora, nega vacinas para crianças. O massacre de 620 mil brasileiros nos cemitérios não basta. O vírus pede mais sangue, e Bolsonaro se dispõe a despachar a encomenda.

No costumeiro estilo miliciano, ele expande a truculência e parte para cima da Agência Nacional de Vigilância Sanitária, que autorizou a imunização para crianças entre 5 e 11 anos. Até pouco tempo atrás parceiro do delinquente em protesto negacionista e, hoje, ao que parece, distanciado do Planalto, o diretor-presidente da Anvisa, Barra Torres, pediu proteção policial para servidores e diretores da agência, tamanha a gravidade das ameaças.

Não é só a Anvisa que recomenda a imunização para os pequenos. A OMS, países da União Europeia, EUA e vizinhos aqui na América Latina fazem o mesmo. Mas o Ministério da Saúde é comandado pelo sabujo Marcelo Queiroga, que diz precisar de mais tempo para estudar o assunto e que só irá decidir em janeiro, depois de uma consulta popular. Daqui a pouco, vai dizer que a vacinação precisa ser decidida em plebiscito.

Faz sentido. Se não tem impeachment para tirar esses bandidos do poder, eles sentem-se à vontade para lubrificar as engrenagens da máquina mortífera. A Covid mata crianças e também faz delas agentes transmissores do vírus para todos que lhes são próximos. Negar a proteção da vacina é de um grau de perversidade difícil de assimilar, mas o que esperar de alguém que defende a tortura, como Bolsonaro, a não ser podridão humana?

O que ainda impressiona é que nenhuma instituição política e/ou jurídica do país seja capaz de deter esse assassino. Instituições e seus representantes inertes são cúmplices da morte e da naturalização da desgraça que nos assola e nos condena a mais um ano com o genocida no poder.

LIÇÕES DE RESISTÊNCIA EM 2021
25.12.2021

Este ano que chega ao fim me ensinou novos significados para a palavra "resistir". Aprendi a resistir com a sabedoria de Ailton Krenak e suas ideias para adiar o fim do mundo. Com as aulas de humanidade do padre Júlio Lancellotti, que quando precisa faz justiça a marretadas. Com a voz de Txai Suruí e os ecos da floresta que ela levou a Glasgow.

O muro da resistência é feito de amor, solidariedade e riso. "Rir é um ato de resistência". Obrigada, Paulo Gustavo, por este ensinamento. Resisti torcendo por Rebeca Andrade e Rayssa Leal, em Tóquio, e pelo tanto de Brasil bonito que as duas carregaram com suas medalhas no peito.

A resistência é feita da lucidez das palavras. Foi assim quando ouvi o senador Fabiano Contarato, na CPI da Covid no Senado. Ele falou de sonhos que são os mesmos de tantos de nós: "Eu sonho com o dia em que eu não vou ser julgado por minha orientação sexual. Sonho com o dia em que meus filhos não serão julgados por serem negros. Eu sonho com o dia em que minha irmã não vai ser julgada por ser mulher e que o meu pai não será julgado por ser idoso".

Os servidores públicos que resistem ao esfacelamento do Estado também nos ensinam sobre resistência. Os que fizeram o Enem, os que se arriscam para proteger o meio ambiente, os que cuidam do nosso patrimônio histórico. Os que aprovam vacinas e os que sustentam o SUS. Resistimos abraçando a vacinação e as máscaras para nos abraçar de novo. Resistimos porque em hospitais e UTIs tem gente com muito zelo e coragem salvando vidas.

Resistimos porque milhares de professores acordam todos os dias pensando em dar a melhor aula para seus alunos. Resistimos porque cantamos e escrevemos, porque fazemos arte e poesia. Resisti lendo Itamar Vieira Júnior e Jeferson Tenório. Resisti com a urgência de Solano Trindade: "Tem gente com fome, tem gente com fome". Resisto com Thiago de Mello: "Faz escuro, mas eu canto, porque a manhã vai chegar".

ORÇAMENTO DA FOME
28.12.2021

O orçamento de 2022, recentemente aprovado, mostra como o Brasil está do avesso. O fundo eleitoral é uma obscenidade de R$ 4,9 bilhões e o aumento salarial de apenas três categorias de servidores (PF, PRF e Departamento Penitenciário), de interesse pessoal de Bolsonaro, mordeu R$ 1,7 bilhão do "meu, do seu, do nosso" dinheiro.

Duas reportagens publicadas na "Folha" também ilustram o desatino da inversão de prioridades com o dinheiro do contribuinte. Ana Luiza Albuquerque revelou que 13 motociatas do genocida, para apregoar o golpismo, levaram R$ 5 milhões dos cofres públicos. E Constança Rezende mostrou que o Ministério da Defesa usou dinheiro de combate à Covid para comprar filé mignon, picanha, bacalhau, camarão, salmão e bebidas. O cardápio de luxo para os fardados custou R$ 535 mil.

Somados, esses gastos chegam a R$ 6,6 bilhões e uns quebrados. Numa conta simples, para dar uma ordem de grandeza, seria suficiente para comprar mais de 13 milhões de cestas básicas (considerando um preço médio de R$ 500 por cesta). Isso daria de comer a muita gente.

Mais de 19 milhões de pessoas passam fome no Brasil e mais da metade da população (117 milhões) convive com algum grau de insegurança alimentar, ou seja, não consegue comer o que precisa. Às vésperas do Natal, brasileiros estavam na fila do osso num açougue em Cuiabá, a capital do agronegócio. No Rio Grande do Norte, sertanejos que voltaram a caçar lagarto para enganar a fome só tiveram o que comer na ceia graças a doações.

No caso do fundo eleitoral, é preciso assinalar que algum recurso público, de fato, tem que ser reservado para as campanhas. O fim do financiamento de candidaturas por empresas foi uma decisão acertada. Mas as campanhas não podem ser tão caras. Democracia tem um custo? Sem dúvida. Mas não pode ser esse o preço. Não existe democracia se o cidadão não tem o direito humano mais básico de todos assegurado: o direito à alimentação e à vida.

2022

COM ESPERANÇA, FELIZ ANO NOVO!
01.01.2022

Escrevo este texto enquanto cai uma tempestade lá fora e penso nos mortos e desabrigados na Bahia e em Minas Gerais, consequência de uma combinação tão antiga quanto letal no Brasil: fenômenos climáticos, desigualdade social e agressões à natureza.

Não é a chuva em si que castiga os mais pobres, mas a falta de moradia segura e a ocupação de áreas de risco, provocada em grande parte pela especulação imobiliária e pelo poder público omisso e/ou conivente.

A morte e o padecimento de brasileiros, seja nas enchentes, seja na pandemia, seja por causa da fome, são o retrato do país governado por um presidente dado à vadiagem e ao sadismo, que faz questão de exibir seu "e daí?" enquanto tantos sofrem.

Lembro o que escrevi neste espaço em 1º de janeiro de 2020. Fui sincera quando disse aos leitores que não conseguia acreditar em um feliz ano novo, considerando o que Bolsonaro já havia feito em 2019.

Veio 2020 e a parceria entre o vírus e o genocida. Minhas expectativas foram superadas da pior maneira possível. Mais uma vez, fiquei devendo os votos de feliz ano novo para 2021. O título daquela coluna, "Feliz ano velho", resumia a repetição dos meus temores, todos confirmados com o golpismo do 7 de Setembro e a tenebrosa associação entre pandemia, corrupção e crimes contra a humanidade, revelados na CPI da Covid.

Será que consigo desejar um feliz 2022? O ano que começa será uma travessia tormentosa e duríssima. Bolsonaro sequestrou o país para sua agenda de morte, caos e desespero e se prepara para uma guerra de terra arrasada. O Brasil terá que ser reerguido a partir de ruínas e escombros.

Por isso mesmo, a reconstrução não pode esperar 2023. Ela começa agora, com a urgência de garantir um caminho seguro até as urnas e a chance de resgatar a promessa de país que fomos um dia. É essa esperança vital que me faz desejar, com convicção, feliz ano novo em 2022 com os olhos na alvorada de 2023.

A LEI DE COTAS E A DEMOCRACIA
04.01.2022

Apesar do pendor exibicionista do presidente, seja no ócio, seja em leito de hospital, há temas mais relevantes a serem discutidos neste país. No ano do bicentenário da Independência, vamos nos defrontar com dois momentos cruciais para definir o que queremos ser. Um deles será a eleição. O outro, a discussão no Congresso sobre a Lei de Cotas, que deverá ser revisada agora que completa dez anos de vigência.

A Lei de Cotas resultou de ampla mobilização do movimento negro e trouxe avanços para toda a sociedade, ainda que insuficientes diante da extrema desigualdade entre nós. Em ligeiro histórico, é importante lembrar a iniciativa da Assembleia Legislativa do Rio de Janeiro e a adoção de cotas na Uerj.

Em âmbito federal, a Universidade de Brasília foi pioneira e acabou amplificando o debate ao ter sua política afirmativa questionada no STF pelo DEM. Na época, o relator do caso, Ricardo Lewandowski, fez audiências públicas, em que foram debatidos desde a herança de violência da escravização de seres humanos, durante mais de 300 anos, até o desempenho dos alunos cotistas.

Após a decisão do STF a favor da UnB, o Senado aprovou a Lei de Cotas. Para que fique bem claro, os programas de reserva de vagas combinam renda familiar, cor do aluno e se ele estudou em escola pública. O benefício, portanto, é para uma imensa parcela de jovens de baixa renda.

A revisão da lei se dará em ambiente politicamente conflagrado. Será preciso enfrentá-lo com serenidade para aproveitar a chance de aperfeiçoar a lei (combatendo fraudes, por exemplo), não para extingui-la, como querem alguns.

À frente do movimento Cotas, Sim!, o reitor da Universidade Zumbi dos Palmares, José Vicente, afirma que as cotas vão muito além do sentido de reparação histórica: "Elas são uma condição para a consolidação da democracia e da plena cidadania no Brasil".[30]

---

30 A revisão da Lei de Cotas não foi feita em meio ao período eleitoral e continua em vigor. Projetos em tramitação transferem a revisão para, pelo menos, daqui a mais uma década.

AULA DE HUMANIDADE COM OS ZOÉS
08.01.2022

Vem da floresta amazônica uma imagem que é um raio de luz neste momento em que o presidente volta a atacar as vacinas e, de forma especialmente cruel e criminosa, tenta sabotar a imunização de crianças.

Uma fotografia que circula intensamente nas redes sociais mostra o jovem indígena Tawy Zoé levando o pai, Wahu Zoé, nas costas, para tomar a vacina contra a Covid. O idoso não enxerga bem e tem dificuldades de locomoção. Como os nomes indicam, eles são da etnia Zoé, que vive nas matas do noroeste do Pará, perto da fronteira com o Suriname.

O autor da foto é o neurocirurgião Erik Jennings, que há quase 20 anos trabalha na assistência de saúde aos Zoés. A foto foi feita quase um ano atrás, quando começou a vacinação. Jennings conta que decidiu divulgá-la dias atrás, em seu perfil no Instagram, para incentivar a vacinação num momento em que o mundo enfrenta mais uma onda de contágio.

O médico conta ainda que o rapaz carregou o pai durante seis horas de caminhada até o posto de saúde e mais seis horas na volta à aldeia. É importante esclarecer que o esquema de vacinação dos Zoés foi definido pelos próprios indígenas. "Os Zoés decidiram se isolar voluntariamente. Montaram um sistema entre eles para não usar as mesmas trilhas entre as aldeias e só vão ao posto para tomar a vacina ou em caso de extrema necessidade", me explicou Jennings.

Marcos Colón, doutor em estudos culturais e profundo conhecedor da assistência aos Zoés, destaca a importância de "uma estratégia de saúde que não agride a cultura nem o modo de vida dos indígenas". O resultado é que não há um único registro de Covid entre as 325 pessoas da etnia.

A foto do jovem Zoé carregando seu pai nos dá uma aula de humanidade, de ação coletiva de sobrevivência, de respeito aos mais vulneráveis e de amor entre pais e filhos. Essa é uma agenda de vida, poderosa, bela e indestrutível. Contra ela, não há agenda da morte que prospere.

MILITARES, GOLPISMO E OPORTUNISMO
11.01.2022

Alcançou grande repercussão a carta do diretor-presidente da Anvisa, Barra Torres, cobrando de Bolsonaro uma retratação diante de suspeitas infundadas a respeito de decisões da agência sobre vacinas. Barra Torres vem se afastando do presidente, mas daí a considerar que estão em campos opostos vai uma longa distância.

O comando da agência é uma posição estratégica para o agronegócio, esteio do atual governo. Pela Anvisa passam as análises de todos os agrotóxicos usados no Brasil. Vejamos o exemplo do paraquate, associado à incidência do mal de Parkinson em trabalhadores que o manipulam.

O processo que levou ao banimento do veneno começara em 2017. Em setembro de 2020, ele foi, de fato, proibido, mas, dias depois, a Anvisa aprovou o uso para quem tivesse estoques do produto. Um doce para quem adivinhar quem propôs o relaxamento da norma, que agradou em cheio ao agronegócio.

Agora que Bolsonaro derrete nas pesquisas, outros tomam atitudes que contrariam o chefe. O comandante do Exército, Paulo Sérgio de Oliveira, determinou a vacinação contra a Covid para que militares retornem ao trabalho presencial. E proibiu que divulguem notícias falsas em redes sociais. Oliveira foi quem poupou o general Pazuello de punição quando este participou de um ato com Bolsonaro, em evidente transgressão disciplinar.

Outro exemplo é Fernando Azevedo e Silva, ex-ministro da Defesa, que toma ares de democrata ao assumir cargo no TSE. É o mesmo que celebra o golpe de 1964 e que jogou dinheiro público no lixo ao autorizar a produção de cloroquina no laboratório do Exército.

São movimentos oportunistas, típico "reposicionamento de marca" de uma parcela dos militares. Bolsonaro não serve mais como instrumento de seu projeto de poder e, ao que parece, eles irão buscar alternativas. Isso não os torna menos golpistas nem anula o fato, negativo em todos os sentidos, de que estão fazendo política quando deveriam estar nos quartéis.

A CAMPANHA DO ÓDIO EM AÇÃO
18.01.2022

Reportagem de Jamil Chade e Lucas Valença, no UOL, mostra tratativas do "gabinete do ódio" para adquirir tecnologias de espionagem israelense. Uma das empresas procuradas, que atende pelo sugestivo nome de DarkMatter (em português significa "matéria escura"), desenvolveu dispositivos que podem invadir computadores e celulares, mesmo com os aparelhos desligados.

Essas movimentações prenunciam que os mecanismos de disparo em massa de mentiras por aplicativo, largamente utilizados em 2018, serão brincadeira de criança perto do que estará, agora, ao alcance das quadrilhas que apoiam o chefe miliciano. Indicam também como a campanha de reeleição de Bolsonaro poderá atuar totalmente fora do radar do TSE, deixando os concorrentes a comer poeira e as instituições a enxugar gelo.

Talvez seja a confiança de Bolsonaro em esquemas criminosos que explique seu comportamento, em alguns aspectos, pouco compatível com o de quem busca a recondução ao cargo. Ele nunca demonstra compaixão pelas vítimas de tragédias. Ao contrário, exibe frieza e desdém, como fez durante as enchentes na Bahia e em Minas Gerais e como tem feito ao longo da pandemia, chegando ao cúmulo de negar vacinas para crianças.

Bolsonaro já deu o tom da violência que vai estimular nos próximos meses. Em recente pronunciamento, ameaçou o Movimento dos Trabalhadores Rurais Sem Terra com o excludente de ilicitude, uma licença para matar, a ser dada para policiais que ajam "sob violenta emoção". A proposta foi derrotada no Congresso, mas ainda é defendida pela bancada da bala.

É tudo na mesma linha do "vamos fuzilar a petralhada toda aqui do Acre" e "petralhada, vai tudo vocês (sic) para a ponta da praia [gíria para lugar de execução de presos políticos na ditadura]". O golpista emite sinais eloquentes de que não aceitará a derrota e de que tudo fará para tumultuar as eleições. Nossas instituições estão preparadas para detê-lo?

O GOVERNO DOS DOIS ABUTRES
29.01.2022

Os abutres do título são Damares e Queiroga. Sim, eu sei, o responsável maior por tudo isso é Bolsonaro. Mas quero falar desses dois pelo que fizeram nos últimos dias, com suas notas "técnicas" que são decretos de morte, com seu palavrório "técnico" homicida.

Ao semear confusão proposital sobre as vacinas, os dois abutres sopram o hálito da morte, desestimulam as pessoas a dispor do melhor recurso de proteção neste momento, receber uma injeção no braço, ato corriqueiro até outro dia.

Como nas facções criminosas, os dois abutres competem em vilania para desfrutar das graças do chefe. Agem por motivo torpe, cruel, fútil, sem dar possibilidade de defesa às vítimas. Seus alvos são crianças! Muitas delas talvez já sejam órfãs de pai, mãe ou de ambos, mortos pela Covid. Crianças que poderão ter sequelas da doença. Crianças já tão sacrificadas em dois anos de prejuízos no aprendizado.

Queiroga é médico. Damares é capaz de perseguir uma criança grávida em decorrência de um estupro. Aves de mau agouro, rondaram a família de uma criança com doença no coração, como urubu que sobrevoa a carniça. Tudo isso há de ser considerado agravante no dia em que forem julgados. Esse dia há de chegar.

Fico a imaginar o êxtase dos abutres com a explosão da ômicron e as UTIs pediátricas lotadas, o gozo com a abertura de novos sepulcros. Estamos aprisionados nessa demência desenfreada, numa soma interminável de pesadelos e loucura impiedosa, soterrados por um colapso ético.

Como explicar, agora e no futuro, o fracasso das instituições em proteger a sociedade e em deter a ação criminosa dos dois abutres em ostensiva violação da Constituição e do Estatuto da Criança e do Adolescente? Quantas pessoas estão morrendo no exato momento em que você lê este texto? Quantas ainda vão morrer? Seu pai, sua mãe, seu filho? A memória desses horrores vai vibrar nas nossas consciências murchas, e talvez envergonhadas, por muito tempo.

NARA, MILITARES E O BOLSONARISMO
01.02.2022

A entrevista do comandante da Aeronáutica, Carlos de Almeida Baptista Junior à "Folha" ofende os fatos e a lógica. Baptista repete a ladainha de que "a política não entrará nos nossos quartéis" e que os militares sempre prestarão continência "a qualquer comandante supremo das Forças Armadas".

Para ser levado a sério, ele teria que explicar com clareza, e não com ambiguidades e recados mal disfarçados, a nota intimidatória do Ministério da Defesa à CPI da Covid no Senado e o tuíte do Alto Comando do Exército, publicado por Villas Bôas, em 2018, com ameaças ao STF, na véspera da votação do habeas corpus de Lula.

Bolsonarista raiz, Baptista compara a presença de militares no atual governo à atuação de acadêmicos nos mandatos de FHC e à de sindicalistas na era Lula. Cinismo ou ignorância? Para dimensionar o necessário debate sobre o papel dos fardados na democracia, trago argumentos do historiador Manuel Domingos Neto, um dos maiores estudiosos do tema no Brasil, em artigo publicado no portal A Terra É Redonda.

O professor toca num dos nervos centrais da questão: a dependência tecnológica das nossas FAs de fornecedores de armas e equipamentos "que não defendem o Brasil, mas reforçam o poderio de potências imperiais".

Sem romper essa dependência, o que esperar dos militares quando — e se — voltarem aos quartéis? Segue Domingos Neto: "Formar novos Bolsonaros, Helenos, Villas Bôas, Pazuellos, Etchegoyens ou coisa pior?". Continuarão os homens armados a arrogar-se a condição de "pais da pátria", "estigmatizando os que lutaram por mudanças sociais?". Manterão suas "operações de garantia da lei, que beneficia os de cima, e da ordem, que massacra os de baixo?".

Para ampliar a discussão, sugiro ainda a série "O canto livre de Nara Leão", que resgata momento de luminosa coragem da cantora. Em plena ditadura, ela diagnosticou sem meias-palavras: "Esse Exército não serve para nada". Nara, atualíssima, cinco décadas depois.

RIO, 40 GRAUS DE BARBÁRIE
05.02.2022

O bárbaro assassinato de Moïse Kabagambe faz a ponte entre dois fracassos civilizacionais. Aperta o nó entre Brasil e Congo, enredados há séculos na violência escravista que moldou os dois países. Atualiza a encruzilhada em que a selvageria se impõe e a humanidade se esvai no precipício.

Moïse e sua família fugiram da guerra e da fome, mas depositaram suas esperanças na cidade errada. No Rio de Janeiro, a bestialidade se alastra como metástase, por fora e por dentro do aparelho de estado. Indícios apontam o envolvimento de milicianos e seus bate-paus no suplício do refugiado congolês.

Na sua gênese, essas máfias impunham a lei do mais forte em lugares esquecidos, inclusive (ou principalmente) pelas autoridades. O tumor foi cevado, as células cancerígenas se desprenderam do foco original e chegaram às areias do cartão postal. Já se nota um padrão: Moïse é a terceira pessoa morta por espancamento em menos de um mês na orla da Barra da Tijuca.

Um policial militar "opera" irregularmente o quiosque onde Moïse trabalhava em troca de migalhas; a família do rapaz diz ter sido intimidada por dois PMs; uma testemunha da execução conta ter pedido ajuda a dois guardas municipais, que a ignoraram. A polícia levou mais de uma semana para prender os criminosos, mesmo tempo que demorou para o quiosque do crime ser interditado.

Prefeito e governador só se manifestaram quando já pegava mal ficar calado. Autoridades federais continuam em silêncio, ainda que a tragédia tenha ocorrido na rua onde o presidente da República tem uma casa. Talvez por isso mesmo.

No livro "Coração das trevas", de Joseph Conrad, sobre a brutalidade colonial no Congo sob domínio belga, tornou-se célebre a frase de um personagem para definir as atrocidades que presenciou contra os congoleses: "O horror, o horror…". A expressão se encaixa de maneira trágica no martírio de Moïse e no que o Rio de Janeiro e o Brasil se transformaram: "O horror, o horror…".

QUEREM APAGAR A HISTÓRIA DO BRASIL
08.02.2022

Um país pode ser analisado pela maneira como lida com o seu passado. Se dependesse do governo atual, a memória da ditadura de 1964 já teria sido sumariamente apagada, em linha com o queixume do ex-comandante do Exército Eduardo Villas Bôas, sobre a Comissão Nacional da Verdade (CNV): "Foi uma facada nas costas".

O que assusta agora, em mais uma tentativa de eliminação do registro histórico, é sua origem em uma decisão judicial. O juiz federal Hélio Silvio Ourém Campos, de Pernambuco, determinou que sejam cobertas por uma tarja todas as menções ao nome de Olinto de Souza Ferraz no relatório da CNV, sob a guarda do Arquivo Nacional, instituição quase bicentenária, tesouro da nossa memória.

Coronel da PM, Ferraz dirigia a Casa de Detenção do Recife quando o militante de oposição à ditadura Amaro Luiz de Carvalho foi morto, no cárcere, sob custódia do Estado brasileiro, conforme investigação feita pela CNV. A sentença determinando o apagamento atendeu a um pedido dos filhos do militar.

A ordem judicial estabelece precedente de enorme gravidade. O relatório da CNV é um documento do Estado brasileiro, que trata da memória coletiva e, portanto, não pode ser mutilado de acordo com conveniências particulares. Nem pelo governo nem por decisão judicial que, aliás, afronta leis vigentes. Importante lembrar que a CNV fez um trabalho de reconstituição histórica, sem o poder de punir qualquer criminoso que tenha agido em nome do Estado.

A Lei de Anistia, de 1979, aprovada ainda em regime de exceção, estendeu um manto de proteção que até hoje beneficia assassinos e torturadores bestiais, livrando-os do banco dos réus. É o contrário do que fizeram outros países, como Argentina e Chile. A esse respeito, o Museu da Memória e dos Direitos Humanos, em Santiago, é uma aula dolorosa, mas necessária, de como se olhar no espelho, por mais tenebroso que seja o reflexo. Para isso, contudo, é preciso coragem.

O "CAPITÓLIO" DE BOLSONARO
12.02.2022

Bolsonaro apresentou, nos últimos dias, pequena mostra de como será sua campanha à reeleição. Dá para identificar três eixos muito bem coordenados. Um deles é o discurso e a produção de símbolos para arregimentar suas bases. Nisso, merecem destaque sua imagem em um clube de tiro e os palavrões, emitidos em estudado tom de desabafo, em comício no Nordeste.

Também voltaram os ataques golpistas ao sistema eletrônico de votação e deturpações, como a expressão "ditadura das canetas", em evidente alusão às decisões de ministros do STF. Misturadas a muitas baboseiras, proliferam ameaças explícitas, como a que foi feita por Eduardo Bolsonaro: "(...) a gente vai dar um golpe que a gente vai acabar com o Lula". São apitos para mobilizar os cães de guerra.

Um segundo eixo é tentar inundar a sociedade com mais armamento e munição, como se pode notar na proposta de "anistia" para quem tem armas em situação irregular. É o anabolizante que vem apascentando (não apenas) milícias e facções bolsonaristas. Por último, há a engrenagem digital do ódio, operada de dentro do governo.

Essas dimensões convergem para promover a violência em escala individual e coletiva, num ciclo multiplicador e permanente de tensões sociais. Esse é o terreno onde grassaram o nazismo e o fascismo. Não é à toa que a defesa do nazismo surge com aparente naturalidade em um podcast com milhões de seguidores.

Nada é aleatório. É perceptível um método de propagação e reverberação de ondas de fúria, que degradam os valores da civilidade e sedimentam a brutalidade e a estupidez como referências para o convívio social e a resolução de conflitos cotidianos.

Bolsonaro age com desenvoltura no pântano e é assim que ele imagina enfrentar Lula, chegar ao segundo turno e vencer. Se não der certo, restará o delírio de insuflar algo semelhante ao "Capitólio" de Trump, nos EUA. A turbulência está só começando. Apertemos os cintos.

O AGRO E A AGENDA DA MORTE
15.02.2022

Li uma vez, duas, três, até me convencer que era real o que estava escrito: Jonatas, de 9 anos, filho de um líder de trabalhadores rurais, foi assassinado a tiros, em Barreiros, Pernambuco, por pistoleiros que invadiram a casa da família. Aterrorizado, o menino estava escondido embaixo da cama, de onde foi arrancado para ser executado na frente dos pais.

Até o momento em que escrevo, não vi nenhuma manifestação de indignação por parte do governador de Pernambuco, Paulo Câmara (PSB). Oferta de proteção à família do pai da criança, Geovane da Silva Santos? Nada. O crime aconteceu há quatro dias.

Jonatas é mais uma vítima imolada na disputa pela terra, cerne da injustiça e da desigualdade que anos de avanços sociais não conseguiram equacionar no Brasil. A síntese poética de João Cabral de Melo Neto, em "Morte e vida Severina", permanece dolorosamente atual, quase 70 anos depois: a cova com "palmos medida (…) é a parte que te cabe deste latifúndio".

A lista de mártires pós-redemocratização é extensa: Padre Josimo Tavares, Paulo Fonteles, João Carlos Batista, Chico Mendes, Dorothy Stang, José Cláudio e Maria do Espírito Santo, a família de Zé do Lago (chacinada um mês atrás) são alguns deles. Corumbiara, Eldorado do Carajás, Fazenda Primavera, Taquaruçu do Norte, Pau d'Arco? São chacinas de trabalhadores rurais, a maioria ainda impune.

Assassinatos, grilagem, trabalho escravo, desmatamento, uso indiscriminado de agrotóxicos são armas de destruição em massa de qualquer resquício civilizatório. Tem quem separe o agronegócio do "ogronegócio", como se existisse uma distinção entre civilização e barbárie nessa atividade. Existe?

Então, quem está do lado civilizado que venha a público condenar a matança desenfreada de brasileiros no campo e a agenda do lucro e da morte. É preciso bem mais do que campanha publicitária no horário nobre. O peso do setor no PIB não pode ser uma licença para matar.

UMA ARAPUCA NO TSE
19.02.2022

O TSE caiu numa arapuca criada por ele mesmo. Em virtude dos ataques de Bolsonaro, no ano passado, ao sistema eletrônico de votação, o presidente da corte, Luís Roberto Barroso, criou a Comissão de Transparência das Eleições e para ela convidou um representante dos militares. A comissão foi formalmente criada um dia depois do 7 de Setembro golpista.

O escolhido para representar os homens fardados e armados foi o general Heber Garcia Portella, do Comando de Defesa Cibernética do Exército, homem de confiança do ministro da Defesa, o golpista Braga Netto. Nos últimos meses, Portella tem se esmerado em bisbilhotar o sistema eletrônico, que Bolsonaro continua a atacar.

As tratativas entre o general e o TSE vinham se dando de maneira reservada em função da necessidade de proteger a metodologia usada na eleição. Qual não foi a surpresa de Barroso ao se dar conta de que trechos de um documento com perguntas do Exército sobre as urnas eletrônicas estavam vazando aqui e ali? Alguma dúvida sobre a origem de tal vazamento? Diante da quebra de confiança, Barroso tornou pública a resposta do TSE às indagações do general.

Ter um militar abelhudando no processo de votação, a convite do próprio TSE, é uma anomalia inexplicável. Outra deformidade foi o convite ao ex-ministro da Defesa, Fernando Azevedo e Silva, para ocupar a direção-geral do TSE. Às vésperas de assumir o posto, ele anunciou sua desistência, alimentando teorias conspiratórias, ainda que tenha alegado problemas de saúde.

Quando anunciadas, as duas medidas foram consideradas por muita gente como uma "vacina" contra a campanha criminosa de Bolsonaro para minar a credibilidade da urna eletrônica. Esse tipo de solução conciliatória daria algum resultado se Bolsonaro fosse capaz de jogar limpo no nível institucional. Sendo o bandido que é, seu único objetivo é a demolição das instituições, da democracia e da República. O TSE ainda não entendeu isso?

TELEGRAM E O ATAQUE À DEMOCRACIA
22.02.2022

Reportagem de Marcelo Rocha, na "Folha", mostra que o aplicativo de mensagens Telegram tem representante legal no Brasil desde 2015. O empresário russo Pavel Durov, um dos fundadores da plataforma, contratou o escritório Araripe & Associados, do Rio de Janeiro, para representá-lo junto ao Instituto Nacional da Propriedade Industrial, órgão do governo federal que faz o registro de marcas no país.

A revelação tira o Telegram da conveniente clandestinidade em que tentou permanecer até agora, ignorando esforços de contato das autoridades do Judiciário brasileiro. Há seis meses, o aplicativo não responde a uma determinação do STF para remover publicação de Bolsonaro com ataques às urnas eletrônicas. Também ignora convite do TSE para discutir o combate a mentiras na campanha eleitoral que se aproxima. É como se dissesse: "E daí?".

O Telegram está no centro da discussão sobre ferramentas digitais de uso planetário, que atuam à margem das autoridades e das leis dos países. O aplicativo não tem bons antecedentes. É a rede preferida dos terroristas do Estado Islâmico. Presta-se aos crimes de pedofilia, tráfico de drogas e de armas. Tornou-se a fossa digital da extrema-direita mundial. Aqui, tudo indica que será o substituto, piorado, do que foi o WhatsApp em 2018.

Não é mera coincidência que Bolsonaro tenha viajado à Rússia, país de origem do aplicativo, e a Dubai, sede atual do Telegram. Enquanto isso, o que faz a Câmara? O chamado projeto das fake news tramita a passos de cágado, sob a indulgência cúmplice de Arthur Lira e a pressão bolsonarista para evitar punições como suspensão, bloqueio ou banimento de plataformas que ajam acima da lei.

A Alemanha deu um bom exemplo de como enquadrar o Telegram. Diante da possibilidade de bloqueio, o aplicativo tirou do ar 60 canais usados por extremistas. A liberdade de expressão nas redes acaba quando a vida das pessoas está sob risco e a democracia por um fio.

O APOCALIPSE BOLSONARO
26.02.2022

Declaração do secretário-geral da presidência, Luiz Eduardo Ramos, remeteu-me aos quatro cavaleiros do apocalipse, citados em textos bíblicos. O general de pijama encrespou-se com os ministros Luís Roberto Barroso e Edson Fachin, ex e atual presidente do TSE, que condenaram ataques ao sistema eletrônico de votação.

Ramos disse que Bolsonaro "está sentado nessa cadeira [da Presidência] por missão de Deus" e que tem recebido críticas "muito duras". Por isso, Ramos afirmou sentir-se no direito de levantar dúvidas sobre a "isenção e imparcialidade de futuros processos".

Não, general, não foi Deus que colocou seu chefete lá. Foram os votos obtidos por meio do mesmíssimo processo que será usado nas eleições de 2022. Invocar suspeitas sobre o sistema de votação, sem provas, é crime. É golpe.

O tom de Ramos contra os ministros é o mesmo da afronta de Braga Netto contra a CPI da Covid. Na época, o general abespinhou-se com declaração do presidente da comissão, Omar Aziz (PSD-AM), sobre o "lado podre" da caserna envolvido em "falcatruas" no Ministério da Saúde, e emitiu nota intimidatória contra os senadores.

Augusto Aras é o terceiro cavaleiro. Não só pela blindagem a Bolsonaro, mas pelo empenho em desmoralizar a CPI e a própria PGR. Os senadores identificaram crimes e provas. Fizeram o que Aras não fez e continua se recusando a fazer: investigar o massacre de quase 650 mil brasileiros, comandado por Bolsonaro.

Especialista no "dane-se" generalizado para o país e as instituições, o presidente da Câmara, Arthur Lira, completa o time. Sentou-se na maior pilha de pedidos de impeachment da História, comanda a rapina do orçamento secreto e ignora há três meses decisão do TSE sobre a cassação do mandato de um deputado.

No tal texto bíblico, o quarteto do fim do mundo é associado a uma sequência de desgraças: peste, fome, guerra e morte. Metáfora perfeita para o que representam Bolsonaro e seus quatro cavaleiros do apocalipse.

MINERAÇÃO ARTESANAL? CONTA OUTRA
01.03.2022

A mais recente novidade na fábrica de mentiras do dicionário bolsonarista é a tal da mineração artesanal, objeto de um decreto presidencial para formulação de políticas públicas para o setor. O decreto constrói uma realidade inexistente, como se a mineração no Brasil ainda estivesse no tempo da bateia.

O decreto é mais um exemplo da persistência do governo em legalizar práticas criminosas, como o garimpo em terras indígenas. Sobre esse assunto, é de grande relevância a investigação feita pelo Instituto Escolhas, "Raio X do ouro", a respeito da extração e comercialização do ouro no Brasil (2015-2020). O relatório conclui que quase metade (229 toneladas) da produção nacional do período tem indícios de origem ilegal.

A pesquisa mostra os mecanismos de "lavagem" da procedência do metal para introduzi-lo nos fluxos nacionais e internacionais de comércio, com a participação de instituições financeiras, para que o ouro chegue ao consumidor com aparência lícita. Uma aliança comprada numa joalheria de São Paulo, por exemplo, pode estar contaminada por uma cadeia de ilegalidades cometidas na Amazônia.

A mineração (mesmo a ilegal) requer alto investimento, opera em escala industrial e movimenta dinheiro grosso. Tão grosso que atraiu a atenção de militares de pijama. A Agência Pública revelou que o general Cláudio Barroso Magno Filho atua como lobista de um banco canadense e suas mineradoras na Amazônia. A "Folha" mostrou que Augusto Heleno autorizou pesquisa mineral em área intocada da região. Recuou posteriormente.

A indústria da mineração gasta muito dinheiro com *greenwashing*, vendendo a falseta de uma atividade sustentável. Se isso fosse sério, a primeira coisa a fazer seria condenar a agenda que beneficia criminosos. Outro passo importante seria pagar as justas indenizações aos atingidos pelos desastres. Que o digam as vítimas de Mariana e Brumadinho. Sem isso, o que sobra é o vale-tudo e a lei do mais forte.

A UCRÂNIA E O PL ANTI-INDÍGENA
05.03.2022

Governistas estão usando a guerra na Ucrânia e o possível desabastecimento de fertilizantes no Brasil como chantagem para acelerar a votação do projeto de lei 191/2020. Como se sabe, o projeto viola a Constituição ao permitir a mineração e o garimpo (entre outras atividades) em territórios indígenas.

A eventual escassez é mero pretexto para passar o rolo compressor sobre os direitos dos indígenas. Mesmo que o projeto seja aprovado na Câmara em regime de urgência[31], provavelmente a guerra já terá terminado quando a tramitação for concluída.[32]

Uma importante contribuição para entender o que está em jogo é o relatório "Quem é quem no debate da mineração em terras indígenas", organizado pela historiadora Ana Carolina Reginatto e pelo geógrafo Luiz Jardim Wanderley.

Recém-divulgado pela ONG Comitê Nacional em Defesa dos Territórios frente à Mineração, o trabalho esmiúça os lobbies, as entidades poderosas do setor e as forças políticas e econômicas articuladas para avançar sobre novas áreas de extração mineral num cenário em que grandes jazidas são cada vez mais raras.

O PL trata as terras dos povos originários como a última fronteira a ser derrubada para permitir a entrada avassaladora das engrenagens que produzem devastação ambiental, conflitos, violência, doença e morte na floresta. Os indígenas não foram ouvidos e são tratados como seres invisíveis, sem poder de veto contra os grandes empreendimentos.

A proposta estabelece consultas de faz de conta e uma vaga forma de remuneração pela exploração econômica dos territórios, além de estimular disputas entre os indígenas pelos recursos.

A análise dos dois pesquisadores mostra ainda que o projeto pode criar condições semelhantes à da "corrida do ouro", nos anos 1980, na Amazônia, quando invasões e massacres quase levaram ao extermínio de povos como os yanomamis e os cintas-largas. Se aprovado, será um golpe fatal contra os indígenas, comandado por Bolsonaro, seu maior algoz.

---

31 O PL 191/2020 não havia sido votado até a publicação deste livro.
32 A guerra na Ucrânia segue com desfecho imprevisível.

TRANSFOBIA NO MEC
12.03.2022

O pastor que ocupa o Ministério da Educação, Milton Ribeiro, pouco fala, mas, quando abre a boca, sempre provoca estupefação pela capacidade de expressar uma visão de mundo tão obscurantista e sombria.

Seu palavrório incita a discriminação, a hostilidade e a violência contra a população LGBTQIA+. Sendo titular do MEC, tudo que fala, faz ou deixa de fazer reverbera no tecido social, tem consequências concretas. Por isso, o ministro precisa ser responsabilizado.

A Procuradoria-Geral da República já o denunciou por homofobia porque, em entrevista, ele afirmou que jovens homossexuais são de "famílias desajustadas". Cabe ao STF aceitar ou não a denúncia para que ele se torne réu. Vale lembrar que, em 2019, a corte decidiu equiparar condutas homofóbicas e transfóbicas ao crime de racismo.

Pois bem, dias atrás, Ribeiro saiu-se com outra. Disse que não vai permitir que escolas ensinem "coisa errada" para crianças; que "não tem esse negócio de ensinar 'você nasceu homem, pode ser mulher'". A fala é carregada de transfobia. O ministro da deseducação desconhece que orientação sexual e identidade de gênero são a dimensão primordial da existência. Saber quem somos é tão essencial quanto o ar que respiramos.

Mas exigir tal compreensão é pedir demais para alguém que tem fixação na violência como método pedagógico. No púlpito de uma igreja, em 2016, Ribeiro preconizou a "vara da disciplina" para corrigir o comportamento das crianças. "Há uma inclinação na vida da criança para o pecado, para a coisa errada", delirou.

Já ministro, o sujeito disse ainda que crianças portadoras de deficiência "atrapalham" o aprendizado de outras e que "é impossível a convivência" entre elas. Ribeiro soa como um Torquemada deslocado no século 21. Também não faria feio no gabinete de Hitler, com seu discurso de filiação eugenista, propagador da segregação social que sabemos onde termina: em ódio, sofrimento e morte.

"TIRE O SEU ROSÁRIO DO MEU OVÁRIO"
15.03.2022

Neste mês em que celebramos conquistas das mulheres, tivemos aqui no Brasil demonstrações ultrajantes do quanto regredimos em respeito às nossas lutas e reivindicações. E aqui peço licença ao leitor para me incluir no texto como sujeito do coletivo maior: mulheres que lutam para ocupar espaços em sociedades ainda marcadamente patriarcais.

O tratamento degradante a nós dirigido vem do mesmo caldo onde fermentam Bolsonaro e outras figuras repulsivas, como o deputado paulista que escarneceu de refugiadas de guerra, na Ucrânia, e o procurador-geral da República. Augusto Aras disse o que entende por liberdade de escolha para as mulheres: nós podemos decidir a cor do esmalte e o sapato que queremos usar.

O discurso do PGR, recendendo a bolor e ranço machista, ignora o direito de escolha que realmente nos interessa: a autonomia sobre nossos corpos para decidir quando e como ser mãe. Nesse sentido, o Brasil está na contramão de importantes vizinhos. A chamada "maré verde" começou com a Argentina (2020) e expandiu-se com o México (2021) e a Colômbia (2022).

As instituições desses países deixaram de considerar o aborto crime, em diferentes fases da gestação, dando às mulheres condições de interromper a gravidez de forma segura, no sistema público de saúde, não sozinhas e desesperadas em clínicas clandestinas, onde muitas encontram a morte. No Brasil, o aborto só é permitido em caso de estupro, risco à vida da mãe e quando o feto não tem cérebro (anencéfalo). São condições que não dão conta da nossa realidade.

A mescla, proposital e nefasta, entre política e religião, estimulada por Bolsonaro e sua base fundamentalista e argentária, contamina o debate e trava qualquer avanço legislativo que nos permita escapar do risco de prisão, sequelas ou morte diante de uma gravidez indesejada. É por isso que temos que continuar a gritar alto e em bom som o lema das feministas: "Tirem os seus rosários dos nossos ovários!".

A MEDALHA NO LUGAR ERRADO
19.03.2022

Com a campanha eleitoral na porta, Bolsonaro vai empregar, cada vez mais, estratégias da guerra de comunicação que ele sabe manejar como poucos, é preciso admitir. Deve-se a isso à medalha do mérito indigenista que ele e alguns puxa-sacos receberam. Sendo o presidente o maior inimigo dos povos indígenas, dar a ele essa honraria equivale a premiá-lo pela excelência no combate à pandemia no Brasil.

Esse tipo de provocação captura a agenda do debate público, dispersa o foco, ocupa as instituições, que precisam responder aos seguidos abusos. É forçoso manifestar nossa indignação contra o escárnio, como bem fez o indigenista Sydney Possuelo, que devolveu a mesma medalha, por ele recebida há 35 anos.

Possuelo é um desses brasileiros gigantes, descendente direto da linhagem que começa com o marechal Rondon, passa pelos irmãos Villas-Bôas e chega ao médico Erik Jennings. Ex-presidente da Funai, ao tempo em que a instituição defendia os indígenas, Possuelo foi quem idealizou a política de respeito ao isolamento voluntário de algumas etnias.

A ira santa que o fez devolver sua medalha — esta, sim, merecida — deve nos servir de guia e inspiração. Precisamos lembrar e falar, o tempo todo, o que realmente importa. E o que importa? A fome, o desemprego, a miséria, o aumento da gasolina e do gás, o PIB minguante, a inflação crescente, a carne trancada a cadeado na geladeira do supermercado. E o crime maior: o genocídio de 660 mil brasileiros. Mudar a classificação de pandemia para endemia não diminuirá a torpeza do delito.

Importam ainda a devastação da Amazônia, a expansão das milícias, a sociedade intoxicada de armas e violência, as negociatas da família presidencial, da base corrupta no Congresso e dos generais malandros, as rachadinhas e a pergunta: quem mandou matar Marielle? Vital é também resistir aos ataques contra a democracia e eleições limpas. O resto é truque de distração da cartilha extremista.

O TELEGRAM SE ENQUADROU?
22.03.2022

É muito cedo para concluir que sim, mas a pressão exercida pelo ministro do STF Alexandre de Moraes começou a dar resultado. Até dias atrás, o Telegram se comportava como uma empresa fora da lei, useiro e vezeiro em ignorar decisões do Judiciário ou em atendê-las a seu bel-prazer e conveniência.

Não tinha sequer representante no Brasil, embora já houvesse constituído, desde 2015, um escritório de advocacia para cuidar do registro de sua marca junto ao Instituto Nacional da Propriedade Industrial, como revelou a "Folha".

Diante do bloqueio iminente e dos prejuízos decorrentes, o aplicativo prófugo apressou-se a dar explicações. Uma delas é a desculpa pouco crível de que não respondera ao STF e ao TSE porque as mensagens teriam se perdido na caixa de um e-mail geral da empresa.

O aperto judicial tirou o Telegram da semiclandestinidade em que atuava. A empresa nomeou um advogado para representá-la, comprometeu-se a monitorar os cem canais mais populares do seu submundo digital e a iniciar um processo de moderação de conteúdo.

É pouco provável, porém, que isso seja suficiente para reduzir o tráfego de ataques criminosos à democracia e ao sistema eletrônico de votação no aplicativo preferido de Bolsonaro e de suas milícias digitais.

Não foi por outro motivo que a AGU reagiu com o pedido de medida cautelar contra a ordem inicial de Moraes para derrubar o Telegram. Observe, leitor: um órgão do Estado brasileiro, pago pelo contribuinte, defendendo interesses de uma empresa estrangeira, conhecida por ser o refúgio de criminosos, extremistas e terroristas, como o Estado Islâmico.

Na queda de braço entre Bolsonaro e o Judiciário, a instituição marcou um ponto. Mas o cerco ao aplicativo está longe, bem longe, de impedir a ação daninha da máquina de mentiras a serviço do presidente. A extrema-direita movimenta-se no universo digital com tanta rapidez que deixa sempre a impressão de que as autoridades estão enxugando gelo.

OS AMIGOS DO PASTOR GILMAR
26.03.2022

Dois dos ministérios de maior alcance social, Educação e Saúde, são os mais prejudicados no desgoverno Bolsonaro por uma combinação perversa de trambicagem político-religiosa, corrupção em grande escala e incompetência na gestão de políticas públicas.

As duas pastas estão no quarto titular. Pela Saúde, passaram Henrique Mandetta, o cometa Nelson Teich, o capacho Eduardo "um manda, outro obedece" Pazuello e hoje é ocupada pelo sonegador de vacina para crianças, Marcelo Queiroga.

A Educação estreou com o despreparado Ricardo Vélez Rodríguez e foi rebaixada com o fugitivo Abraham Weintraub. Carlos Decotelli mentiu sobre o currículo e não pôde assumir. Assim chegamos a Milton Ribeiro, aos pastores Gilmar dos Santos e Arilton Moura e aos amigos de ambos, a quem o ministro, pressuroso, empenhava-se em atender, como Bolsonaro determinara.

Os pastores não ocupavam cargos oficiais, mas tinham o que interessa a quem disputa o butim: o poder de abrir portas, a agenda do ministro e a chave do cofre do Fundo Nacional de Desenvolvimento da Educação (FNDE), além da preferência de marcar encontros em hotéis ou restaurantes.

Graças à CPI da Pandemia no Senado, soubemos que negociações para compra de vacinas envolveram circunstâncias semelhantes, à margem dos canais formais, com a intermediação sorrateira de "facilitadores". O leitor deve lembrar, por exemplo, de figuras como o cabo Dominghetti e o choroso pastor Amilton Gomes de Paula, e das conversas que combinavam na mesma frase as palavras vacina e propina, no restaurante de um shopping.

As políticas de educação definem um país. A saúde do seu povo o sustenta. A tragédia na saúde pode ser contada nas 660 mil covas abertas para os mortos pela Covid. A crise na educação será sentida por gerações. Como Darcy Ribeiro diagnosticou décadas atrás: "A crise de educação no Brasil não é uma crise; é um projeto".

OBRIGADA, PABLLO VITTAR!
29.03.2022

A decisão do ministro Raul Araújo, do TSE, de impor censura em um festival de música, é um alerta inquietante do que vem por aí. Confundir atos de expressão individual de artistas com "propaganda político-eleitoral" já preocupa bastante por ignorar direito garantido pela Constituição. Mas não surpreende, considerando despacho anterior do mesmo juiz, mantendo painéis de rua com propaganda do candidato à reeleição.

Bolsonaro faz campanha todos os dias. Cada vez que abre a boca é para minar a democracia, as instituições republicanas e as eleições, atacar ministros do STF e do TSE, infringir a lei. Tudo às claras, como fez ao convocar para o "lançamento da pré-candidatura" dele. Mas o juiz apressou-se em tentar calar artistas. A percepção de que a Justiça tem lado é muito perigosa.

Tudo isso me fez lembrar a canção de Belchior, "Como nossos pais", de 1976. A ditadura censurava, matava, torturava, prendia e arrebentava. "Há perigo na esquina", diz um verso. É a mesma canção que diz: "Para abraçar seu irmão/ E beijar sua menina na rua/ É que se fez o seu braço/ O seu lábio e a sua voz". É aí que entra Pabllo Vittar, a cantora que desencadeou a reação dos advogados de Bolsonaro e a decisão estapafúrdia do juiz.

A voz, o lábio, o braço, o corpo inteiro da Pabllo Vittar, sua coragem, valem por mil manifestos políticos. Sua disposição para o enfrentamento da hipocrisia, da discriminação e de preconceitos têm imensa capacidade mobilizadora. Pabllo certamente sabe que se torna um alvo fácil, exposta à ira de reacionários covardes, mas não se deixa intimidar.

Pabllo é a combinação irresistível de "cabelo ao vento, gente jovem reunida", luminosa, transgressora, transformadora. Como disse um amigo meu, precisamos "vittalizar" o Brasil. Vi e revi a imagem da Pabllo e me peguei cantando de novo Belchior: "Pois vejo vir vindo no vento/ O cheiro da nova estação/ Eu sei de tudo na ferida viva/ Do meu coração". Obrigada, Pabllo Vittar!

NOJO DOS GOLPISTAS, ONTEM E HOJE
02.04.2022

A ordem do dia assinada pelo golpista Braga Netto e pelos três comandantes militares, para ser lida nos quartéis e assinalar a data do golpe de 1964, é uma peça do mais puro cinismo, uma fraude cognitiva para tentar reescrever e falsear a verdadeira História, que desonra os militares brasileiros.

Não, senhores, não houve "movimento" nem "revolução" em 1964. Houve um golpe militar-empresarial que decretou 21 anos de escuridão. No eclipse das liberdades, a ditadura perseguiu, prendeu, torturou, matou, exilou, censurou, corrompeu, instaurou o terrorismo de Estado, empobreceu o povo.

Golpistas de ontem, golpistas de hoje. O texto da ordem do dia condensa a lógica distorcida do discurso bolsonarista, que já está dando o tom da campanha e prepara a maré montante de violência que irá reger o processo eleitoral.

É o ataque às urnas ("não serão dois ou três que decidirão como serão contados os votos"), aos ministros do STF e do TSE ("cala a boca; bota a tua toga e fica aí") e o vínculo mentiroso que Bolsonaro estabelece o tempo todo entre liberdade e posse de armas pela população.

Tal como fazem as máfias, Bolsonaro conseguiu garantir proteção na Câmara dos Deputados e apascentou a PGR. Mas o STF continua sendo o terreno movediço das suas vulnerabilidades.

Uma delas é a decisão da ministra Rosa Weber mantendo a investigação que o arrasta para dentro do esquema de corrupção na compra de vacinas pelo Ministério da Saúde, como mostrou a CPI no Senado. A Bolsonaro, resta assanhar suas milícias e hostes laureadas com o sangue dos que tombaram combatendo a ditadura.

Compromisso com a democracia é pacto com a Constituição. Nas palavras de Ulysses Guimarães, em 1988: "Traidor da Constituição é traidor da pátria. Conhecemos o caminho maldito. Rasgar a Constituição, trancar as portas do parlamento, garrotear a liberdade, mandar os patriotas para a cadeia, o exílio e o cemitério. Temos ódio à ditadura. Ódio e nojo".

BOLSONARO, INIMIGO DA DEMOCRACIA
05.04.2022

O novo desenho das bancadas na Câmara federal reflete o cenário da pré-campanha eleitoral. Bolsonaro e Lula são as grandes forças gravitacionais em disputa. As duas maiores bancadas pertencem aos partidos dos dois pré-candidatos, PL e PT respectivamente.

Mas há uma diferença importante. O PL, de Valdemar Costa Neto, quase dobrou de tamanho. A bancada petista manteve-se basicamente a mesma. O fortalecimento de Bolsonaro na Câmara é também a consolidação de poder do centrão, rebotalho alçado à força hegemônica na soma das várias legendas de aluguel que têm atravessado os governos do período democrático, com maior ou menor influência, ao sabor das circunstâncias.

Além do PL, o PP de Ciro Nogueira e Arthur Lira, e o Republicanos, de Marcos Pereira, de forte componente religioso, formam o amálgama que dá suporte ao bolsonarismo. São legendas com DNA autoritário e fisiológico, subprodutos da Arena, partido de sustentação da ditadura.

Da mesma forma que o União Brasil, resultado da fusão entre o DEM e o PSL, sigla pela qual Bolsonaro se elegeu em 2018. O DEM é especialista em mimetismo. Foi Arena, PDS, PFL, DEM e agora camufla-se no União Brasil. Apesar de dizer que almeja candidato próprio, viceja nas franjas do bolsonarismo.

Com o campo da direita preenchido, sobra pouco espaço para *outsiders* e aventureiros, como Moro (agora no União Brasil) e Doria (PSDB), crescerem. Os dois implodiram acordos e pontes nos últimos dias. Moro errou ao achar que sua fama residual de justiceiro lhe daria tapete vermelho em qualquer agremiação.

Doria pensou que sua atuação (correta) na pandemia lhe daria fôlego para uma boa largada. Acabou deflagrando um processo autofágico no PSDB, reforçado pelo comportamento errático do ex-governador gaúcho Eduardo Leite. O caminho para a tal terceira via se exaure. A disputa presidencial está posta entre dois polos. Mas apenas um deles é o extremista inimigo da democracia a ser derrotado.

MARIELLE, O MILICIANO E O PRESIDENTE
09.04.2022

Como uma assombração renitente, o miliciano Adriano da Nóbrega, assassinado em fevereiro de 2020, na Bahia, com todas as características de queima de arquivo, reaparece agora na voz de uma de suas irmãs.

Reportagem de Ítalo Nogueira, na "Folha", revela grampos telefônicos feitos pela polícia do Rio, em que Daniela da Nóbrega afirma que o irmão, chefe do Escritório do Crime, se considerava um "arquivo morto". E, completa ela, "já tinham dado cargos comissionados no Planalto pela vida dele" e "fizeram uma reunião com o nome do Adriano no Planalto".

Na distopia tropical em que assassinatos, corrupção, poder e política se misturam com espantosa naturalidade, Fabrício Queiroz, operador da rachadinha, tentou desmentir a irmã de Adriano, dizendo que ela quis se referir ao Palácio Guanabara, sede do governo do Rio de Janeiro, não ao Planalto.

Foi a mesma versão adotada em seguida por seu amigo do peito Bolsonaro. "Em vez de falar Palácio Laranjeiras [também do governo do Rio], falou Palácio do Planalto", especulou. Ambos tentam empurrar a execução de Adriano para o ex-governador Wilson Witzel.

O mais grave, porém, é que, em ato falho, Bolsonaro relacionou ele mesmo e Adriano da Nóbrega ao assassinato da vereadora Marielle Franco, em março de 2018, sem que esse vínculo tenha sido apontado pelos novos grampos. "Alguém me aponta um motivo que eu poderia ter pra matar Marielle Franco?". Quatro anos depois do crime, essa é uma das muitas perguntas ainda sem resposta.

Um ano atrás, o espectro de Adriano já havia aparecido num documento do Ministério Público do Rio de Janeiro, revelado pelo The Intercept, que o relacionava ao "cara da casa de vidro". Segundo a reportagem, seria uma referência à fachada do Palácio da Alvorada.

O miliciano assassinado era peça-chave para o esclarecimento de crimes que insistem em se aproximar do clã Bolsonaro. Não surpreende que se considerasse um homem marcado para morrer, que não tardaria a ser um "CPF cancelado".

PACHECO, E A CPI DO MEC?
12.04.2022

São abundantes as denúncias feitas pela imprensa sobre o assalto de predadores da educação ao cofre do FNDE (Fundo Nacional de Desenvolvimento da Educação). É como praga em plantação. Deixa terra arrasada, mas enche o bolso de pastores trambiqueiros, da escumalha do centrão e de empresários de fachada.

Na esbórnia com o dinheiro público, propina é cobrada em ouro e empurram-se jogos de robótica para escolas que não têm água nem internet, onde as aulas são suspensas por causa do calor e a descarga nos banheiros não funciona. O destino dos robôs será ferrugem e poeira.

Apesar da fartura de indícios criminosos, senadores da oposição têm tido enorme dificuldade para criar a CPI do MEC. Enfrentam a pressão do governo e da bancada evangélica, fortemente mobilizada para proteger os cupinchas do presidente, Gilmar dos Santos e Arilton Moura, e o ex-ministro da Educação, Milton Ribeiro, todos pastores.

Outra frente de embaraço à CPI tem origem na letargia do presidente do Senado, Rodrigo Pacheco (PSD-MG), que repete seu comportamento quando da CPI da Covid. Na época, Pacheco resistiu o quanto pôde, mesmo quando o Brasil chegava, então, a quatro mil mortos por dia. Era como se 20 aviões caíssem todos os dias em solo brasileiro sem nenhum sobrevivente! E Pacheco falava em buscar um "pacto" com o governo.

Agora, diz-se preocupado com o "viés eleitoral" de uma CPI para investigar falcatruas no MEC. Com modos melífluos de causídico de província, Pacheco até consegue dar algum verniz de civilidade à sua atuação no comando do Senado. Não tem os maus bofes de jagunço e a truculência de um Arthur Lira (PP-AL), por exemplo. Nem por isso deixa de ser linha auxiliar de Bolsonaro.

A CPI da Covid só foi criada por determinação do STF. Caso a oposição consiga o número de assinaturas necessárias agora, o enredo se repetirá?[33] Legislativo que não cumpre seu papel se rebaixa, age como cúmplice e colabora com a ruína da democracia.

---

[33] Em julho de 2022, Rodrigo Pacheco leu o requerimento de instalação da CPI, que ficou para depois das eleições presidenciais e caiu no esquecimento. O ministro Milton Ribeiro foi demitido em março de 2022 em consequência do escândalo.

JORNALISTAS E O OVO DA SERPENTE
16.04.2022

Relatórios publicados recentemente por entidades do setor jornalístico (Fenaj, Abraji e Abert) revelam uma explosão de violência contra profissionais da comunicação no Brasil. São insultos, ataques físicos, atentados, assassinatos, censura e restrições à liberdade de imprensa.

A hostilidade contra jornalistas é estimulada pelo presidente da República e seus apoiadores. Bolsonaro já quis dar "porrada" em repórter e mandou jornalistas à PQP. A truculência mira os profissionais e também o jornalismo como atividade essencial à democracia.

Ele não dá entrevistas coletivas formais e ministérios não se dão ao trabalho de atender à imprensa. É um generalizado "E daí?". Não há o menor respeito e compromisso com a informação de interesse público. O presidente se comunica por redes sociais e veículos patrocinados pelo bolsonarismo.

As milícias digitais fazem o resto. Ao jornalismo profissional, resta reverberar as barbaridades exaladas por uma máquina de mentiras e mistificações. Tudo isso é um método de sabotagem ao papel da imprensa. Faz parte da estratégia da extrema-direita em todo o mundo na escalada de processos autoritários.

Um caso brutal aconteceu recentemente em Brasília. O jornalista Gabriel Luiz, da Rede Globo, foi esfaqueado perto de casa. É preciso investigar se a tentativa de assassinato está relacionada ao trabalho jornalístico de Gabriel Luiz. Dias antes do crime, ele havia publicado reportagem mostrando um conflito entre moradores da cidade-satélite de Brazlândia e um clube de tiro ao ar livre. Depois da publicação, o repórter informou que o clube fora fechado por oferecer risco à vizinhança.

Em todo o período democrático, nunca vivemos nada parecido. O ovo da serpente eclodiu. A imprensa não pode repetir em 2022 a fraude cognitiva dos dois "extremos" de 2018. Só há um extremista. Não diferenciá-lo dos demais candidatos contribui para a violência contra nós mesmos e contra toda a sociedade.

ODORICO E O VIAGRA DOS MILITARES
19.04.2022

Exibida 50 anos atrás, a novela "O bem-amado", do dramaturgo Dias Gomes, guarda desconcertante correspondência com o Brasil atual. Na pele do excepcional Paulo Gracindo, o prefeito de Sucupira, Odorico Paraguaçu, encarnava a síntese do que hoje se chama necropolítica, quando essa palavra talvez nem existisse.

A única obra do prefeito é um cemitério, e ele trama o tempo todo a morte de algum cidadão para inaugurá-lo. Odorico manda até roubar vacinas que poderiam evitar uma epidemia. É quase uma profecia do que viria a ser o Brasil sob Bolsonaro.

Dias Gomes nos faz refletir sobre um país violento e autoritário por meio de muitos outros personagens. Tem o empresário que estupra por "diversão" e os playboys que, por "curtição", tocam fogo num homem que dormia na rua.

Em 1997, a realidade superaria a ficção, com o assassinato do líder indígena Galdino Jesus dos Santos, queimado enquanto dormia num ponto de ônibus, em Brasília, por cinco delinquentes de classe média. Barbárie que completa 25 anos e que ainda nos ronda.

A novela caiu no gosto popular talvez porque o autor, com diálogos cheios de ironia e humor cortante, tenha feito a audiência se olhar no espelho e rir de si mesma. Dias Gomes também sabia iludir a censura. Odorico era tratado pela patente de "coronel". Seu bordão, "Pra frente, Sucupira!", zombava da canção "Pra frente, Brasil!", símbolo da ditadura.

Ao novelista não escapou nem a piada do momento, desde que a imprensa descobriu a compra de Viagra e próteses penianas para militares, com dinheiro público. Em "sucupirês", o coronel Odorico Paraguassu também era "desapetrechado" de potência sexual e recorria a um xarope "revigoratório".

Cabe mencionar ainda a trilha sonora de Vinicius e Toquinho, sob medida para os dias de hoje. A canção "Paiol de pólvora" diz assim: "Estamos trancados no paiol de pólvora/ Paralisados no paiol de pólvora/ Olhos vendados no paiol de pólvora/ Dentes cerrados no paiol de pólvora".

COMO PERDER UM PAÍS
23.04.2022

O perdão de Bolsonaro ao deputado Daniel Silveira (PTB-RJ), um dia depois da condenação pelo Supremo Tribunal Federal, leva o país ao limiar da anarquia institucional, seja qual for o desfecho de mais essa crise, calculada com o propósito de elevar a tensão entre os Poderes, às vésperas da campanha eleitoral.

O ato de Bolsonaro, antes mesmo do trânsito em julgado da sentença, afronta os magistrados, o STF, a democracia, a Constituição e o Estado de Direito. Bolsonaro está mostrando a seus comparsas que o crime compensa e que podem contar com a proteção da maior autoridade do Executivo, disposta a esticar a corda e deixar que ela arrebente.

Bolsonaro age com método e estratégia para desmoralizar as instituições e incendiar o país. Engana-se quem acha que tudo vai se resolver, como num passe de mágica, com as eleições de outubro. Chegaremos até lá? Já não está claro que a extrema-direita tentará um golpe?

Só um impeachment poderia evitar a catástrofe no horizonte. Mas essa é uma esperança perdida. A indulgência cúmplice de Arthur Lira e de Rodrigo Pacheco legitima Bolsonaro no enfrentamento com o STF. Discute-se a decisão do presidente do ponto de vista de uma querela jurídica quando se trata, essencialmente, de uma questão política. O procurador-geral da República, Augusto Aras? Foi visto flanando em Paris.

Tudo isso acontece num ambiente de degradação democrática do qual não escapa nenhum mecanismo institucional. A Lei Rouanet, destinada a fomentar a cultura, tornou-se instrumento de promoção do armamento da população. Autoridades sentem-se à vontade para zombar de quem foi torturado na ditadura, com declarações cínicas e desavergonhadas.

Quando se chega a esse ponto e tudo fica como está é porque a sociedade naturalizou o inaceitável, perdeu a capacidade de se indignar e de cobrar o mínimo de decência das instituições e das autoridades que as representam. E é assim que se perde um país.

OS CARRASCOS DA DEMOCRACIA
07.05.2022

O governo Bolsonaro emprega em relação às eleições a mesma estratégia que usou desde o começo da pandemia. O negacionismo científico assume agora sua versão de negacionismo eleitoral. A cloroquina da campanha é o ataque incessante à urna eletrônica.

No auge da pandemia, Bolsonaro teve no general Eduardo Pazuello o executor do trabalho sujo que aumentou exponencialmente a mortandade dos brasileiros. Na fase atual da desconstrução nacional, o posto de capataz do assalto à democracia foi ocupado com desembaraço pelo ministro da Defesa, general Paulo Sérgio Nogueira de Oliveira.

Quase um ano atrás, Pazuello, ainda general da ativa, transgrediu regulamentos militares ao participar de um ato político de apoio a Bolsonaro, no Rio de Janeiro, dias depois de ter prestado depoimento à CPI da Covid, no Senado. Na época, Oliveira era comandante do Exército, livrou a cara de Pazuello e ainda aplicou sigilo de cem anos ao processo disciplinar.

Com que moral Oliveira cobra, agora, transparência do TSE sobre os questionamentos feitos pelas Forças Armadas à votação eletrônica? No intuito de perturbar o processo eleitoral, Oliveira exibe perfil ousado e provocador. Fustiga o poder civil enquanto tabela com Bolsonaro, que anuncia auditoria privada das urnas.

É ação de sabotagem escancarada e facilitada por obra e graça do próprio TSE, que caiu numa armadilha criada por ele mesmo, ao convidar militares para a Comissão de Transparência das Eleições. Foi um erro grave, que deu margem a este cenário anômalo e ameaçador.

Militares não são tutores nem moderadores do poder civil para serem chamados a dar pitaco em assunto que não lhes diz respeito. Ao contrário, eles têm uma dívida com o país, com a democracia e com os direitos humanos pelos 21 anos de ditadura. O TSE precisa exercer seu papel com altivez e coragem, bem como as demais instituições do poder civil. Tibieza e covardia servirão apenas para pavimentar o caminho dos carrascos da democracia.

LULA, ALCKMIN E O SOPRO DA HISTÓRIA
10.05.2022

O anúncio da chapa Lula-Alckmin eleva o nível da campanha pré-eleitoral, muda a agenda e a qualidade do debate político, contaminado até agora pelo golpismo de Bolsonaro. É claro que a sombra do golpe não desaparece, até porque golpismo não é exclusividade do presidente e de seus seguidores mais fanáticos.

Arthur Lira inventou um grupo de trabalho para discutir o semipresidencialismo, um sistema em que, basicamente, o presidente eleito ganha, mas não leva. E surgiu por aí a ideia de um segundo turno com os três candidatos mais votados no primeiro. São casuísmos risíveis e delirantes, golpismo light.

Os movimentos de Lula mostram que ele está ciente dos riscos. O petista é o primeiro candidato a apresentar um vice. O histórico de Lula e Alckmin nos cargos públicos que ocuparam não diz tudo sobre o governo que poderão conduzir, se eleitos. Mas assinala respeito à democracia e à civilidade.

O gesto político de união é uma mensagem poderosa para um país empobrecido, faminto, fraturado pelas desigualdades e intoxicado de violência. A aliança comandada pelo petista junta sete partidos até o momento, quase todos velhos aliados.

Os discursos da dupla, apelando para a superação de divergências do passado, deixam a porta aberta para a ampliação da frente. Muitas outras lideranças de perfil democrático poderiam juntar-se em torno do compromisso de derrotar o bolsonarismo. Algo que emulasse o espírito das Diretas Já nos anos 1980.

Guardadas as diferenças de momento histórico, é importante destacar que os líderes daquele tempo souberam fazer a transição da ditadura para a democracia e construir o pacto que culminou com a Constituição de 1988, a mesma que a extrema-direita quer desmantelar.

O Brasil terá que ser reerguido a partir de escombros enquanto o mundo assiste a uma guerra que irá redesenhar a nova ordem mundial. Para ter alguma voz nesse processo, é preciso perceber para onde está soprando o vento da História.

"REVOGAÇO" E ADEUS ÀS ARMAS
17.05.2022

É aterrador o relato do repórter Ivan Finotti sobre sua visita a uma loja de armas, em São Paulo, para o lançamento de uma marca de fuzil. O novo fetiche da turma da bala custa quase R$ 20 mil e pode ser parcelado em até dez vezes no cartão.

A mesma loja oferece tacos de beisebol, não para praticar o esporte, mas como um item a mais para o cliente montar o seu arsenal. Os bastões têm inscrições como "Direitos Humanos" e "Diálogo". É o recado claro e debochado de como resolver conflitos: no grito, na força bruta, à bala.

Este é apenas um exemplo de como a violência passou a ser um valor promovido pelo governo. Bolsonaro conseguiu afrouxar a legislação sobre armas por meio de decretos e portarias. São instrumentos meramente administrativos, que dispensam a apreciação do Congresso. Alguns deles contaram com a conivência do Exército, que perdeu atribuições de controle e rastreamento.

Quase quatro anos de estímulo às armas produzem muitos efeitos. Tem gente ganhando rios de dinheiro com isso, multiplicaram-se os clubes de tiro pelo país e devem estar abarrotados os depósitos das milícias, facções e outras modalidades de crime.

Há ainda outra consequência, difícil de mensurar, que é a naturalização da percepção de que uma sociedade armada até os dentes seria uma garantia de proteção e segurança para o cidadão. O caso do ex-ministro da Educação Milton Ribeiro, no balcão do aeroporto de Brasília, é autoexplicativo. Ele carregava uma pistola em vez de livros.

Com a convicção de que Bolsonaro não será reeleito, tomo a liberdade de dar uma sugestão ao próximo presidente. No dia da posse, em 1º de janeiro de 2023, como primeiro ato de governo, publique um "revogaço" no Diário Oficial, anulando todas as medidas de facilitação do acesso às armas.

O "revogaço" não resolverá tudo, pois já há um imenso arsenal em mãos erradas. Mas emitirá um sinal poderoso de mudança e de que é possível e urgente dar adeus às armas.

ELON MUSK E A ELEIÇÃO NO BRASIL
21.05.2022

Bolsonaro recebeu Elon Musk com rapapés e tapete vermelho, em cena de vassalagem vira-lata explícita. Como se sabe, Musk negocia a compra do Twitter e já avisou que a liberdade de expressão absoluta na rede social, sem qualquer moderação, está acima de tudo. Música para os ouvidos das milícias digitais e sinal verde para a pregação golpista e os discursos de ódio.

Musk também anunciou que quer reverter o banimento de Donald Trump, expulso do Twitter por ter insuflado extremistas contra a confirmação de Joe Biden em janeiro de 2021. A ação resultou na invasão do Capitólio e na morte de cinco pessoas.

Homem mais rico do mundo, dono de um império de empresas de alta tecnologia, que vai dos carros elétricos à pretensa colonização de Marte, Musk é um oligarca de perfil ególatra e megalômano.

Ficou famoso seu tuíte sobre o golpe na Bolívia, contra Evo Morales, em 2019. Respondendo à crítica de um seguidor, tuitou: "Nós daremos golpe em quem quisermos. Lide com isso". A Bolívia tem as maiores reservas de lítio do mundo, mineral essencial para a produção das baterias de carros elétricos fabricados pela Tesla.

O oligarca se meteu na Guerra da Ucrânia, fornecendo equipamentos da sua rede de satélites, a Starlink, que, segundo a imprensa britânica, está tendo uso não apenas civil, mas também militar, contra as forças russas.

Agora, Musk aparece no Brasil para, supostamente, cobrir a Amazônia com internet, para monitorar os lugares mais remotos, num contrato sem licitação. No Twitter, o oligarca ofereceu um motivo singelo: conectar escolas rurais. Em momento pré-eleitoral, com disparada do desmatamento e ofensiva da mineração sobre terras indígenas? Conta outra.

O poder quase incontrolável das *big techs* tem mostrado graus variados de impacto negativo para as democracias, em vários países. A passagem meteórica de Musk pelo Brasil faz soar um alarme (mais um) sobre enormes riscos de manipulação envolvendo a eleição de outubro.

MILÍCIAS INVADEM A FLORESTA
24.05.2022

A data de 25 de maio de 2022 assinala os 30 anos da homologação da Terra Indígena Yanomami, em Roraima. Sob forte pressão internacional e, às vésperas da realização da Conferência da ONU sobre Meio Ambiente, a Eco-92, no Rio de Janeiro, o então presidente Collor garantiu o território aos yanomamis, acossados por uma "corrida do ouro", nos anos 1980, que quase os levou ao extermínio.

A data deveria ser motivo de comemoração porque foi também um marco na mudança da relação do Estado brasileiro com os povos indígenas, a partir da Constituição de 1988. Mas não há o que celebrar diante da violência que a etnia volta a enfrentar, em inédita intensidade.

Operação da Polícia Federal revelou um modus operandi que poderia ser definido como miliciano-empresarial. Como se sabe, as milícias agem por dentro do aparelho de Estado, com conexões políticas que asseguram a impunidade das organizações criminosas.

Um dos investigados pela PF é o empresário Rodrigo Martins de Mello, suspeito de comandar a operação logística com aeronaves que levam para os garimpos alimentos, combustível e máquinas. Mello é pré-candidato a deputado federal pelo PL, partido de Bolsonaro.

Também os mundurucus, caiapós e xipaias, no Pará, e as etnias da Terra Indígena Vale do Javari, no Amazonas, tiveram seus territórios invadidos recentemente. É uma guerra com várias frentes de ataque. Garimpeiros e seus financiadores são exércitos invasores. Corroem as comunidades, promovem conflitos, levam drogas, violência sexual, poluição da terra e dos rios, doenças e morte.

O presidente, e seu ódio aos indígenas, não carrega essa responsabilidade sozinho. Governos e forças políticas locais, por ação ou omissão, favorecem os invasores. Uma pauta hostil no Congresso e a morosidade do STF em decidir sobre o "marco temporal" também. "O Brazil tá matando o Brasil". O verso de Aldir Blanc e Maurício Tapajós em "Querelas do Brasil" é de dolorosa atualidade.

O BRASIL NUMA CÂMARA DE GÁS
28.05.2022

Na cidadezinha do Nordeste, Genivaldo de Jesus Santos é assassinado no porta-malas da viatura transformada em câmara de gás. Um dos assassinos lança o veneno sobre Genivaldo como quem aplica inseticida para eliminar uma barata.

Genivaldo grita e se debate em desespero. Suas pernas pedem socorro. Genivaldo pede socorro. Mas não será ouvido. Vai desmaiar e morrer nos próximos minutos o cidadão de Umbaúba, Sergipe. Brasil. Os agentes da Polícia Rodoviária Federal não fizeram uma "abordagem policial". Cometeram um crime, sem dar chance de defesa à vítima. Homicídio qualificado, segundo o Código Penal.

Também está errado referir-se à chacina na Vila Cruzeiro, no Rio de Janeiro, como "operação de inteligência". Não podemos repetir essa ignomínia e, muito menos, aceitá-la, sob pena de nos tornarmos cúmplices. Nossa indignação tem que dar às coisas os nomes que elas têm: carnificina, mortandade, matança, morticínio, assassinato em massa. Quais os crimes atribuídos aos mortos? Sua culpa, sua máxima culpa, foi terem nascido pretos e pobres.

O governador Cláudio Castro e as autoridades de (in)segurança têm que responder por essas execuções. Sem qualquer freio ou controle, excitada pelo frenesi de violência do bolsonarismo, a polícia do Rio age sem se distinguir de esquadrões da morte ou grupos de extermínio.

O massacre foi planejado para deixar rastros de sangue e terror, intimidar e imobilizar a sociedade e as instituições. Na chacina da Vila Cruzeiro, como na do Jacarezinho, um ano atrás, os comandos policiais desafiaram explicitamente a ordem do STF de só fazer incursões nas favelas em situações excepcionais.

Nesta semana funesta, não pode passar em branco a hostilidade de empresários do Rio Grande do Sul que levou ao cancelamento da viagem do presidente do STF, Luiz Fux, para evento no estado, por questão de "segurança". O bolsonarismo arreganha os dentes e prenuncia a radicalização extremista do período eleitoral.

PAUTA-BOMBA PARA A MATA ATLÂNTICA
31.05.2022

Tom Jobim dizia que a Mata Atlântica era a "a coisa mais bonita" que já vira e que sua obra fora inspirada pelo esplendor de vida de bichos e plantas. Num tempo em que poucos sabiam o que era ecologia, Tom já falava da urgência de conter o desmatamento e de "plantar floresta".

Imagino a tristeza do Tom se soubesse que hoje ocorre exatamente o contrário. O monitoramento feito pela SOS Mata Atlântica e pelo Inpe revelou um alarmante aumento de 66% na derrubada da floresta em 2021 (sobre 2020).

Tesouro de extraordinária biodiversidade, a Mata Atlântica é também um dos biomas mais ameaçados do planeta, tendo apenas 12% da floresta original preservada. O desmatamento atual deve-se principalmente à agropecuária e à especulação imobiliária. Pressões favorecidas pelo estímulo permanente do vândalo do Planalto ao crime ambiental.

Uma pauta-bomba na Comissão de Meio Ambiente da Câmara agrava ainda mais o cerco ao bioma e preocupa a Rede de ONGs da Mata Atlântica. Um dos projetos pretende esquartejar a Lei da Mata Atlântica, de 2006. Se for aprovado, os campos de altitude perdem a proteção legal. Mesmo risco que correm as faixas mais sensíveis das restingas litorâneas, hoje com status de áreas de preservação permanente.

Outro projeto libera a "caça esportiva", uma sentença de morte para a nossa fauna. Há ainda proposta que inviabiliza a criação de novas unidades de conservação e facilita o desmonte das que já existem. E outra que flexibiliza o licenciamento para lavra de minerais usados na construção civil.

No Senado, a boiada lança mais uma ofensiva para tentar reabrir a Estrada do Colono e rasgar o Parque Nacional do Iguaçu, declarado Patrimônio Mundial Natural pela Unesco. A Mata Atlântica produz água onde vivem 70% dos brasileiros. Isso mesmo, a fúria da bancada do correntão não se importa sequer com a água que bebemos. Deter a lógica da pilhagem ecológica secular não é pauta exclusiva de ambientalistas, mas de cada cidadão.

GENIVALDO E A ESCOLA DE TORTURA
04.06.2022

O assassinato de Genivaldo de Jesus Santos numa câmara de gás móvel, executado por agentes da PRF, pôs em evidência uma empresa preparatória de candidatos a cargos públicos na área de segurança. O curso se chama AlfaCon e seu corpo "docente" (com perdão aos professores pelo uso da palavra) inclui defensores de tortura, assassinato e chacina como método para tratar pessoas consideradas suspeitas.

No vídeo de uma "aula" de 2016, Ronaldo Braga Bandeira Junior (atualmente lotado na PRF em Santa Catarina) ensina a usar gás de pimenta em viaturas, tal como aconteceu com Genivaldo. Outros dois instrutores são os ex-policiais militares Norberto Florindo Junior e Evandro Guedes, este último um dos donos da AlfaCon.

Quando estava em campanha eleitoral, em 2018, Bolsonaro postou um vídeo de propaganda da empresa. E, no mesmo ano, foi ela que serviu de palco para Eduardo Bolsonaro atacar o STF, dizendo que bastariam "um cabo e um soldado" para fechá-lo.

Quem primeiro denunciou essa escola de carrascos foi o site Ponte Jornalismo, em 2019. De lá para cá, várias investigações foram abertas. Corregedoria da PM, Ministério Público Federal, MPs de São Paulo e do Paraná, mas nada resulta em punição. Uma das investigações considerou que tudo não passa de "liberdade criativa" e de narrativa "fictícia" e "lúdica" do instrutor.

Tamanha brandura com quem faz apologia de crimes e incita a sua prática não chega a surpreender. Em 2010, o STF considerou que a Lei de Anistia também se aplica aos torturadores que mataram em nome do Estado durante a ditadura.

Assistir aos vídeos com "aulas" da AlfaCon é como retroceder a um estágio civilizatório perdido na bruma dos séculos. Regida por um código de violência anterior ao Iluminismo, a sociedade brasileira aceita conviver com escolas de verdugos como a AlfaCon, que continuará "preparando" futuros agentes do Estado, com poder de vida e morte sobre cada cidadão. Eu, você ou Genivaldo.

O CAPITAL E SEUS CAPATAZES
07.06.2022

Veio a público um vídeo em que o diretor-presidente do Bradesco, Octavio de Lazari Junior, enaltece o Exército brasileiro. Na gravação, o executivo afirma que se orgulha do período no serviço militar, em que se apresentava como "soldado 939 Lazari". Diz ainda ter aprendido no Exército que "missão dada é missão cumprida" (o infame bordão popularizado pelo filme "Tropa de Elite") e anuncia que "o soldado Lazari continua de prontidão".

A assessoria do banco apressou-se em dizer que a gravação foi feita há dois meses e em caráter pessoal. O ex-comandante de Lazari pedira a ele um vídeo motivacional para os recrutas. O que ninguém explicou até agora é o uso da logomarca do Bradesco do começo ao fim do vídeo, dando à peça um caráter institucional.

O texto também faz referência ao banco, "um dos maiores do mundo", "com 90 mil funcionários". Se a marca e o nome do banco são usados significa que a instituição concorda com o vídeo? Seu principal executivo pode usar o nome do banco em peça elogiosa ao Exército?

Lazari não nasceu ontem. Tem longeva carreira no Bradesco e é um dos dirigentes da Federação Brasileira de Bancos, que dispensa apresentações. Em tal posição, suas palavras e o contexto em que as pronuncia têm que ser medidos. Por acaso o executivo é um lunático, que ignora os ataques golpistas de Bolsonaro e seus generais às eleições? Avaliou que suas palavras não teriam impacto? Ou não se importou com isso? Imprudência ou incompetência?

Lazari pode alegar qualquer coisa, menos ingenuidade. Todas as hipóteses são péssimas. Por certo, muitos clientes do banco gostariam de receber uma explicação que não ofenda a inteligência deles.

Não pode passar sem registro a coincidência (?) com a aprovação de um projeto de Bolsonaro, na Câmara, que permite aos bancos tomar o único imóvel de uma família se este for dado como garantia de um empréstimo e o cliente não conseguir pagar a dívida. O Senado ainda pode evitar essa crueldade.

BOLSONARO EM MODO MILÍCIA
11.06.2022

Bolsonaro acionou o modo milícia para a campanha eleitoral. Vocifera como arruaceiro, bafeja ódio, insufla violência, prega a subversão da ordem constitucional vigente. É só o começo.

Vai piorar muito porque o baderneiro do Planalto sabe que tem apoio de parcela fiel da população e de setores da elite. É o suficiente para levá-lo ao segundo turno e o que precisa para tentar tumultuar as eleições. O método é convocar a turba e inflamá-la. Bastará alguém riscar o fósforo.

A cena repulsiva na Associação Comercial do Rio de Janeiro é evidência de apodrecimento social. Vídeo não tem cheiro, mas se tivesse daria para sentir o odor de mofo na sala em que empresários aplaudiram Bolsonaro quando ele incentivou a desobediência ao STF. Alguém da plateia contestou a incitação ao crime? Ninguém. Ouviram-se aplausos de concordância com o estímulo à anarquia institucional.

Bolsonaro está ciente das pesquisas pré-eleitorais. Sabe que não tem maioria para um golpe. Mas golpes não precisam de maioria. Por isso são golpes. E ele tem sua choldra de bandoleiros incrustados no Congresso e nas instituições de controle a dar garantias para que continue a esbravejar pela ruptura.

O Brasil deu um salto de três décadas para trás no combate à fome. Neste momento, 33 milhões de pessoas não têm o que botar no prato. A pandemia já levou quase 700 mil brasileiros e continua a matar, a adoecer, a infligir dor e sofrimento. É isso que aprovam e aplaudem?

A ascensão de Bolsonaro abalou 30 anos de esforços para reerguer o país com o mínimo de coesão democrática e solidariedade social. Ele soube aproveitar-se da incompletude da obra para tentar destruí-la de vez.

Em sua figura grotesca de desordeiro e predador da democracia, Bolsonaro converteu-se numa arma de destruição em massa. Morre gente, morre o país. Bolsonaro vai passar. Mas deixará a mancha da desonra entre nós cada vez que nos fizermos a pergunta: como não fomos capazes de detê-lo?

QUEM MATOU BRUNO E DOM?
14.06.2022

No momento em que escrevo, esvaiu-se a esperança de que o indigenista Bruno Pereira e o jornalista Dom Phillips sejam encontrados com vida. A família do cidadão britânico teria recebido o aviso de que dois corpos foram localizados num dos pontos de busca do Vale do Javari, na imensidão da floresta amazônica, que eles tanto amaram.

Quem os matou? Bruno e Dom foram mortos por todos os que incentivam o crime contra os povos indígenas, suas terras, a floresta, suas águas, bichos e plantas. Por aqueles que enfraqueceram os órgãos de fiscalização nos últimos anos, tirando-lhes verba e equipamentos, perseguindo e coagindo os servidores públicos. Como fizeram com Bruno, afastado da Coordenação-Geral de Índios Isolados e Recém-Contatados, em 2019.

Bruno e Dom foram assassinados pelos que reduziram à míngua a presença do Estado na região, deixando o caminho livre para traficantes de drogas, madeireiros, garimpeiros, desmatadores, pescadores e caçadores que atuam atrelados a organizações criminosas. Foram assassinados pelo vazio deixado nas nossas fronteiras pelas Forças Armadas, muito mais ocupadas em atrapalhar as eleições.

Também são assassinos todos os que ignoraram os apelos por segurança feitos pelos indígenas do Vale do Javari; aqueles que, no comando de órgãos públicos, poderiam ter tomado alguma providência e mantiveram-se inertes. Os indígenas mandaram ofícios em abril e maio para Polícia Federal, Força Nacional de Segurança e Funai. Os algozes de Bruno e Dom são também os que atacam o jornalismo e agridem jornalistas.

A Amazônia sempre foi um pedaço abandonado do Brasil, é verdade. Mas nunca, como agora, o crime encontrou condições tão favoráveis para agir impunemente e com total desenvoltura. Com seu discurso de ódio contra os indígenas e contra quem os defende, Bolsonaro funciona como anabolizante das milícias da floresta. Ele e todos os que o sustentam no poder têm as mãos manchadas com o sangue de Bruno e Dom.

À MEMÓRIA DE BRUNO E DOM
18.06.2022

O dossiê "Fundação Anti-Indígena", organizado pela INA (Indigenistas Associados) e pelo Inesc (Instituto de Estudos Socioeconômicos), expõe com profusão de detalhes e documentação, como a Funai, sob Bolsonaro, se transformou numa máquina de guerra contra os povos indígenas.

A estrutura do órgão está a serviço de uma política de extermínio, que impede novas demarcações, facilita a invasão dos territórios e a implantação de atividades predatórias e criminosas. O dossiê também mostra as perseguições contra funcionários que tentam resistir ao projeto de etnocídio, como foi o caso de Bruno Pereira.

Outro exemplo de acosso é o do indigenista Ricardo Henrique Rao. Em entrevista ao portal Sul 21, ele conta que buscou asilo na Noruega, no fim de 2019, logo após o assassinato do líder indígena Paulo Paulino Guajajara, no Maranhão, e depois de denunciar a atuação de milícias (supostamente do Rio de Janeiro) associadas ao narcotráfico e a desmatadores em terras indígenas no estado. Sem o respaldo da Funai e sofrendo intimidações até da Abin, Rao decidiu deixar o Brasil.

A invasão das terras indígenas patrocinada pelo Estado se traduz nos números de um relatório da consultoria GeoPrecisa, publicado pelo site Mongabay. O cruzamento de dados da Funai e do Incra mostra que o governo Bolsonaro reconheceu mais de 250 mil hectares de fazendas dentro de reservas indígenas. Mais da metade das terras reconhecidas está no Maranhão. O assalto na mão grande foi possível graças a uma norma da Funai, que permitiu o registro de imóveis em territórios sem o processo de demarcação concluído.

É uma investida covarde e sem trégua. O jornalista britânico Dom Phillips entendeu a gravidade da tragédia em curso e quis documentá-la. Bruno Pereira foi um dos mais valorosos combatentes desta guerra. Fez jus ao legado humanista de Rondon, dos irmãos Villas-Bôas, de Sydney Possuelo e de tantos outros. Que sejamos capazes de honrar a história e a memória de Bruno e Dom.

A FARRA AÉREA DE NUNES MARQUES
21.06.2022

O jornalista Rodrigo Rangel revelou em sua coluna no portal Metrópoles que o ministro do STF Kassio Nunes Marques viajou para a Europa, em maio, num jatinho de luxo que tem como um de seus donos o advogado Vinícius Peixoto Gonçalves. O advogado atua em processos na corte.

O giro ostentação de sua excelência foi uma maratona esportiva de gala: as finais da Champions League e de Roland Garros, em Paris, e o GP de Mônaco da Fórmula 1. O bate e volta intercontinental teria custado R$ 250 mil e incluído dois dias de expediente.

Depois do futebol, do tênis e do automobilismo, o diligente comissário do bolsonarismo valeu-se do contorcionismo semântico na nota em que tenta (e não consegue) explicar a excursão. Em linguagem matreira, a nota enrola, mas não nega e tampouco esclarece o essencial: por que viajou no avião particular de um advogado que tem causas no STF?

Quem pagou as despesas? Se não foi o advogado, foi o ministro? De que forma? Que interesses o advogado defende? O que prevê o regimento do STF nesse caso? O olímpico passeio internacional de sua excelência vai ficar por isso mesmo? A sociedade não merece uma explicação clara, objetiva e sem delongas? Com a palavra, o Supremo.

Já é gravíssimo um magistrado viajar em jatinho de luxo de advogado, tendo ou não causas no tribunal em questão. Se tem, piora muito. Se as despesas foram pagas pelo advogado, tudo se agrava exponencialmente. É caso para investigação e, se confirmada a denúncia, proposição de impeachment por quebra de decoro ou coisa pior. As regras estão estabelecidas na Constituição Federal combinada com a Lei 1.079/1950.

O Brasil rebaixou-se a um grau de derretimento ético tão profundo que a publicação da farra de sua excelência reverberou quase nada entre autoridades, instituições, imprensa. Como interpretar tamanho silêncio? Permissividade com a transgressão? Lassidão moral? Cumplicidade? Corporativismo? Medo? Tudo junto?

"COM O SUPREMO, COM TUDO?"
25.06.2022

A colunista Mônica Bergamo revelou que Bolsonaro e o ministro do STF Alexandre de Moraes tiveram um encontro reservado de 15 minutos na casa do presidente da Câmara, Arthur Lira. Os dois estavam num repasto que reuniu outros luminares desta República em frangalhos.

Imagine se o tal encontro reservado tivesse sido entre o candidato da oposição, Lula, e Moraes, que em breve assumirá a presidência do TSE, autoridade máxima das eleições no Brasil? Qual teria sido a reação de Bolsonaro e de suas milícias digitais?

"Ah, mas é preciso manter o diálogo entre as instituições e os Poderes, Bolsonaro é presidente etc". Sim, ele é presidente e também candidato. E não um candidato qualquer. É aquele que age para erodir a democracia e a República com voracidade de roedor faminto.

A relação estilo morde e assopra de Bolsonaro com o STF, em especial com Alexandre de Moraes, ainda está por ser devidamente esclarecida. Vamos aos fatos mais notórios. Atos golpistas no 7 de Setembro de 2021, intermediação de Michel Temer (o golpista de 2016 e que indicou Moraes à corte), conversa com o ministro por telefone. Bolsonaro disse que teve um acordo. Temer e Moraes negam.

Continua. Condenação de Daniel Silveira pelo STF. Perdão de Bolsonaro ao condenado. Pregação de novos atos golpistas e de desobediência a decisões judiciais. Mais uma conversa com Alexandre de Moraes, desta vez no ambiente noturno de um salão brasiliense. Quais os termos dessas conversas? Que compromissos são assumidos? Proteção para o presidente e sua família depois que for derrotado em outubro?

Acordos nos bastidores fazem parte da política. Mas conchavos na penumbra estão muito longe do que deve ser o papel do STF. Ministros deveriam se dar ao respeito e se ater à função de guardiões da Constituição. Mas o país está virado do avesso. Vivemos num "dane-se" generalizado. E o comportamento de algumas excelências faz lembrar o famoso bordão de Romero Jucá: "Com o Supremo, com tudo".

ABORTO, CIDADANIA E DEMOCRACIA
28.06.2022

A Suprema Corte dos EUA fez o país andar meio século para trás, ao derrubar o entendimento de que o aborto era um direito constitucional das mulheres. Agora, estados conservadores poderão proibir o aborto por meio de legislações locais. Permitir que governos interfiram dessa forma em assunto tão íntimo é uma violência suprema contra as mulheres.

Aqui no Brasil, o risco de retrocesso é ainda maior. Embora o aborto em decorrência de estupro seja permitido por lei desde 1940, nem todas as brasileiras têm a garantia de que conseguirão acesso a esse direito, como ficou claro no caso da menina de 11 anos, de Santa Catarina, violentada e grávida.

Em razão de alguma crença fundamentalista, um médico, uma promotora e uma juíza tentaram impedir o aborto (não conseguiram, felizmente). Que fique claro: o feto resultante de um estupro é a sequela de uma violência, e nenhuma mulher deve ser obrigada a carregar no ventre o produto de um crime.

Outro caso também expôs uma teia de abusos e constrangimentos contra uma vítima de estupro. Refiro-me à atriz Klara Castanho, 21 anos. Em um relato dilacerante, ela revelou que, ao descobrir a gestação, decidiu dar o bebê para adoção, direito garantido em lei. Ainda assim, Klara passou por profissionais incapazes de protegê-la em momento de extrema vulnerabilidade: um médico, uma enfermeira e abutres que não merecem ser qualificados como jornalistas.

Falsos moralismos e preceitos religiosos servem apenas para turvar a discussão e perpetuar o ciclo de violências contra as mulheres. Proibir ou dificultar o aborto, em qualquer tempo e lugar, não vai impedi-las de buscar a interrupção de uma gravidez indesejada. Só vai tornar tudo mais doloroso.

Autoridades precisam entender que nós, mulheres, temos o direito supremo sobre nossos corpos, vidas e escolhas. Enquanto não alcançarmos esse patamar civilizatório, continuaremos sendo cidadãs de segunda classe, vivendo em democracias pela metade.

A REPÚBLICA DOS CAFAJESTES
02.07.2022

No campeonato de cafajestice deste governo, Bolsonaro é hors concours. É tão superior aos demais competidores, paira tão acima em patifarias e vilezas, que não pode participar da disputa. É o cafajeste-geral da República.

Vamos, pois, aos aspirantes com maiores chances. Um ano atrás, escrevi que nesta República acanalhada seria muito difícil superar Paulo Guedes. Pelo conjunto da obra, claro, mas especificamente pela maneira como conduzia a negociação de medidas para combater o impacto da pandemia sobre os mais pobres. Era na base da chantagem explícita.

Eis que aparece mais um forte concorrente ao título de cafajeste-mor. Trata-se de Pedro Guimarães, derrubado da presidência da Caixa por assédio sexual. Os relatos das mulheres assediadas traçam o retrato de um abusador. Também surgem denúncias de assédio moral contra um conjunto ainda maior de funcionários.

Guimarães não é um bolsonarista qualquer. Em novembro de 2018, na fase de montagem do governo, a jornalista Julia Duailibi, em seu blog no G1, revelou quem é o sujeito. Ela contou que, em 2017, Guimarães, na época sócio de um banco privado, levara Bolsonaro para um giro com investidores, nos EUA. Quando pouca gente apostava em um deputado medíocre, o banqueiro comprou a ação na baixa e soube a hora de realizar os lucros.

Importante saber também que Guimarães é genro de Léo Pinheiro, ex-presidente da OAS, cuja delação premiada, em 2017, fora crucial para a condenação de Lula na Lava Jato. Em 2021, Pinheiro recuou das acusações, quando Lula já havia cumprido pena. Libertado e inocentado pelo STF, o petista está à frente na corrida presidencial. O mundo dá voltas.

As denúncias de agora indicam que o assédio na Caixa era antigo e disseminado. Um criminoso não age impunemente, por tanto tempo, sem acobertamento e sem cúmplices. Na República dos cafajestes, não se ouviu uma única palavra de condenação clara e contundente ao comportamento do assediador serial.

A PEC DA COMPRA DE VOTOS
05.07.2022

Na compra de votos tradicional, digamos assim, candidatos degradam a democracia usando como moeda de troca dentaduras, cadeira de rodas, cimento, tijolos, cargos etc. Neste atordoante 2022, a República decompõe-se um pouco mais com a aprovação da "PEC da compra de votos" no Senado.

Ninguém em sã consciência pode ser contra o aumento do auxílio para quem está passando fome. Mas a extensão do programa poderia ter sido feita por meio de outros instrumentos legislativos, sem violar a Constituição em nome de um golpe eleitoral travestido de estado de emergência.

Só agora, às vésperas da eleição, governo e oposição descobrem que o país está numa emergência de fome? O governo assume que sua política econômica desgraçou a vida do povo e recebe o aval da oposição para gastar uma montanha de dinheiro e continuar desgraçando a vida do povo?

Enredada na armadilha, a oposição mostrou-se incapaz de enfrentar o debate que deveria separar o necessário socorro aos milhões de desesperados da pura e simples compra de voto por meio, por exemplo, de auxílios a caminhoneiros e taxistas, que nem se sabe ao certo como serão pagos.

A compra de votos oficial implode qualquer compromisso com o mínimo de decência institucional, com a responsabilidade fiscal e com o respeito à legislação eleitoral. Tudo sob o comando do presidente do Senado, Rodrigo Pacheco (PSD-MG), variante envernizada do centrão e linha auxiliar do bolsonarismo, que tinha a obrigação de buscar alternativas que não violassem a Constituição.

Uma cornucópia de bondades (ainda que corroída pela inflação) sempre dá algum alívio social. A oposição pode ter feito o favor de dar a Bolsonaro fôlego suficiente para ele esticar o processo eleitoral. É o que basta para seus propósitos golpistas: dificultar a vitória de Lula no primeiro turno — junto com muitos governadores, senadores, deputados federais e estaduais — e bagunçar o segundo turno. A oposição irá repetir o erro na Câmara?[34]

---

34 A PEC da compra de votos foi aprovada na Câmara por ampla maioria e com os votos da oposição.

VIVA PAULO GUSTAVO E ALDIR BLANC!
09.07.2022

O Brasil solar triunfou sobre a escuridão nesta semana. A mobilização de artistas e produtores culturais conseguiu a derrubada dos vetos presidenciais às leis Paulo Gustavo e Aldir Blanc. Juntas, destinam quase R$ 7 bilhões a iniciativas culturais, com repasse de recursos a estados e municípios.

Todos os países que se levam a sério valorizam sua cultura e têm mecanismos de fomento à produção artística e à formação de plateias, não só porque arte é expressão do caráter nacional, mas por ser uma atividade com fluxos econômicos multiplicadores.

No contexto atual, derrubar os vetos é vitória para aplaudir de pé. É demonstração de resistência, força e vitalidade da cultura e dos nossos artistas. Pensei nisso enquanto assistia ao show "Senhora das canções", da cantora Mônica Salmaso e dos músicos da Escola Portátil de Música/Casa do Choro, do Rio de Janeiro, os excepcionais Luciana Rabello (cavaquinho), Paulo Aragão e Maurício Carrilho (violão), Aquiles Moraes (sopro), Marcus Thadeu e Magno Júlio (percussão).

A apresentação, em homenagem a Elizeth Cardoso, a "Divina", estava programada para 2020, ano do centenário da cantora, uma das matrizes da musicalidade brasileira. Veio a pandemia e só recentemente a estreia foi possível. Senhoras e senhores, que espetáculo!

Pesquisadora do cancioneiro popular e conhecida nas redes sociais com a série de vídeos "Ô de casas" (gravados durante a pandemia), Mônica Salmaso mergulha no repertório de Elizeth para trazer uma caixinha de joias musicais ou, como ela define, "catedrais de notas musicais". Tem Cartola, Tom, Vinicius, Paulo Sérgio Pinheiro, Paulinho da Viola...

O show vai muito além da merecida reverência a Elizeth. Evoca a originalidade musical que nasceu nos subúrbios, nos morros, nas serestas em noites enluaradas. Sambas, choros, canções de amor em que nos reconhecemos na nossa brasilidade. Tudo engrandecido na voz sublime de Mônica Salmaso. Esse Brasil haverá de triunfar, sempre.

DE NOVO, O TUMOR BOLSONARO
12.07.2022

A morte a tiros do guarda municipal Marcelo Arruda, em Foz do Iguaçu, evidencia o quanto a violência associada à campanha eleitoral já está disseminada e tende a piorar. Mas o assassinato do militante petista pelo bolsonarista Jorge José Guaranho não é o primeiro ato de violência política neste Brasil inoculado pelo vírus da brutalidade.

É preciso recuar no tempo. O marco zero do ciclo de barbárie é 14 de março de 2018, com o assassinato da vereadora Marielle Franco e de seu motorista, Anderson Gomes, quando o Rio de Janeiro estava, havia um mês, submetido à intervenção federal na segurança pública, algo inédito desde a Constituição de 1988.

A operação de Garantia da Lei e da Ordem (GLO) fora decretada por Michel Temer, diante do que considerou o colapso das polícias no Rio. Temer nomeou como interventor o então comandante Militar do Leste, Braga Netto. Como se sabe, a GLO não resolveu o problema da criminalidade no Rio (que surpresa!). Bolsonaro foi eleito, Braga Netto tornou-se seu ministro e agora pode ser o vice na chapa do chefe. Até hoje, não se sabe quem mandou matar Marielle.

Outro momento de paroxismo de violência em 2018 foi a facada em Bolsonaro. Nem o fato de ter sido vítima de um atentado arrefeceu sua retórica do ódio, reiterada ao longo da campanha ("vamos fuzilar a petralhada", "vai tudo vocês pra ponta da praia" etc) e potencializada por meio de ações concretas de seu governo.

A inundação de armas na sociedade, a multiplicação dos clubes de tiro, o salvo-conduto para milícias, as operações policiais que afrontam o STF e promovem banhos de sangue em bairros pobres incorporam a selvageria no cotidiano e nos trazem até aqui.

Em agosto de 2020, escrevi que Bolsonaro foi assimilado pelas instituições e pela imprensa como ator político natural da democracia assim como um corpo doente se acostuma a hospedar um tumor. Eis aonde chegamos. Agora, o tumor está perto, muito perto, de explodir.

A "MILICIANIZAÇÃO" DAS ELEIÇÕES
16.07.2022

Pela enésima vez, o ministro da Defesa, Paulo Sérgio Nogueira, com um coronel a tiracolo, levantou suspeitas sobre as urnas eletrônicas, em audiência no Senado. Já é uma anomalia o general ir à casa legislativa falar de um assunto do qual nada entende, e a dupla ainda vai lá reforçar o trololó golpista.

Peroraram sobre "vulnerabilidade" das urnas, "ameaça interna", "código malicioso" e tiveram a petulância de propor uma votação paralela com cédulas de papel. A única "ameaça interna" a eleições limpas, livres e seguras neste país são golpistas como Bolsonaro, o general, o coronel e os que apoiam essas sandices. Como disse o deputado Alexandre Padilha (PT-SP), em entrevista ao ICL Notícias, votação paralela é "milicianização das eleições".

A sombra golpista que os herdeiros dos porões projetam sobre o país só é possível porque o Brasil fez uma transição incompleta da ditadura para a democracia. Diferentemente de outros países da América Latina, aqui os crimes dos militares foram varridos para debaixo do tapete da Lei de Anistia. Assassinato, tortura e estupro nas prisões foram perdoados e o país seguiu em frente, como se fosse normal tocar a vida sem se olhar no espelho e ver a monstruosidade refletida.

A covardia do estupro nos porões é a mesma do anestesista que dopa mulheres para violentá-las na hora do parto. É a mesma do general da pandemia que atrasou a compra de vacinas, empurrando centenas de milhares para a morte. É a mesma dos filhotes da ditadura que agora querem estuprar o processo eleitoral e a democracia. Covardes! Mil vezes covardes!

Como disse com assustadora franqueza John Bolton, ex-assessor do governo Trump, em entrevista à CCN americana, planejar golpes "dá muito trabalho". Militares e civis bolsonaristas que o digam. Os elementos estão aí para quem quiser ver: população armada, estímulo à violência, estado de emergência fabricado e ataque às urnas. Vamos assistir a tudo calados e inertes?

O BRASIL DOS ESQUADRÕES DA MORTE
19.07.2022

Policiais militares de Minas Gerais executaram a tiros um homem negro e desarmado, em Contagem. Imagens de celular gravadas por testemunhas (publicadas no site G1) mostram o momento em que um dos agentes leva Marcos Vinícius Vieira Couto, 29 anos, para trás de uma Kombi. Em seguida, dá para ouvir e ver os clarões de três disparos em sequência.

A PM mineira divulgou nota com versão inverossímil de resistência à prisão. O comando da instituição, a secretaria de Segurança Pública e o governador Romeu Zema, candidato à reeleição, têm a obrigação de mandar investigar e punir os responsáveis pela barbárie. Caso contrário, estarão protegendo criminosos e concordando com a aplicação da pena de morte contra civis sem direito a defesa e a processo, sem julgamento e sem condenação.

Polícia bandida não é uma novidade no aparato de segurança brasileiro. A violência como método está entranhada na formação dos agentes. Nem mesmo a Constituição de 1988 foi capaz de reverter tal anomalia e manteve a estrutura policial baseada na Doutrina de Segurança Nacional.

A difusão da lógica bolsonarista de que tudo se resolve a bala potencializou a brutalidade nas ruas. Basta lembrar a morte de Genivaldo Jesus dos Santos, também negro, assassinado por agentes da Polícia Rodoviária Federal na viatura transformada em câmara de gás, há quase dois meses, em Sergipe.

Nem mesmo as filmagens intimidam os criminosos. Além da certeza de impunidade, sabem que parte da sociedade aceita e até aplaude a violência policial. É forçoso reconhecer que a falta de segurança transforma parte da população em presa fácil do discurso extremista de que "bandido bom é bandido morto".

O Brasil precisa de paz e de respeito aos direitos humanos e isso não é incompatível com políticas de segurança e condições de trabalho adequadas para os bons policiais. Uma democracia verdadeira não pode tolerar a existência de esquadrões da morte.

O RIO DE SANGUE DE CLÁUDIO CASTRO
23.07.2022

Cláudio Castro (PL) já pode ostentar os títulos de rei das chacinas, campeão dos banhos de sangue e governador mais letal da história do Rio de Janeiro. Três dos maiores massacres cometidos por forças policiais no estado ocorreram sob seu comando.

O do Jacarezinho, em maio do ano passado, com 28 pessoas assassinadas; o da Vila Cruzeiro, em maio deste ano, com 25 mortos, e agora o do Complexo do Alemão, com 19 vítimas. Castro transformou a carnificina em espetáculo midiático-eleitoral.

Com cinismo nauseabundo, o carniceiro do Palácio Guanabara tentou empurrar a responsabilidade pela matança para Marcelo Freixo (PSB), seu principal adversário na disputa ao governo do Rio, e para "seu partido e aliados que proibiram nossas polícias de enfrentar esses bandidos em determinadas áreas. (…) Mas comigo não tem essa". Uma afronta explícita à decisão do STF, em vigor desde o auge da pandemia de Covid, de que a polícia só realize operações em favelas em situações excepcionais.

"Operação de inteligência"??? Conta outra. A polícia do Rio deve ser uma das mais incompetentes do mundo. Não consegue (ou não quer) atacar o cerne dessa tragédia social: evitar a chegada de armas e drogas nos morros. E não consegue (ou não quer) porque tem muita gente ganhando dinheiro com isso na metrópole à beira-mar.

Lembro da canção de Caetano e Gil, "Haiti". Mata-se o povo preto e pobre, "só pra mostrar aos outros quase pretos/ (e são quase todos pretos)/ e aos quase brancos, pobres como pretos/ como é que pretos, pobres e mulatos/ e quase brancos, quase pretos, de tão pobres, são tratados".

Morticínio é política de Estado nas sociedades em que não há lugar para todos. Esse é o cerne da violência bolsonarista, encarnada por Cláudio Castro. Suas hostes assassinas salivam sangue. São elas que poderão dar apoio à ruptura institucional planejada pelo tresloucado senhor das milícias do Palácio do Planalto.

A CONVENÇÃO DO CENTRÃO E DO GOLPE
26.07.2022

Foi um espetáculo grotesco de inversão da lógica política a convenção do PL que tornou oficial a candidatura de Bolsonaro à reeleição. Deve ser a primeira vez no mundo que alguém se candidata atacando o sistema eleitoral que o elegeu e pelo qual será candidato mais uma vez.

A convenção não era apenas do PL de Valdemar Costa Neto. Era também do centrão, já que lá estavam os expoentes dos partidos que formam a base de apoio do governo e que compõem a facção política mais corrupta de que se tem notícia no Brasil contemporâneo.

Execrados em 2018 pelo general que fez até paródia de samba para enganar trouxa, agora os chefes da rapinagem são reverenciados. Só faltou Bolsonaro se ajoelhar aos pés do presidente da Câmara, Arthur Lira (PP-AL), operador do orçamento secreto e arquivista de pedidos de impeachment, que garante as noites de sono no Palácio da Alvorada.

A presença de Lira é um endosso explícito ao projeto golpista do presidente. Lira não deu uma palavra, até hoje, sobre a pregação de ruptura institucional feita por Bolsonaro a representantes diplomáticos. Não se deu ao trabalho de pronunciar um laivo que fosse de crítica ou condenação, ainda que protocolar já que, teoricamente, representa 513 deputados.

Lira é tão pernicioso quanto Bolsonaro para a democracia. Sob seu comando, a Câmara exala o mau cheiro das substâncias em estado de decomposição. Lira é parte do golpe, qualquer que seja o modelo de ruptura que vier a ser tentado pelo demente do Planalto. Seria injusto, porém, não mencionar o terceiro pilar da insânia golpista, o desaparecido procurador-geral da República, Augusto Aras. Os três degradam as instituições que representam.

No show de horrores que foi a convenção, quase a cerimônia de uma seita, o presidente fez um apelo aos seus seguidores para que ocupem as ruas no 7 de Setembro pela "última vez". Assim será. Bolsonaro perde força e será escorraçado em outubro pelas urnas que tanto teme.

CORAGEM PARA DERROTAR BOLSONARO
02.08.2022

A notícia mais auspiciosa dos últimos dias foi a "Carta às brasileiras e aos brasileiros em defesa do Estado Democrático de Direito" e a mobilização em torno dela para coleta de assinaturas. A carta será lida em 11 de agosto na Faculdade de Direito da USP e assinala os 45 anos de outro documento, lido no mesmo lugar e em momento bem mais difícil da vida nacional.

Em agosto de 1977, era preciso coragem para escrever e ler em público a "Carta aos brasileiros", como fez o jurista Goffredo da Silva Telles Jr. Por muito menos, a ditadura torturava e matava, e a chamada "linha-dura" dos militares ameaçava com tempos ainda mais sombrios.

O fio da História amarra os dois documentos e evoca a coragem necessária em circunstâncias que definem o futuro de um país. A carta atual fez algo se mover, espanou a letargia em que parte da sociedade civil parecia mergulhada, à espera de 2 de outubro, como uma data mágica. A derrota do herdeiro da "linha-dura" nas urnas é importante, mas não é tudo.

Para expulsá-lo do poder e arrancar as raízes do bolsonarismo é preciso coragem para muito mais. Por exemplo, para não aceitar qualquer conchavo que dê a ele o foro privilegiado, como pretendem os que concebem uma indecência chamada PEC do senador vitalício. A reconstrução ética do Brasil não será possível sem que Bolsonaro seja julgado pelos crimes que cometeu. Bolsonaro precisa de uma Comissão Nacional da Verdade.

Também é preciso coragem e grandeza cívica para abrir mão de projetos político-partidários, por mais legítimos que sejam, e para admitir que o melhor para o país seria uma eleição decidida no primeiro turno. E em favor do candidato que representa o embate político minimamente civilizado e um esforço de pacificação social.

Este é o momento de saber quem vai sair da campanha eleitoral maior do que quando nela entrou. Para isso é preciso fazer política com sentido histórico, com os olhos no amanhã e nas próximas gerações. Vamos lá, coragem!

O BRASIL DE MILTON NASCIMENTO
09.08.2022

Neste momento em que cartas e manifestos em defesa da democracia mostram a capacidade de resistência do Brasil ao autoritarismo, trago a "Carta à República", canção de Milton Nascimento e Fernando Brant, de 1987.

"Sim é verdade, a vida é mais livre/ O medo já não convive nas casas, nos bares, nas ruas/ Com o povo daqui/ E até dá pra pensar no futuro/ E ver nossos filhos crescendo e sorrindo/ Mas eu não posso esconder a amargura/ Ao ver que o sonho anda pra trás/ E a mentira voltou/ Ou será mesmo que não nos deixara?/ A esperança que a gente carrega/ É um sorvete em pleno sol/ O que fizeram da nossa fé?/ Eu briguei, apanhei, eu sofri, aprendi/ Eu cantei, eu berrei, eu chorei, eu sorri/ Eu saí pra sonhar meu país/ E foi tão bom, não estava sozinho/ A praça era alegria sadia/ O povo era senhor/ E só uma voz, numa só canção/ E foi por ter posto a mão no futuro/ Que no presente preciso ser duro/ E eu não posso me acomodar/ Quero um país melhor".

A canção fala do fim da ditadura, mas também da frustração de esperanças que se esvaíam naqueles primeiros tempos de respiro democrático. Mais de 30 anos depois, a carta de Milton e Fernando permanece atualíssima. Fui buscá-la na memória depois de assistir ao espetáculo "A última sessão de música", que marca a despedida de Milton dos palcos.

Prestes a completar 80 anos, Milton ainda tem um diamante na voz, que reverbera os quilombos, as aldeias, as beiras de rio, morros e favelas, onde quer que tenha gente "que ri quando deve chorar, e não vive, apenas aguenta". Milton é o menino Miguel, de Santa Luzia, que ligou para a polícia pedindo comida para seus cinco irmãos e para sua mãe, Célia, uma das tantas Marias com a "estranha mania de ter fé na vida".

Milton encerrou o show com um "Viva a democracia!". O artista encarna um sonho de Brasil que nos cabe resgatar, realimentando esperanças, reconstruindo caminhos. Feliz do país que tem a voz soberana de Milton Nascimento.

BOLSONARO E O CORAÇÃO DAS TREVAS
23.08.2022

Nada mais simbólico do governo Bolsonaro que o culto mórbido ao coração de dom Pedro I. Tão macabro quanto zombar de quem morreu por falta de oxigênio em Manaus. Tão sombrio quanto incentivar criminosamente a imunidade de rebanho, promover remédios inúteis e desprezar a compra de vacinas, o que levou 700 mil brasileiros aos cemitérios. O prazer de Bolsonaro é a morte.

Governo funesto que celebra o colonizador e a pilhagem da terra, encharcada com o sangue do povo. Não fosse o formol, o pedaço de carne do imperador já teria se desmanchado na poeira dos séculos. É como Bolsonaro, conservado no formol do consórcio mais pavoroso de poder e rapina a tomar conta do país depois da ditadura.

Ele e seus filhos, milicianos, militares incompetentes, falsos religiosos exploradores do desespero alheio, coronéis do agro, vigaristas do centrão e empresários golpistas. Donos do capital que viceja no autoritarismo, dispostos a virar a mesa e a cometer crimes para evitar a derrota do governo que os beneficia, como revelam as conversas divulgadas por Guilherme Amado, no portal Metrópoles.

Se não forem investigados, será uma desmoralização das autoridades eleitorais. Golpismo não pode ser relativizado ou naturalizado, sob pena de nunca sairmos da idade das cavernas em termos de estabilidade política e saúde democrática e institucional.

Demorou muito para que setores importantes da sociedade brasileira e autoridades se manifestassem de maneira firme pelo Estado Democrático de Direito, como vimos, recentemente, na divulgação de cartas e manifestos e na posse de Alexandre de Moraes no TSE.

Foi só depois de uma escalada de violência eleitoral que teve seu ápice na morte do petista Marcelo Arruda, em Foz do Iguaçu, assassinado pelo bolsonarista Jorge Guaranho. Por fim, a pregação golpista de Bolsonaro para embaixadores demarcou o limite, bastante elástico a meu ver, do inaceitável. Precisávamos ter esperado tanto?

A AMAZÔNIA QUE QUEREMOS
27.08.2022

Esta é a primeira campanha presidencial em que o meio ambiente e a Amazônia passaram a ocupar o devido lugar em entrevistas e discursos de candidatos. Já não era sem tempo. A maior floresta tropical do planeta é também um dos elementos mais importantes da estabilidade climática mundial.

Outros países dirigem seu olhar para o Brasil, à espera do que faremos enquanto continua o lúgubre espetáculo de árvores queimadas, rios poluídos, povos contaminados e o território retalhado pelo crime ambiental. Sim, a Amazônia é nossa, mas temos que fazer por merecê-la.

Para orientar nossa escolha como sociedade, é de imenso valor a contribuição de 27 cientistas e pesquisadores de universidades e instituições públicas locais, entre elas o Museu Emílio Goeldi, o Instituto Evandro Chagas, o Museu da Amazônia e a Embrapa, na carta "Ciência na Amazônia democrática e inclusiva", dirigida ao candidato Lula (PT).

Os estudiosos alinham uma série de propostas a partir do conhecimento científico produzido há décadas na região, destacando a relevância dos saberes tradicionais de um território onde vivem 28 milhões de pessoas em áreas urbanas e rurais, mais de 200 etnias indígenas, cerca de mil comunidades quilombolas e diversos grupos sociais, todos essenciais para a proteção do bioma.

Nenhum projeto será bem-sucedido sem levar em conta a compreensão e o discernimento de quem vive, estuda e trabalha na região, ameaçada de devastação por modelos de desenvolvimento que pouco diferem da exploração colonial predatória. As soluções também precisam contemplar complexas regiões metropolitanas que acumulam deficiências históricas, como a menor cobertura de saneamento básico do país e os piores indicadores de desempenho escolar.

Nas sabatinas do "Jornal Nacional", Bolsonaro mentiu ao dizer que ribeirinhos tocam fogo na floresta. Lula já entendeu que é possível produzir e proteger a biodiversidade, com a floresta em pé. Qual a Amazônia que queremos?

DEBATE, RINGUE OU PICADEIRO?
30.08.2022

A temporada de debates com os candidatos a presidente mal começou e já produziu um dos momentos mais infames da história das campanhas eleitorais no Brasil. Inadmissível a brutalidade com que Bolsonaro reagiu a uma pergunta da jornalista Vera Magalhães sobre vacinas.

Como este é um dos flancos de maior vulnerabilidade do candidato, ele se descontrolou e mostrou quem verdadeiramente é: um depredador da imprensa, da democracia e dos direitos das mulheres, além de mentiroso serial.

Diante da violência verbal do presidente (também contra a senadora Simone Tebet, do MDB), foi perturbadora a falta de reação do *pool* de empresas jornalísticas, anfitriãs do encontro televisivo. Bolsonaro deveria ter sido repreendido imediatamente. Mas o roteiro seguiu inalterado, a não ser pela solidariedade à jornalista por parte de alguns candidatos.

Ataques contra jornalistas não podem ser naturalizados. Este foi em rede nacional, ao vivo e a cores, com milhões de brasileiros assistindo. Bolsonaro será convidado para os próximos debates, sob o risco de repetir sua verborragia de espelunca e exibir sua personalidade primitiva? Não importa o quanto minta e agrida?

Desde que surgiram nos EUA, nos anos 1960, debates na TV ganharam a fama de serem decisivos em eleições. É assunto bastante controverso, sobretudo na era digital. No Brasil, tem sido muito difícil definir um formato que traga contribuição substantiva ao eleitor, até porque os próprios candidatos se comportam mal, como no debate da Band.

Ignoraram temas propostos pelos jornalistas e fizeram perguntas aos adversários sem o menor interesse em saber o que pensam. Queriam apenas despejar frases feitas e promessas, muitas delas irrealizáveis, para editar e postar em rede social. Há regras demais e concorrentes em excesso. O conteúdo se perde. Sobram os escorregões, como no caso da fúria de Bolsonaro. O que estamos, como mídia, oferecendo ao eleitor: debate, ringue ou picadeiro?

O ATENTADO NA ARGENTINA E O BRASIL
03.09.2022

A cena é aterrorizante. O cano do revólver quase encosta no rosto de Cristina Kirchner. Se a bala tivesse sido disparada, a vice-presidente argentina teria morrido com a cabeça despedaçada, diante das câmeras dos celulares.

Não pude evitar que a memória me trouxesse, como um relâmpago, as imagens do assassinato de John Kennedy, em novembro de 1963, nos EUA. O cérebro do presidente se desintegra. Jacqueline tenta recolher fragmentos dispersos no ar. O balaço de fuzil chocou o mundo e reverberou por gerações.

Na noite de 1º de setembro, o brasileiro Fernando Sabag Montiel, que tentou atirar em Cristina Kirchner, esteve muito perto de produzir algo semelhante na América do Sul. São contextos diferentes, mas em ambos a violência política, o extremismo e o crime se impõem. O senso de humanidade se esvai por recônditos sombrios e inexplicáveis.

Quase 60 anos separam os dois episódios. E é muito difícil entender por que séculos de esforços e avanços civilizatórios ainda não foram suficientes para nos ensinar a resolver conflitos sem violência. A ciência política, a sociologia, as teorias econômicas, a polícia e a psiquiatria certamente têm explicações para o fenômeno do ódio que vai e vem, ao sabor dos acontecimentos históricos.

Por ora, não consigo expressar nada além da minha perplexidade e temores. A violência adubada e cultivada no exercício da política, amplificada pelos algoritmos e robôs, é a maior ameaça às democracias modernas. O vômito de ódio e extremismo tem poder de contaminação por metástase.

O 6 de janeiro de 2021 nos EUA e acontecimentos mais recentes bem perto de nós, como o ataque a uma comitiva de segurança do presidente colombiano, Gustavo Petro, a agressão ao irmão do presidente chileno, Gabriel Boric, e agora o atentado contra Cristina Kirchner, nos arremessam como uma flecha em direção ao imponderável, às vésperas da eleição que definirá o país que queremos ser.

TRATORAÇO MILITAR GOLPISTA
06.09.2022

Com a sustentação do que há de mais daninho na sociedade brasileira, Bolsonaro parte para o tudo ou nada neste 7 de Setembro e cava mais fundo o fosso da degradação das instituições.

As Forças Armadas fazem o movimento mais perigoso ao se imiscuírem em um ato de campanha eleitoral do presidente, como o que está previsto para o Rio de Janeiro, até mesmo com a exibição de equipamentos militares (pertencentes ao Estado e ao povo brasileiro). A mistura de motociata com aviões da Aeronáutica, navios da Marinha e canhões do Forte de Copacabana é promiscuidade institucional explícita.

A parte mais tosca e agressiva do mundo agrícola já avisou que também desfilará na Esplanada. É o tipo de gente que usa a "tecnologia" do correntão para desmatar, arrancando árvores pela raiz. É o método de terra arrasada. Não poderia ser mais ostensivo e simbólico o apoio do agronegócio ao vândalo ambiental.

É o mesmo agronegócio do voto de cabresto e que, se pudesse, ainda teria pelourinho nas suas fazendas. São donos da terra, como a ruralista Roseli D'Agostini Lins, da Bahia, que em vídeo conclama agricultores bolsonaristas: "Façam um levantamento, quem vai votar no Lula, demitam, e demitam sem dó". Não difere muito de parcela golpista do empresariado urbano.

Chegamos ao ponto em que a segurança do STF precisará ser reforçada e a localização dos ministros será mantida em sigilo, no feriado oficial, segundo o UOL. O criminoso serial apela para o banditismo para tentar se reeleger, continuar impune e proteger seu assombroso império imobiliário, formado com abundantes indícios de crime, como revelou a reportagem de Juliana Dal Piva e Thiago Herdy, também no UOL.

É uma infelicidade que as comemorações do bicentenário da Independência aconteçam com Bolsonaro no poder. Que seja o último 7 de Setembro sob o comando lesivo dos predadores da legalidade e da democracia. Daqui a menos de um mês, estará diante de nós a chance promissora de inaugurarmos um novo país.

PREDADORES DO FUTURO NA CÂMARA
10.09.2022

A agência de jornalismo Repórter Brasil divulgou um ranking sobre a atuação da bancada ruralista na Câmara dos Deputados, o ruralômetro 2022, que é também uma ferramenta muito útil para os eleitores saberem quem são os responsáveis pela destruição ambiental no Brasil.

É uma radiografia de um dos setores mais empenhados na sustentação do governo Bolsonaro, como mostrou, aliás, o deprimente desfile de tratores na Esplanada, no 7 de Setembro. O ruralômetro chegou ao número de 351 deputados — 68% da Câmara — que votam e atuam sistematicamente contra o meio ambiente e os interesses de indígenas, quilombolas e trabalhadores rurais.

Os deputados dos partidos Novo, PTB e PL (partido de Bolsonaro) formam a linha de frente nas votações contra o meio ambiente e os povos do campo. No recorte por estado, os campeões da bancada do boi são de Santa Catarina, Amazonas, Mato Grosso e Roraima, não por acaso, estados fortemente bolsonaristas.

Muitos parlamentares são infratores ambientais ou receberam doações de violadores de leis ambientais e trabalhistas. Para rastrear a bancada da devastação, a pesquisa analisou 28 votações e 485 projetos de lei apresentados por suas excelências. E também cruzou os nomes com dados do Ibama, do Ministério do Trabalho e do TSE.

A agenda ruralista favorece o latifúndio e os domínios de servidão quase feudal de um setor concentrador de renda, premiado por benesses fiscais e que emprega bem menos do que aprega. Uma realidade a anos-luz de distância do *greenwashing* onipresente na mídia.

Em contraposição a essa rede de predadores, há uma vibrante articulação de indígenas, quilombolas, pesquisadores e cientistas comprometidos com a agenda climática e a proteção dos nossos recursos naturais. Eles estão lançando candidaturas, em todo o Brasil, para assembleias legislativas e para o Congresso. Precisamos ser representados por guardiões da vida. Chega de exterminadores do futuro.

PRESENÇA DE MARINA
13.09.2022

"Perco o pescoço, mas não perco o juízo". Marina Silva era ministra do Meio Ambiente de Lula, em 2006, quando respondeu com essa frase às críticas do Palácio do Planalto de que ela conduzia uma gestão "fundamentalista" no ministério, que atrapalhava planos da dita ala desenvolvimentista do governo. Foi o começo de uma sequência de atritos que levariam à sua saída da Esplanada e, mais tarde, do PT.

Desde então, Marina teve uma trajetória com altos e baixos. Mas ela mostra que tem a cabeça no lugar ao reaproximar-se de Lula na conjuntura excepcional que o Brasil atravessa, com inédita violência político-eleitoral: dois assassinatos de petistas, intimidações a candidatos nas ruas, insistência de militares em se meter na apuração e ameaças de vencer a eleição "na bala", como disse um deputado bolsonarista, no Ceará.

Marina tem consciência das dificuldades para implantar a agenda ambiental numa aliança tão ampla e cheia de contradições como a de Lula. Tanto que referiu-se a um eventual terceiro mandato do ex-presidente como um governo de "transição". Mas ela sabe também que seu prestígio internacional e legitimidade no setor a credenciam como uma voz proeminente em qualquer discussão sobre clima e meio ambiente.

Lula tem muito a ganhar com a presença de Marina em sua órbita. Ela pode estabelecer pontes com grupos sociais decisivos, como os evangélicos e uma parcela verde da classe média distante do PT, no esforço para resolver a eleição no primeiro turno. Além dos ganhos eleitorais, o reencontro dos dois é um símbolo poderoso de um país que tenta reconquistar a civilidade perdida.

O exemplo de ambos deveria inspirar outros movimentos de reconciliação. O alvo natural de um gesto como esse deveria ser Ciro Gomes. O candidato do PDT, no entanto, arrisca um melancólico fim de carreira, arrastando também o partido criado por Leonel Brizola. Entre seus correligionários, já há deslocamentos na direção do voto útil em Lula.

NÓS, SOBREVIVENTES DO ÓDIO
20.09.2022

Não vamos esquecer das 685 mil covas abertas como feridas na terra, nem da vida que se esvaiu pela falta de oxigênio que o seu governo não providenciou (e você ainda zombou), nem da dor dos que tiveram que ser amarrados por falta de anestésico nos hospitais.

Estão gravadas suas palavras ásperas como pedras: "e daí?", "gripezinha", "não sou coveiro", "país de maricas". Lembraremos sempre que você tentou manipular o suicídio de um voluntário de testes com a vacina, sabotou as máscaras e o isolamento social, mandou cancelar a compra da Coronavac, riu de tudo isso.

Será preciso lembrar do desespero na fila do osso e da carcaça e de quem revira o lixo para comer, enquanto seus generais compram filé, picanha, bacalhau, salmão, camarão, Viagra e próteses penianas.

Nada de esquecer seus amigos Adriano da Nóbrega e Fabrício Queiroz, os indícios de crime na formação de seu império imobiliário, as rachadinhas, sua ode à ditadura e a torturadores; a liberação das armas que nos matam. A propina cobrada em ouro no MEC, o orçamento secreto, liras, aras, kassios, mendonças, queirogas, damares, pazuellos, salles.

Não esqueceremos a aversão doentia de Paulo Guedes às empregadas domésticas que gostam da Disney e aos porteiros que sonham com seus filhos doutores. No acerto de contas, estarão florestas em brasa, bichos calcinados, agrotóxicos na comida, rios contaminados, Bruno, Dom, Genivaldo, Moïse e tantos mais, os rios de sangue no Jacarezinho, na Vila Cruzeiro e no Alemão.

Acesos como tochas em nossas consciências estarão seus planos de golpear a Constituição, as eleições, a democracia e o Estado de Direito, suas ameaças contra cada um de nós que acreditamos num país em que a diarista Ilza, de Itapeva, possa comer sem ser humilhada.

Não haverá sigilo de cem anos para esconder o seu Brasil de horrores. Você, Jair, não tem direito ao esquecimento. E nós, sobreviventes do vírus do ódio, temos o dever da verdade e da memória.

BOLSONARO E OS GABINETES DO CRIME
24.09.2022

Em 30 anos de carreira parlamentar, Bolsonaro marcou seus mandatos pela mediocridade e pela capacidade fenomenal de multiplicar o patrimônio da família. No livro "O negócio do Jair" (editora Zahar), a jornalista Juliana Dal Piva identifica o DNA e a extensão tentacular do esquema que transformou os gabinetes de Jair e de seus três filhos mais velhos em escritórios do crime.

Desde 2018, já se sabe do esquema das rachadinhas de Flávio Bolsonaro na Assembleia Legislativa do Rio de Janeiro. Mas com uma investigação obstinada e meticulosa, Dal Piva coloca Jair Bolsonaro na cena do crime, mostrando que os quatro gabinetes do clã, em três casas legislativas, eram uma coisa só e sob o comando do atual presidente.

Parentes e apaniguados contratados tinham que entregar até 90% dos salários. A repórter joga luz sobre uma miríade de personagens menos conhecidos, como a segunda mulher de Bolsonaro, Ana Cristina Valle, gerente da máfia enquanto o casamento durou, além dos notórios Fabrício Queiroz e o miliciano Adriano da Nóbrega.

O livro também reconstitui intrigas e disputas entre comparsas e traz revelações exclusivas. Uma delas se refere a Kassio Nunes Marques, agente do clã no STF, e paro por aqui para não dar spoiler.

Sabe-se hoje que a rede criminosa rendeu a propriedade de 107 imóveis, metade deles pagos em dinheiro vivo, revelação de Dal Piva e de Thiago Herdy, publicada no UOL e censurada judicialmente a pedido de Flávio Bolsonaro. É mais uma de muitas decisões benevolentes do Judiciário (para não dizer cúmplices) e que devolveram à estaca zero a investigação do Ministério Público fluminense sobre as rachadinhas.

O livro de Juliana Dal Piva é jornalismo de primeira grandeza, que honra o ofício. Ela chegou a receber ameaças do advogado Frederick Wassef, mas não se deixou intimidar. Seu trabalho fornece provas e indícios abundantes para quem quiser investigar a teia de crimes que envolve o presidente e sua família. Basta querer.

NESTA ELEIÇÃO, VOTAR COM CORAGEM
27.09.2022

Chego à rodoviária para comprar uma passagem. O rapaz que me atende mostra o mapa de assentos livres no ônibus e peço a ele: "Aperta o 13". Recebo de volta um belo sorriso. Por alguns segundos, me senti integrante de uma rede secreta de resistência, que compartilha mensagens em código e estabelece uma súbita afinidade silenciosa entre dois estranhos.

Tenho participado, como jornalista e cidadã, de todas as campanhas para presidente desde 1989 e nunca tinha percebido, como percebo agora, o medo que faz muita gente se encolher, o temor que aprisiona, intimida, corrói, desagrega, ergue muros, por vezes, definitivos.

Nunca senti a necessidade de declarar preferências eleitorais e considero o voto secreto uma das maiores conquistas das democracias modernas. Mas a neutralidade é opção válida para circunstâncias de normalidade política e institucional. Não é o Brasil de 2022, onde o fascismo açula seus cães de guerra, fardados ou não, armados ou não.

Na Europa e nos EUA, muitos jornais anunciam suas escolhas eleitorais e nem por isso perdem credibilidade. Ao contrário, a transparência reforça o pacto de confiança entre os veículos e seus leitores. Pacto não escrito que se escora no exercício diário da integridade e da honestidade intelectual. O jornalismo é (ou deveria ser) trincheira da democracia. Sem ela, não existe jornalismo.

É hora de compromisso firme e sem ambiguidade com a paz social e com a democracia. Todos os que têm algum poder e influência política podem nos ajudar a sair, já no dia 2 de outubro, deste exílio em que nos lançamos a contragosto dentro das entranhas mais sombrias do país.

Fernando Henrique pode melhorar a nota que escreveu. Onde está José Serra? Simone Tebet pode lustrar a biografia. Ciro Gomes, que pena, deu-se a cochichos que desonram sua trajetória. Mas ainda restam seis dias. De minha parte, desejo a todos o voto da coragem para que o Brasil deixe de ser um sonho vago e vazio. Esse voto é em Lula.

TIRE O OXIGÊNIO DE BOLSONARO
01.10.2022

Neste domingo temos a chance de fechar o ciclo maldito iniciado em 1964 e que se renovou em 2016. No golpe contra Dilma, na Câmara, o voto-vômito de Bolsonaro, na fúria daquele abril, assinalou o triunfo do padrão golpista, que nos rebaixa como país desde a fundação da República.

No Brasil do século 21 não dá mais para tolerar militares que se acham tutores do poder civil, que se sentem à vontade para ameaçar eleições, para elogiar um regime que matou, torturou e roubou utopias e a brisa das liberdades por 21 anos.

A derrota de Bolsonaro, de sua indigência moral e mental e de seu gangsterismo fascistóide, tem que ser, também, a volta definitiva dos fardados aos quartéis. Para que nunca mais seja profanado o plenário onde Ulysses Guimarães, em 1988, mirou o futuro: "Traidor da Constituição é traidor da pátria. (...) Temos ódio à ditadura. Ódio e nojo".

No desdobramento do golpe, Lula foi impedido de disputar a Presidência em 2018 por uma farsa político-policial, jurídico-midiática e também militar. Sua candidatura reata o fio rompido da História. Seu próximo mandato (se as pesquisas estiverem certas) apontará a saída do inferno.

Será um governo de transição. O apego à Constituição é a rota para a travessia em mar bravio. De novo, Ulysses: "Não é a Constituição perfeita, mas será útil, pioneira, desbravadora, será luz, ainda que de lamparina, na noite dos desgraçados".

Temos um encontro marcado com os ventos da esperança. Nosso voto deve honrar os 700 mil brasileiros que se foram. Muitos, eleitores que não irão às urnas porque foram assassinados.

O governo Bolsonaro respira com a ajuda de aparelhos. Desligue-os agora, já. Tire o oxigênio que ele negou a tantos brasileiros em seus derradeiros sopros de vida. Corte o ar do qual ele depende para passar ao segundo turno, quando espera poder virar o jogo, com suas falanges infladas de cólera. Mate o governo Bolsonaro com a arma mais poderosa de todas: o voto.

O BRASIL SOB A NÉVOA DA GUERRA
04.10.2022

No cenário de águas turvas que as pesquisas de opinião não conseguiram captar completamente, o eleitor deu seu recado e o retrato do Brasil que sai das urnas neste primeiro turno não é bonito.

É verdade que Lula mantém capacidade extraordinária de liderança, a despeito do imenso investimento das forças de direita e de extrema-direita para desconstruir sua trajetória desde a Lava Jato. Mas o patamar de votos de Bolsonaro zera completamente o jogo. Na guerra, é uma oportunidade de ouro.

A dianteira de Tarcísio de Freitas, em São Paulo, e as eleições para governador no Rio de Janeiro e em Minas Gerais reforçam as trincheiras de Bolsonaro. A eleição de figuras que simbolizam tudo o que seu governo fez de mais cruel (Pazuello, Salles, Damares, Tereza Cristina, Mario Frias, Mourão etc) também diz muito sobre um Brasil medonho e que é dolorosamente real.

A união das forças democráticas em torno de Lula é, agora, um imperativo de sobrevivência para o país. Ciro Gomes e Simone Tebet deveriam ter feito esse movimento no primeiro turno, mas prevaleceram seus projetos pessoais e cálculos políticos que podem custar caro ao Brasil.

Ciro já se mostrou indigno da legenda criada por Leonel Brizola. A bile que o devora por dentro parece ter desorientado sua capacidade de discernimento. Quanto a Tebet, se não quiser sumir na irrelevância política, precisa se posicionar já. É hora de compromisso férreo com a democracia.

Nesses quatro anos, Bolsonaro estabeleceu as bases do seu projeto de erosão democrática, depauperou instituições e as relações entre os Poderes da República. Sua eventual reeleição equivaleria a uma autorização para destroçar a Constituição e os pilares do Estado Democrático de Direito.

O Brasil não resistiria a mais quatro anos de domínio da extrema-direita. Sob a névoa da guerra, Lula precisa avaliar erros, reajustar estratégias, reorganizar o ataque. A batalha decisiva é agora e seu desfecho é imprevisível.

LULA, BOLSONARO E O POPULISMO
08.10.2022

Está na praça um livro precioso para a discussão de uma categoria política que tem se prestado a muita confusão e distorção: o populismo. A obra é "Do que falamos quando falamos de populismo" (Companhia das Letras), dos cientistas políticos Thomás Zicman de Barros e Miguel Lago.

O livro analisa os contextos em que o termo surgiu no mundo e no Brasil e as mudanças de sentido adquiridas ao sabor de circunstâncias e conveniências (da política, da academia e do jornalismo). Mais importante ainda é o enquadramento contemporâneo do tema, em meio à disputa eleitoral Lula x Bolsonaro. É provocação intelectual das boas.

Muito usado com intenção pejorativa, o populismo foi motivo de orgulho para seus criadores, um movimento político russo, da segunda metade do século 19, que se opunha à tirania tzarista.

No Brasil, quem primeiro reivindicou o uso da expressão foi a direita reacionária, representada pelos integralistas de Plínio Salgado no pós-guerra. No século 20, o populismo serviu para designar líderes tão destoantes quanto Vargas, JK, Jânio, Jango e Adhemar de Barros.

Dou um salto para chegar aos dias de hoje. Os autores argumentam que existem vários populismos (à direita e à esquerda) e que nem todas as suas formas ameaçam os fundamentos da democracia liberal. Defendem a tese de que o populismo pode ser, inclusive, "uma forma de mobilização emancipadora", a partir da incorporação de direitos para enormes contingentes populacionais.

O livro considera falsa qualquer simetria entre os populismos contidos nos projetos lulista e bolsonarista, sobretudo a partir do que oferecem como resposta a conflitos e à vulnerabilidade de grupos sociais subalternos, diante de um mundo onde as certezas sobre o futuro se evaporaram.

Os autores também discutem a estética e a teatralidade do lulismo e do bolsonarismo, ampliando, com clareza solar, a compreensão das diferenças abissais entre os dois campos políticos, postos diante do eleitor.

LULA, O MERCADO E A "FOLHA"
11.10.2022

O mercado fez o possível para emplacar um candidato de terceira via. Queria alguém limpinho, que saiba usar os talheres, para aprofundar a pauta ultraliberal de Paulo Guedes, dono de uma fortuna *offshore*, que caiu em conveniente esquecimento nas páginas da imprensa.

Como não deu certo, agora, em tom de ultimato, o mercado tenta impor sua própria lógica e agenda a Lula, atropelando dinâmicas inerentes à política, num momento em que o candidato busca ampliar ainda mais sua base de sustentação. Não só para se eleger, mas para conseguir governar o país fraturado que sairá das urnas, na hipótese de ser o vencedor.

É lamentável que o jornal assuma papel de porta-voz da insensatez, ao cobrar de Lula o reconhecimento de que "a agenda liberal dos últimos anos trouxe avanços duradouros" e ao exigir que o candidato indique quem será seu ministro da Economia.

"Avanços duradouros" para quem? Para os alunos que dividem um ovo por quatro na merenda escolar? Para Miguel, de 11 anos, que ligou para a polícia, em Minas Gerais, pedindo comida para a mãe e os irmãos? Para os que estão na fila da carcaça? Para os que só conseguem comprar soro de leite para alimentar os filhos? Para as crianças que desmaiam de fome em sala de aula?

Lula não é um desconhecido nem uma incógnita. Quando governou, respeitou contratos e o equilíbrio fiscal. Deu um passo gigante em direção ao centro, ao trazer Geraldo Alckmin para vice. As adesões de Simone Tebet, de FHC e dos economistas do Plano Real são um reconhecimento das credenciais democráticas de Lula no exato momento em que Bolsonaro afia as garras contra o STF.

Janio de Freitas, mestre e bússola no ofício, assinalou que exigir de Lula nomes de eventuais ministros é pretexto para apoio a Bolsonaro. A estratégia discursiva da (falsa) equivalência entre os dois candidatos desonra o lema deste jornal ("a serviço da democracia") e é uma deslealdade com os leitores que nele acreditam.

UMA CAMPANHA REGIDA PELO CRIME
15.10.2022

Jair Bolsonaro instalou o modo arruaça na disputa eleitoral. Tem a arruaça pura e simples, como aconteceu na Basílica de Nossa Senhora Aparecida. Desordeiros abastecidos de fanatismo alastraram ódio num lugar destinado à paz e ao conforto espiritual.

Na arruaça cognitiva, ninguém supera Damares Alves e suas delirantes depravações mentais. O padrão de lentidão das autoridades não é páreo para a velocidade supersônica do aparato de propagação de mentiras da extrema-direita. Nem o boné de Lula escapou da arruaça digital.

Não podiam faltar os arruaceiros engravatados. A tropa de choque no Congresso, nutrida pelo orçamento secreto, quer criminalizar os institutos de pesquisa. A Polícia Federal e o Cade (Conselho Administrativo de Defesa Econômica) abriram outras frentes de pressão, estas, felizmente, contidas a tempo pelo presidente do TSE, Alexandre de Moraes.

Os arruaceiros do bolsonarismo não são simples baderneiros. São criminosos que agem de forma coordenada para tumultuar o segundo turno da eleição. Contam também com outras modalidades de crime, como a ameaça aos empregos de trabalhadores e a compra de votos por fazendeiros e empresários, que nos catapultam de volta à República Velha e ao voto de cabresto.

Bolsonaro age com a técnica dos prestidigitadores. Distrai a audiência (o eleitor) com a guerra santa e o submundo digital, enquanto a campanha coleciona ilegalidades e exemplos de abuso de poder político e econômico. Uma ação toda construída na lógica do crime consegue escapar não só dos mecanismos normais de fiscalização como também do monitoramento das pesquisas. Simplesmente porque nada é normal numa campanha regida pelo crime.

Neste cenário eleitoral completamente deformado, é impossível ter qualquer segurança sobre o que sairá das urnas, daqui a duas semanas. A única certeza é que, no vale-tudo da campanha extremista, Bolsonaro ainda não esgotou seu repertório de crimes contra a democracia.

BOLSONARO E OS LADRÕES DE BRASIL
18.10.2022

Ao dar exemplos de profissões para os jovens, no debate da Band, Bolsonaro mencionou marceneiro e auxiliar de enfermagem, ofícios dignos e honrosos, sem dúvida. Mas o que Bolsonaro expressou foi a visão excludente (a mesma de Guedes e de Milton Ribeiro), de que a universidade não cabe nos sonhos da juventude das periferias.

A aversão aos pobres também ficou explícita quando o tema foi a visita de Lula a uma comunidade no Rio de Janeiro. Bolsonaro disse que só tinha "traficante" em volta do ex-presidente. Para o candidato que tem conexões com milicianos (um deles seu vizinho, até ser preso), quem mora em favela é bandido.

Seu desprezo aos vulneráveis emerge de forma ainda mais torpe no caso da visita a um grupo de venezuelanas, no entorno de Brasília. São mulheres e meninas refugiadas da fome e do desespero no país vizinho. Participavam de uma ação social, com corte de cabelo e maquiagem, uma forma singela de afeto e resgate de autoestima.

A mente degenerada de Bolsonaro associou as "menininhas, bonitas, de 14, 15 anos, arrumadinhas" à prostituição. Onde já se viu menina pobre arrumar o cabelo e pintar o rosto se não for para se prostituir com machos velhos e babões como ele? A descrição que ele faz da cena tem as características de comportamento do assediador sexual que se aproveita da fragilidade da vítima. Parou a moto, tirou o capacete, "pintou um clima", entrou na casa.

Se ele achou que estava diante de uma situação de exploração sexual de menores, por que não tomou alguma providência para impedir o crime? Bolsonaro não tem resposta porque sua mentalidade depravada não se escandaliza com a prostituição infantil.

Bolsonaro não tem freio nem bússola moral ou ética. Cercado de tipos pervertidos como Damares e Pedro Guimarães (abusador, felizmente, afastado), seu governo é uma rede de predadores da infância e de mulheres. São ladrões de futuro. Ladrões de Brasil.

MÁQUINAS DO ÓDIO CONTRA O ELEITOR
22.10.2022

O TSE ampliou seus poderes para atuar contra uma imensa e complexa rede criminosa de propagação de mentiras, distorções e manipulações operada pela candidatura da extrema-direita. Antes tarde do que muito tarde.

A transmissão massiva de desinformação é concatenada em vários níveis pela campanha de Bolsonaro com o intuito de tentar nocautear o adversário, que se vê obrigado a esclarecer falsidades o tempo todo, além, claro, de desestabilizar o sistema eleitoral.

Ao não divulgar sua avaliação sobre a eleição no primeiro turno, o Ministério da Defesa contribui para a fermentação de teorias conspiratórias sobre as urnas. Não divulga, simplesmente, porque não tem como reprovar a urna eletrônica. Mas, ao postergar suas conclusões, age para semear dúvidas e suspense.

Os tentáculos da rede se proliferam a partir dos púlpitos, com a disseminação de aberrações que seriam cometidas contra as famílias, caso a esquerda volte ao poder. A fraude informativa é amplificada no esgoto digital bolsonarista, que cria uma espécie de Brasil paralelo, e que, até agora, estava dando uma surra no TSE.

Os novos poderes da corte não resolvem tudo. Trata-se, apenas, de contenção de danos diante da insuficiência dos acordos pré-campanha acertados com as empresas donas de plataformas e redes sociais.

Bastou o TSE mostrar que está disposto a cumprir melhor o seu papel para ser criticado por falta de transparência e por supostas ameaças à liberdade de expressão. Cada decisão do TSE é monitorada pela imprensa e pelo público. Já as empresas, que têm falhado no cumprimento dos acordos, são zonas de guerra fechadas ao escrutínio da sociedade.

Quais os critérios que usam para remoção de conteúdos, suspensão de contas e de canais que insistem na sabotagem à democracia? Qual a estrutura que montaram para combater a desinformação? O fato é que a desenfreada máquina do ódio multiplica os lucros das empresas. E que se danem a democracia e o eleitor.

BOLSONARO E A CAMPANHA DO TERROR
25.10.2022

A cidade de Comendador Levy Gasparian, no interior do Rio de Janeiro, entrou no mapa do terrorismo e da violência política. Um criminoso, com ordem de prisão expedida pela Justiça, resistiu e atirou contra agentes do Estado, ferindo dois deles.

É muito claro o roteiro da insanidade, traçado para desafiar as autoridades e inflamar extremistas. Enquanto Roberto Jefferson, o bandido, atiçava cães raivosos, montado sobre arsenal de guerra, o jornalista Rogério de Paula era agredido e hospitalizado.

Com o bandido decidido a se entregar, deu-se conversa amistosa entre ele e o policial encarregado de prendê-lo, quase a pedir desculpas pelo incômodo. O policial ainda fez pilhéria dos colegas feridos horas atrás pelo bandido. "São burocráticos, (...) não são operacionais", disse, entre sorrisos.

Apenas imagine como o policial agiria se tivesse que prender alguém na favela (seja ou não criminoso) e não na mansão de Levy Gasparian. No mesmo dia, no Rio Grande do Norte, um motociclista atacou a tiros manifestação de apoio a Lula com a presença da governadora Fátima Bezerra.

A violência como método é cenário anunciado há meses por Bolsonaro, o candidato com histórico terrorista. Nos anos 1980, respondeu a processo por planejar atentados a bomba em unidades militares como forma de pressão por aumento de salário.

Um recuo na linha do tempo posiciona Bolsonaro como herdeiro direto de uma facção terrorista nas Forças Armadas brasileiras. Um de seus expoentes foi um golpista celerado, o brigadeiro João Paulo Burnier, autor do plano de explodir o gasômetro e matar cem mil pessoas no Rio de Janeiro em 1968. Na mesma galeria de terroristas fardados estão os envolvidos no atentado do Riocentro, em 1981.

O plano da extrema-direita é, e sempre foi, a banalização da brutalidade e da truculência, o banho de sangue. A explosão de violência abre as portas para o imprevisível na última semana de campanha.

NAVEGAR, COM LULA, É PRECISO
29.10.2022

Neste domingo, vote como quem mergulha no fundo do oceano para nos resgatar de um naufrágio. Muitos navegantes, antes de nós, foram abatidos pelas tempestades, mas deixaram traçadas as rotas de navegação e o mapa-múndi dos nossos desejos de nação.

Vote por eles, construtores do Brasil, que tiveram a ousadia de projetar a pátria soberana. O país da educação e da ciência, de Darcy Ribeiro, Anísio Teixeira e Paulo Freire. De Oswaldo Cruz e de todos os sanitaristas, de Nise da Silveira, de Milton Santos e de Josué de Castro, que apontou a chaga mais dolorosa, a fome, ainda a nos atormentar.

Vote no país de projetos interrompidos, de Getúlio, Jango e Tancredo, que, de alguma forma, foi traduzido na Constituição de 1988, sob o comando de Ulysses. O Brasil de militares heróis, sim, nacionalistas e democratas, e cito apenas dois deles, o brigadeiro Rui Moreira Lima e o capitão Sérgio Miranda de Carvalho.

A urdidura de Brasil não existiria sem os Irmãos Villas-Bôas e sem a altivez que resiste em Raoni, Ailton Krenak, Davi Kopenawa e em sua recusa da miragem colonizadora, que nos reduz a rios de mercúrio, raízes arrancadas e toras desgarradas na floresta. Vamos votar como eles, que plantam árvores e protegem nascentes, para saciar nossa fome de vida.

Nossa fome de beleza vive em Pixinguinha e Cartola, Noel e Caymmi, em Tom e Vinicius, em Drummond e Amado, em Callado e João Cabral, no violão do João, em Chico e Milton, em Gil e Caetano. Sai das entranhas do Brasil na voz de Clementina. Explode na poesia de Solano Trindade: "Tem gente com fome, tem gente com fome (…) se tem gente com fome, dá de comer".

Navegantes, suportamos a tormenta agarrados a pedaços da embarcação. Alcançamos terra firme, lançados de volta às praias pelas marés. Votar em Lula é a melhor chance que temos para reencontrar o território da nossa obstinação e dos nossos sonhos. Para que possamos, enfim, completar esse esboço de país.

LULA E UM PAÍS EM CARNE VIVA
01.11.2022

Bolsonaro, nunca mais teus maus bofes, tua vulgaridade e tuas mentiras, tuas agressões às mulheres, teus arrotos e palavrões, tuas ofensas aos negros, aos povos indígenas e aos brasileiros do Nordeste, teu ódio aos pobres.

Nunca mais teus fardados bolorentos, teus valentões de Twitter, tuas falanges raivosas, tuas milícias terroristas. Como disse o anônimo haitiano que te enfrentou, em 2020: "Bolsonaro, acabou".

Bolsonaro nunca mais? Não, seus 58 milhões de votos não permitem tal afirmação. As urnas mostraram que vencedores e vencidos têm projetos de país inconciliáveis e pouquíssima capacidade de se comunicar, mas, ao realizar a façanha de se eleger para o terceiro mandato, Lula já diz a que veio.

Lula tem pressa. E o Brasil também. Em seu primeiro discurso pós-eleição, falou de paz e diálogo. Engrandecerá sua biografia se conseguir unir este país em carne viva. Sua trajetória alcança contornos épicos. Lula foi capaz de reafirmar sua liderança depois do golpe de 2016, de uma prisão injusta e de ter tido sua reputação emporcalhada por uma conspiração judicial-midiática. Ao completar seu mandato, em 2026, será o presidente que por mais tempo terá exercido o poder consagrado pelo voto popular.

Sobre a luta permanente por democracia e justiça social, um belo livro dos anos 1970 nos serve como reflexão neste momento crucial de reconstrução. É o pungente "Em câmara lenta", de Renato Tapajós, em nova edição (editora Carambaia), 45 anos depois da primeira.

Um dos personagens reflete sobre os anos de combate à ditadura: "(…) mudar o mundo é transformá-lo sempre — nossa contribuição nunca está dada. Por maior que tenha sido ela, por maior que tenha sido qualquer vitória, nossa contribuição está sempre por fazer. Os que se satisfazem com qualquer vitória desertam no momento mesmo em que se satisfazem. (…) As coisas que valem a pena são aquelas que ainda não foram feitas". É o que Lula precisa fazer.

2023

O TRIUNFO DE LULA
03.01.2023

De braços dados com o ancião Raoni, acompanhado pelo menino Francisco e demais representantes do povo, Lula subiu a rampa e recebeu a faixa das mãos de Aline, carregando sobre os ombros os sonhos e esperanças de milhões de brasileiros, até dos que não votaram nele (embora estes não o percebam).

O trajeto em carro aberto ao lado de Alckmin, o adversário de 16 anos atrás, transmitiu imagem poderosa de civilidade e compromisso com o país. Não pude deixar de associá-los à frente ampla que conduziu o Brasil de volta à luz, na campanha das Diretas. Naquele momento, Tancredo encarnou a travessia. Em 2022, este papel coube a Lula. "Democracia para sempre!".

Lula enunciou de forma límpida sua (nossa) missão mais urgente, o combate às desigualdades, o único caminho para que o Brasil seja capaz de dar o salto definitivo do século 19 para o 21. Mais do que uma promessa, o presidente fez um apelo. Lula sabe que pode muito, mas não pode tudo.

O Brasil, suas instituições e muitas das pessoas que as representam são as mesmas que validaram a tragédia de 2016 que nos trouxe até aqui, Judiciário e mídia incluídos (hoje, com algumas correções de rota). O novo governo terá que lidar com Arthur Lira, sempre armado para a próxima emboscada. Rodrigo Pacheco insinuou o perdão do esquecimento ao genocida que deixou o país em fuga de rato amedrontado.

Para atender às imposições e disfunções da tal governabilidade, Lula cedeu postos estratégicos na Esplanada, com algumas nomeações de alto risco e potencial de conflitos. Tais escolhas, contudo, não chegam a tirar o brilho de um ministério reluzente em qualificação e engajamento com a reparação de dívidas históricas, respeito aos direitos humanos e proteção aos nossos recursos naturais.

A rota de navegação está traçada. A volta de Lula é um triunfo do povo brasileiro. A festa foi linda, emocionante, inesquecível. Como disse Gonçalves Dias no poema "I-Juca Pirama": "Meninos, eu vi!".

UNIÃO FÉRREA PELA DEMOCRACIA
10.01.2023

O fascismo nunca havia mostrado suas garras e caninos com tanta fúria e ferocidade entre nós. Só em golpes de Estado se vê tamanho grau de violência e barbárie contra a Constituição e os Poderes da República. O momento é de mobilização permanente em defesa da democracia e do país e de fortalecimento da autoridade do presidente Lula.

A selvageria contra o Estado Democrático de Direito teve comando, planejamento, coordenação e estratégia. Não foi ato de aventureiros alucinados. Os financiadores do terrorismo têm que ser identificados e presos. Os culpados pelo caos, por ação ou omissão, devem ser punidos com rigor.

Um deles é o governador do Distrito Federal, Ibaneis Rocha (MDB), que precisa ser afastado do cargo em definitivo. A Polícia Militar de Ibaneis protegeu os terroristas e os deixou livres para extravasar sua bestialidade contra as sedes dos três Poderes. Há dezenas de vídeos mostrando a cumplicidade de policiais. A insistência em nomear Anderson Torres como secretário da Segurança Pública fala por si.

O aparato federal fracassou estrondosamente. Força Nacional de Segurança, Gabinete de Segurança Institucional, polícias especiais do Legislativo e do Judiciário, Batalhão da Guarda Presidencial, Comando Militar do Planalto. Todas essas unidades obedecem a comandos, que devem explicações sobre a vulnerabilidade em que deixaram os prédios públicos.

O ministro da Defesa, José Múcio Monteiro, tem que entender que pacificação não significa covardia nem tolerância com quebra da hierarquia, como aconteceu na transição de comando da Marinha. E Bolsonaro, o maior responsável pelos criminosos ataques golpistas, precisa ser alcançado pela Justiça. Sem demora.

O que aconteceu em 8 de janeiro vai reverberar por muito tempo no Brasil e até no exterior. Democracias no mundo inteiro devem estar unidas para enfrentar o fascismo. A única certeza que temos é a de que a luta será árdua, difícil e demorada.

O LUGAR DE BOLSONARO É NA CADEIA
14.01.2023

A minuta de decreto encontrada na casa do ex-ministro da Justiça Anderson Torres é prova mais do que contundente de uma conspiração golpista. Alguém pensou, buscou fundamentação jurídica (inexistente), escreveu e entregou o decreto de golpe nas mãos de Torres. Quem é o autor da proposta de estupro da Constituição, sempre desejado por Bolsonaro? Quem a encomendou? Se Torres era ministro e não denunciou a conspiração, dela fazia parte.

O presidente Lula conseguiu erguer uma muralha institucional contra o golpismo, imediatamente após o domingo infame na Esplanada, juntando até mesmo governadores bolsonaristas (pelo menos para o registro da História). Também recebeu maciço apoio e solidariedade internacional.

O Brasil não terá outra oportunidade como essa para enfrentar a contaminação golpista de setores das Forças Armadas e do aparato de segurança estatal, incluindo as polícias militares.

O sucesso da primeira tarefa dependerá muito da habilidade política de Lula e do que fará seu fraco e vacilante ministro da Defesa, José Múcio Monteiro. A democracia não sobreviverá no Brasil sem que as instituições confrontem a permanente ameaça de tutela militar sobre o poder civil e sem que os quartéis entendam, de uma vez por todas, que não existe previsão de "poder moderador" na Constituição.

Para a segunda missão, dependeremos da coragem de governadores comprometidos com o país. No caso dos governadores bolsonaristas, fica a dúvida: serão leais à democracia que os elegeu ou ao criminoso que se refugia na Flórida?

Bolsonaro tem que voltar ao Brasil para ser devidamente processado. É perigoso tê-lo de volta? Seu retorno vai inflamar a turba demente? Risco maior é a percepção de impunidade, que corrói a crença nas instituições. Enquanto o chefe da quadrilha estiver livre, leve e solto continuará incentivando ódio, terror e golpe. Bolsonaro é o maior inimigo da democracia no Brasil. Como tal, seu lugar é no xadrez.

CHICO, SÔNIA, ANIELLE E SILVIO
17.01.2023

No show em cartaz no Rio, Chico Buarque faz um convite nos versos de "Que tal um samba?", "pra remediar o estrago", "pra alegrar o dia, pra zerar o jogo", "depois de tanta derrota, depois de tanta demência e uma dor filha da puta, que tal?".

No momento que o Brasil atravessa, o apelo tem a força de um manifesto, compartilhado no palco com a cantora Mônica Salmaso e os músicos que o acompanham há décadas. Chico nos faz olhar para o melhor de nós mesmos e para o território das nossas utopias. Sem esquecer, no entanto, das raízes do Brasil que afloram em "Meu guri", "Caravanas" e versos de "Deus lhe pague", cantadas em sequência como tradução da nossa violência e brutalidade.

Chico revisita suas canções de amor, suas personagens femininas, seus parceiros. Homenageia Tom, Vinicius, Caymmi. A voz de Mônica Salmaso parece ter sido criada para o cancioneiro do compositor. Seus duetos são arrebatadores e nos fazem acreditar que o "tempo da delicadeza" é possível.

O país cantado por Chico Buarque, suas promessas e esperanças, ressoou nas vozes de Sonia Guajajara, Anielle Franco e Silvio Almeida quando os três tomaram posse no ministério de Lula, trazendo um projeto de país que deve ser de cada um e de todos. Num discurso que deveria ser estudado nas escolas pelo seu compromisso de inclusão democrática, o ministro dos Direitos Humanos enumerou todos que são valiosos e que terão sua existência respeitada.

A ministra da Igualdade Racial lembrou a travessia transatlântica forçada dos que aqui chegaram acorrentados e alquebrados, séculos atrás, e do processo de abolição, ainda hoje, não concluído. A ministra dos Povos Indígenas ecoou o canto das aldeias e convocou: "Nunca mais um país sem nós!". O Brasil de Chico, Sonia, Anielle e Silvio é a síntese do melhor que somos. Temos a mais bela oportunidade de fazer esse país. Que ela não escape das nossas mãos.

Este livro utilizou as fontes Minion Pro e Bebas Neue.
A primeira edição foi impressa na Gráfica Exklusiva, em
papel Pólen Soft Natural 70g, em fevereiro de 2023, quando
Bolsonaro estava há mais de um mês no EUA, para onde viajou
às pressas dois dias antes de Lula tomar posse.